你的第一本
金融学

NIDE DIYIBEN JINRONGXUE

张卉妍 ———— 编 著

江西美术出版社
全国百佳出版单位

图书在版编目（ＣＩＰ）数据

你的第一本金融学 / 张卉妍编著 . -- 南昌：
江西美术出版社 , 2017.7（2021.9 重印）

ISBN 978-7-5480-5438-2

Ⅰ . ①你… Ⅱ . ①张… Ⅲ . ①金融学—通俗读物
Ⅳ . ① F830-49

中国版本图书馆 CIP 数据核字 (2017) 第 112566 号

你的第一本金融学 　张卉妍　编著

出 版：江西美术出版社

社 址：南昌市子安路 66 号 邮编：330025

电 话：0791-86566329

发 行：010-88893001

印 刷：三河市吉祥印务有限公司

版 次：2017 年 10 月第 1 版

印 次：2021 年 9 月第 8 次印刷

开 本：880mm×1230mm 1/32

印 张：8

书 号：ISBN 978-7-5480-5438-2

定 价：35.00 元

前　言

　　当今社会，除非你的生活能够远离金钱，否则，不管你是否喜欢，人人都需要关注金融，不仅要关注国内的，还要关注国际的。这些年来，全球经济已经一体化，可谓大家都生活在一个地球村，任何地方发生的财经事件，都有可能间接或直接影响到你的切身利益。说白了，金融的变化将直接关系到你我钱包的大小。于是，有关普通百姓如何应对通货膨胀、货币、金融问题的根本，以及美元贬值策略、中国企业转型迫在眉睫、人民币走向国际等系列话题，都成了街头巷尾的谈资。

　　法国哲学家狄德罗说，人们谈论最多的事情，往往是最不熟悉的事情。金融也许就是这样。它不仅在历史的长河中主宰着各国的兴衰变迁，同时也在现实生活中与我们如影随形。可以说，我们的生活时刻被金融学的影子所萦绕，日常生活的点点滴滴都与金融学有着或远或近的关系，每一件小事背后其实都有一定的金融学规律和法则可循，我们的生活已经离不开金融学。这是一个金融的世界，人人难以置身其外。金融与我们每个人一生的幸福息息相关，与一个国家强弱盛衰的运势息息相关。经济全球化是历史发展的必然趋势，中国无法置身于外。我们只有参与到全球产业链的竞争与合作中去，才能分享全球化带来的好处。我们既要参与国际游戏，享受全球化带来的好处，又要注意防范国际游戏的风险和陷阱。这就要求我们必须熟悉和掌握国际游戏的规则。毋庸置疑，历史上任何一个国家的兴衰变迁，都离不开金融的力量，一切国际大事件的背后都蕴含着这样一个真理——金融在改变国家的命运。

　　人类已经进入金融时代、金融社会，金融无处不在并已形成一个庞大体系，金融学涉及的范畴、分支和内容非常广，如货币、证券、银行、保险、资本市场、衍生证券、投资理财、各种基金（私募/公募）、国际收支、财政管理、贸易金融、地产金融、外汇管理、风险管理等。金融学尽管主宰着大国的命运和我们生活当中的方方面面，但因为其具有专业性、学术性，以及需要精深的数学工具才能深悟其运行机理，所以，一般读者很难剥去金融学复杂的表象。当面对众多复杂的金融变量和令人眩晕的金融数据时，很多人只好选择逃避。于是神圣的金融学往往被束之高阁，成为专家手里的玩偶。知识只有普及到大众，才能显示出其持久的生命力。如何把博大精深、抽象难懂的金融学知识转化为通俗易懂的语言，如何让它从高深的学术殿堂上走下来、步入寻常百姓家，已成为人们期待解决的问题。

为了帮助广大普通读者轻松、愉快、高效地了解金融学知识，我们特别精心编写了这本金融学通俗读物——《你的第一本金融学》，本书系统讲述了金融学的基本理论知识及其在现实社会生活中的应用，以浅显的语言普及经济学常识，以轻松的笔墨回答金融学问题。书中没有艰深晦涩的专业术语，而是以金融学的基本结构作为骨架，以生活中的鲜活事例为血肉将金融学内在的深刻原理与奥妙之处娓娓道来，让读者在快乐和享受中，迅速了解金融学的全貌。并学会用金融学的视角和思维观察、剖析种种金融现象，读懂国际热点事件背后蕴藏的金融原理。书中将金融学中最生动的一面呈现在读者面前。通过回顾金融的演化历史，以通俗易懂的语言为读者解释金融专业术语和金融原理在现实生活中的应用，并通过历史上金融家的故事，让读者身临其境地去感受金融学的魅力，这是我们的编写宗旨。希望读者在阅读之后可以有所启发，在大的金融背景下，运用所学指导自己的行为，解决生活中遇见的各种难题，从而更快地走向成功。读过本书，你就会发现，金融学一点儿也不枯燥难懂，而是如此的贴近生活，如此的有趣，同时又是如此的实用。

目录
CONTENTS

你的第一本金融学

上篇 入门篇：开启金融之门

中篇　基础篇：走近金融的世界

下篇　操作篇：打理金融生活

上 篇

入门篇：开启金融之门

PART 01
我们生活在富饶的"金融时代"——什么是金融学

推开金碧辉煌的金融学殿堂的大门

人人都喜欢的东西是什么？人民币？对，但狭隘了。钱？对，虽然感觉有点俗，但至少没有人是排斥钱的吧？既然大家都喜欢钱，那务必要了解一下金融学。因为，金融学研究的就是关于金钱的问题，货币就是它的研究对象。更重要的是，当你推开金融学的大门，你会发现，金融无处不在。在这里，你不仅能接触到银行存款和银行贷款，还能知道物价上涨会对利率产生什么影响；不仅能懂得利用基金股票来理财投资，还知道外汇期货也是好的金融工具。在这里，你不仅能从美国金融中心华尔街漫步到香港，还能从北京金融大街畅游到上海陆家嘴金融中心。在这里，你不仅能欣赏到庄严古朴的建筑，还能欣赏到神奇的以钱生钱术，甚至还有金融操纵、控制政治的强大力量。

随着社会经济的不断进步与发展，金融投资活动越来越多地被人所认识并接受，成为平常百姓家的一个常见话题，金融学早已走下学术的"神坛"，飞入了寻常百姓家。

改革开放以前，由于人们日常生活中很难接触或利用到金融投资方面的知识，并且与西方发达国家的交流很少，所以，在绝大部分人的观念中，金融学与金融投资是一项必须通过专业知识的学习与训练才能掌握的高深学问或技巧，而一般人也很难有专业的学习与训练机会。但是，改革开放以来，随着社会经济的发展，大量西方发达国家的金融知识或金融产品被引入，同时普通民众接触到越来越多的关于金融的实际问题。伴随着金融业的发展、老百姓日常理财和投资需要的增加，特别是网络这一全方位学习媒介的普及，越来越多的人通过学习理论知识、亲身参与金融理财实践，加深了对金融学认识的广度和深度，而这些金融学知识也往往成为他们获取更多财富的重要路径。

　　以前，企业经济和金融甚至都可以分开，联系还不是那么紧密；而现在，全球经济紧紧地绑在一起，企业经济和金融也无法分开，更重要的是，金融已经和每个人绑在一起了，金融和实体经济相互影响和渗透，跟人们的生活密切相关。

　　所以无论是生活还是经营，在现在这个社会里，都已经离不开金融了。金融学并不是庄严神圣的人民大会堂，普通人不可以随便进出，它就像是一个项目丰富而又幽深的公园，谁都可以进，但是对于你怎么利用它，还得看个人的知识和功力。有些人走错道，可能走进了可怕的鬼屋，好端端吓病一场；有些人好好研究了，可能就走出了正确道路，不仅有美丽的风景，也许还有很多美味诱人的果实。

金融治国，政府有钱不如民间富有

人们常说"国富民强"，这也一直是国家和人民追求的。可是藏富于国和藏富于民是一回事吗？会带来一样的结果吗？为什么负债累累的政府国民过得比较幸福，经济制度比较健全，能真正酿出民主、自由，发展科学，达到全面繁荣？而有巨额财富，拥有强大外汇储备，是别国政府大债主的政府反而不能带给国民幸福，甚至发展不够健全，各种问题层出不穷？为什么不是富有者更加具有民主法制？为什么不是有钱了才更能办事？

回想历史，国富民安的朝代多采取休养生息、轻徭薄赋的政策，这也是儒家思想治国的核心之一。但是今天，似乎真正将此思想发扬光大并运用到实际中。"国富"和"民富"不是一回事了吗？国家富起来难道不等于国民富起来？人民富裕了对国家影响到底如何？

国富，就是财富都集中于国家。比如商鞅时期，鼓励农业生产，但是必须"家不积粟"，农民需要努力耕地种粮食，但是收成必须上交国家，不许自己私藏。出于商鞅的考虑，也许富有的人民不好管理，他们有自己的实力可以和政府对抗，而贫穷的百姓则好管理得多，他们能解决温饱即可。可是再想一想，多少农民起义不是因为赋税严重，苛捐严税，如硕鼠害民？

民富，则是指财富归百姓所有，藏富于民。这种结果多因为国家轻赋税重发展而致。试想，国家如果不大力发展生产，财富无法生成。而百姓即使有大量财富，如果都被征收税赋，则依然没有财富可言。

到底藏富于国有利于发展，还是藏富于民有利于发展呢？

陈志武曾举过这么一个事例：有两组国家，分别是1600年时国库丰盛的国家，如印度、土耳其及日本；另一组负债累累，比如像英国、意大利城邦、荷兰、西班牙、法国等。但是，从400年前直到19世纪、20世纪，当时负债累累的那组国家如今都是经济发达国家，且民主法制建设都很好；而除日本明治维新之后改变命运逐步发展并进入发达国家之外，那些"腰缠万贯"的国家反而都是发展中国家。

财富在民间和国家之间的分配与自由、民主、法制的发展有着相当微妙的关系。看似八竿子打不着的民主、自由、法制的建设与金融市场之间，其实有着依赖的关系。

拿美国来说，通过国债价格的涨跌变化能够对具体政策与制度做出相应评价，可以反映出市场对国家的未来定价。国家需要通过国债来收集资金，则当国债价格下跌时政府就必须对法律或者政策做出调整以让公众满意。也就是说，负债累累的政府对百姓的税收很依赖，只有促进民主制约专制让百姓满意，百姓才愿意缴税。当政府有求于百姓时，他就不得不为百姓做事。政府钱不够用时自然需要金融市场的运作，到市场上去融资，为了能更好地融资，势必就要建设好民主和法治。

这里一个很关键的词语：税收。通过阐述，国家依赖税收这个杠杆则依赖于民众。那么税收应该在一个什么样的水平呢？是不是越多越好？显然不是。不收税是不行的，国家缺钱也无法发展建设，民主、自由、法治皆为空谈。但是税收超过民众的负担，劳动之后的成功全部被政府掠夺，则再也不会有人愿意劳动了，谁愿意辛辛苦苦却白白干活？所以关于税收，正如拉弗曲线所说，控制在一定的程度才能达到效益最大化，既不能不收，又不可多收。

对任何一个百姓来说，都是希望国家强大繁荣。国乃家之根本，是家和个人的强大后盾。但是，对于每一个普通百姓来说，生活是具体的，要的是公众温和友爱，善待他人，告别冷漠，看到别人需要帮助时不会不敢站出来帮一把，自己需要帮助时有人愿意搭把手，这些都需要政府的帮助。因此，没有人不愿意依法纳税。但是同样的，开门七件事，样样都要钱。国家富有之外，百姓也需要富有，这样才能够相互支撑，也才有能力负担税赋，以让国家充实国库，更好发展。

从根本上说，国家的财富也是来源于民众的创造，是无数百姓将自己小份额的财产让渡给国家，才汇聚成国家的巨大财富。就好像一条大河，主干道充足的河水必定是由众多支流汇聚一起才得以形成强大水流的。小河里有水才能保证大河不干涸，而若大河抽干了所有小河里的水，大河离干涸的日子也不远了。

因此，可以说，民富是民主法治及自由的基本条件。藏富于民则政府有求于民，有求于完善的金融市场，政府必定要全力建设好才能够让民众心甘情愿让渡出财富，致力于发展的政府才无余力扩张政府权力专制。

金融出问题了，对我们有什么影响

辛格夫妇都是工厂工人，如今退休在家，拿着养老金，日子闲适。一天在街上散步，听到很多人议论纷纷，说是金融危机来了，金融业许多公司倒闭，很多老板跳楼。二老一边唏嘘，一边高兴地说，我们虽然没什么钱，但这个时候我们比那些有钱人幸福。我们不投资，不买股票，没有债券，有点积蓄存银行里，多安全啊！当初不买基金，那个卖基金的小伙子还说咱们老顽固呢！这下是我们对了吧！

辛格夫妇说得到底对不对呢？是不是金融只对从事金融活动的人有影响，对普通老百姓没影响呢？金融出问题了，到底会带来哪些后果？

我们先回顾一下历史上人尽皆知的几次金融危机。1929年经济大崩溃，大批银行倒闭，产品大量剩余积压，资本家们把成桶的牛奶倒入河里，企业纷纷破产，工人失业是普遍的现象，每天排队等候救济粮的失业工人不计其数。1997年东南亚金融危机，自泰国货币危机始，短短几个月内金融危机很快席卷整个东南亚，甚至波及日本、韩国等地，并且不断在向全球扩散。更近一点，2008年美国金融危机，因次贷缘起，波及整个金融领域以致几乎引起全面的经济危机。受此影响，国内股市大跌，股民损失惨重，散户从2007年短暂的股市春天里获利的日子就此成为历史上的记忆。更甚，对外贸的影响至今尚未恢复，就危机爆发的头几个月里广东沿海许多出口加工型的企业都已经纷纷倒闭。这是国际性金融危机，但是也能波及国民个人，比如造成失业，股市暴跌，金融市场不稳定等。如果是国内金融出现问题，像新中国成立前期国统区的通货膨胀，那种民不聊生的情况相信经历过的人都会永难忘记。

金融危机对我们生活的具体影响主要有以下几个层面：

第一个层面，首先是金融系统层面。既然金融出现问题，那么首先受影响的就是金融系统。基金债券公司倒闭，投行关门，金融从业者失业。比如2008年金融危机，让全球开始瞩目和震惊的就是因为雷曼兄弟破产，随后在同一天美林证券被美国银行收购，接着美国保险集团AIG也陷入危机，更有"两房"（房利美和房地美），让许多人艳羡的华尔街金融从业人员顷刻间纷纷失业，并且相当一段时间内还很难找到工作。除投行外，与民众联系更密切的银行也一样。如果银行倒闭，除银行工作人员失业外，市民的存款皆付之一炬，如果把全部存款都放在银行，且是同一个银行，则风险更大。现在国际金融系统联系越来越大，在开放系统下，任何一个国家出现问题都会影响到全球金融，就好像"美国打个喷嚏，全球可能就要感冒"的说法一样。

第二个层面，对实体经济的影响。金融危机的爆发会使实体经济进入低迷状态。金融为什么会影响实体呢？工人在工厂加工制造衣服、鞋子和帽子，和金融有什么关系？是的，看上去似乎有点不可思议，一个西方国家的人贷款买房的问题居然让一个在东方国家工厂里工作的工人失业了，似乎是不可能关联上的两件事，但它们就是切实联系在一起的。这个联系其实不复杂。制造的衣服鞋帽需要卖给西方人，当西方发生经济危机时，那边的工人失业，购买力低，银行倒闭或者资金紧缩，那边的企业也无法有贷款，企业也没能力继续购买我们的衣服鞋帽。工厂里成品卖不出去，无法接到订单，企业无法回收成本，工人工资难以为继，并且也不再需要工人干活，于是东方的工厂里工人也失业了。从经济体内部讲，金融发生问题，企业融资势必就困难，并且有相当

一部分企业本身会因在金融市场投资而失利，于是企业进行的生产就将萎缩，社会产出减少；大量工人失业，收入减少，购买力进一步下降，有效需求减弱，经济进一步萎靡；如果是全球性的问题，不仅国内需求减少，国际需求也逐渐减少，有效需求进一步降低，经济增长势必放缓，出现负增长也不是不可能，这时候的GDP，很显然，增长会受到影响。

第三个层面，就是金融危机对金融，以及实体经济的影响会逐渐渗透到对人身心的影响，也就是市场信心的问题。当金融低迷时，投资者对市场信心就小，如果持续低迷，则信心越来越弱。如果金融问题影响到投资者的信心，则预期收益会减少，投资者宁愿观望也不愿投资，投资需求则减少，投资需求是有效需求的一部分，有效需求不足会造成经济发展失衡，影响产出增长。

任何一次金融危机，都对经济带来了不同程度的影响，并且都会造成经济增长停滞或者放缓。严重的金融危机还会引起金融秩序的变化，很可能需要重新建立金融秩序。

所以，金融出现问题了，不仅仅会是国家经济增长和产出变化的问题，和我们每个人也都息息相关。金融危机一旦发生，每个人的日子都将变得艰难。所以，国家需要建立起完善的金融系统。对个人而言，虽无法控制大环境，但是在理财和投资方面也要注意避免将所有资产投资在一个方面，避免把鸡蛋放在同一个篮子里，否则，当发生危机时所有财产都会如水东流。

PART 02
金融如何改变了我们的生活——为什么要读点金融学

我们的财富去哪里了——个人的"资产流失"

"新财富500富人榜"于2003年首度发布，作为中国本土第一份也是唯一的一份富人排名，是透视中国民营企业发展的最佳窗口。2009年已是第七度推出"新财富500富人榜"，经历了"中国经济最困难"的2008年，各项财富指标首次出现下降趋势。

2009年"新财富500富人榜"上榜富人的财富总额为16285.6亿元，较2008年的26027亿元大幅下降37.4%，蒸发9741.4亿元；上榜富人的人均财富由2008年的52.1亿元下跌到32.6亿元。2009年的上榜门槛也由2008年的13.5亿元略微下降至13.4亿元。值得一提的是，如果以2008年上榜的500名富人（剔除14位目前财富状况不明者）2008~2009年的财富数额变动计算，其总财富更由2008年的25625.2亿元下降到2009年的13511.4亿元，缩水幅度达到47.3%。

超级富人的数量同样大大削减。2008年财富超过300亿元的富人有8位，而2009年首富沈文荣的财富也只有200亿元；2008年财富数额达到或超过200亿元的富人有26位，2009年只有1位；2008年身家达到或超过百亿元的为53位，2009年仅为17位；2008年有366位富人财富达到或超过20亿元，而2009年的数据是337位。这些统计数据显示，过去一年富人们经历了一场空前的财富蒸发过程。

有些人能够守得住自己的财富，有些人却失败了。《福布斯》杂志从1982年公布"福布斯400"富豪排行榜以来，到今天，只有50位富豪依然榜上有名，也就是说，高达87%的富豪富不过一代，甚至像流星一样一闪而过。

就像网络泡沫的蒸发，他们的钱也是在不知不觉中被挥霍掉了。想当初，他们的财产也是经过千辛万苦一点一点积累起来的，应该说他们很善于投资理财，但是为什么却最后坠落？《福布斯》杂志的调查显示，除因为投资失败带来的财产蒸发，多数失败者并没有在生活上时刻注意，他们的钱时刻被一些昂贵的奢侈品花去，交付巨额物业管理费用，转移财产被爱人或情人侵蚀了。

当大家在拼命攒钱的时候，你是否曾想过，自己辛辛苦苦积累下来的资产，正在被其他东西无声无息地侵蚀掉？这种你在拼命赚钱，但不断被扯后腿亏钱的感觉实在很不爽。一提到"资产流失"这几个字眼，人们首先想到的是国有资产的流失。其实，在生活中，一不小心，你的资产便会不知不觉地流失。想让个人财务正常运转，就从找出财务漏洞开始吧！个人因为财务漏洞导致资产流失主要集中在下面几个领域：

1.储蓄流失增值机会

如果你每年的花销超过了资产的7%，那么20年后，你花光所有钱的可能性高达80%，原因很简单，就是"通货膨胀"。很多人经常有意无意地忽略"通货膨胀"的因素，其实"通货膨胀"是财产的强"腐蚀剂"。20年后，由于"通货膨胀"的因素，人们手中的钱将贬值20%，这还算是乐观的估计。

因此，我们提倡"适度"储蓄，过度储蓄将可能使财产增值机遇流失。经济专家有观点认为，中国人的9万亿储蓄存款，假如相对于同期的国债之间1%左右的利息差（斟酌到存款的本钱税和国债的免税因素），那么中国人将会在每年流失掉900亿左右的资本增值的潜在获利机会。

对大多数居民来说，避免这类散失，最好的办法是将银行储蓄转为同期的各类债券。从目前来看，不仅有交易所市场还有银行柜台市场都能够很便利地实现这类交易，而且流动性也很强。在国人的传统观念中认为应该尽力地辛劳工作，也理解节约节俭、储蓄和爱护财富，但咱们不应该只是"擅长"储蓄，还应当"善待"储蓄，合理的储蓄才能将财富发挥到增长的最大价值。

2.股市缩水几千亿

中国股市十几年的发展成绩斐然，按较保守估计，中国股市的实际参与者至少应在2500万户左右，涉及近亿人群，这其中不乏数量庞大的新兴中产阶级。但是从2001年下半年以来中国股市陷入了长达一年半的下跌和疲软状态，到目前为止，根据这十几年来的相关统计，股市中共投入资金约为23000亿元，这些资金换成了股票的资金，因为股价下跌、缴纳各种税费等，如今证券市场的流通市值只剩下了13000亿～14000亿元。也就是说，十几年来股市黑洞共吞噬了近万亿的资金，如果排除其他背景的资金损失，那么中国普通老百姓家庭的资产在股市上至少流失了数千亿元。

3.过度和不当消费

消费的原因多种多样，很多时候你逛完商场时看到手里拎着的大包小包，回家一看却发现，有些东西其实不买也可以。这就是所谓的"过度"与"不当"的消费，它们也会让资产无形流失。所以，花钱买什么，一定要想清楚。

过度消费可以分解为"情绪化"消费或"冲动性"消费。例如，看到打折商品就兴奋不已，在商场里泡上半天，拎出一大包便宜的商品，看似得了便宜，实际上买了很多并不需要或者暂时不需要的东西，纯属额外开支。特别是在对大件消费品上，比如楼盘、汽车、高档家电的一时冲动，往往会造成"过度"消费。这样，不仅造成家庭财政的沉重负担，而且会导致家庭资产隐性流失。

不当消费是指为了"面子"而不是因为需求的消费。在消费上总喜欢跟别人较劲，人家能花的我也要花，不论有没有必要。

4.理财观念薄弱

中国家庭的活期储蓄总是太多，这让银行或其他金融机构白吃了大把大把的利息差，其实只要稍加运作就能有效地减少利息损失。对单个家庭来说，"不当"储蓄的损失可能十分细微，但由于基数的宏大，中国家庭因此而流失的资产就是个天文数字，且仅对单个家庭来说随着时间的流逝，其累计损失也是无比大的。资产流失很多时候都不显山露水，但只要稍一放松就可能造成大量资产的流失。所以，只有不断地强化理财意识才能成功积累财富。

不注意平日里的财富漏洞，即使你是富翁也不免要沦落到穷人的下场，何况作为平凡人的我们本来就没有多少财产，就更应该提防财富漏洞，防患于未然。

为什么次贷危机的根源不是中国而是美国

受华尔街金融风暴拖累，全球经济陷入泥淖，不能自拔。美国前财长保尔森曾放出惊人之语，说中国等新兴市场国家的高储蓄率造成全球经济失衡，是导致金融危机的原因。美联储现任主席伯南克则干脆把美国房地产泡沫归咎于外国人尤其是中国人的高额储蓄。

2008年12月26日，《纽约时报》发表了题为"美元的移动：美国人口袋空空如也的时候中国人口袋厚厚鼓起"的分析文章说，在过去10年里，中国利用规模庞大的对美贸易顺差向美国的安全资产投资。中方花费约1万亿美元购买美国财政部债券和美国政府提供担保的抵押（住宅担保贷款）证券。这使美国国内利息下降、消费扩大和住宅市场出现泡沫。

美联储主席本·伯南克曾表示："如果早点（通过人民币升值）改善国际资金流向的不均衡，就能大幅减轻金融危机的冲击。但是，仅仅依靠美国的力量是不可能实现的，只有通过国际合作才能实现。"

《纽约时报》报道说："美国现在才知道依靠从外国借来的资金无法支撑过分的消费生活，但即便如此也很难解决问题。为了解决金融危机并扶持经济，现在反而要从外国借更多的钱。"美国现在如同瘾君子一样，正如议员林赛·格雷厄姆说："谁都不想断这个药。"

自美国引发全球性经济危机后，美国认为是中国纵容了美国的高消费，美国国内舆论企图将制造经济危机的罪名嫁祸给中国。

美国经济研究专家社科院荣誉学部委员陈宝森先生认为，这种说法根本是美国在推卸自己的责任，没有任何道理。美国政府和人民的过度消费观念不是在和中国打交道之后开始的。他们这种消费理念的形成也不是一朝一夕能完成的，而是有着很长的历史。所有发生的问题，都是美国人自己造成的。而且，美国指责中国等发展中国家购买美国国债过多也是没有道理的。因为，这都是双方的自愿行为，如果美国认为这样有损其利益可以不卖。美国《纽约时报》的文章完全可以看出其是在推卸责任，并在为自己找替罪羊。

孔子说过："见不贤而内自省也。"即使在美国国内学术界，也有观点认为美国的储蓄率持续下降，经常项目长期恶化，是美国自身的原因。在诸多原因中，被人们广泛诟病的就是长期的低利率造成的全社会超前消费的习惯，市场监管的缺失导致的金融衍生品的滥用等一系列问题。

自20世纪90年代走出经济衰退以来，美国一直以充分就业、价格稳定和长期保持低利率作为其货币政策的最终目标。很明显，低利率是美国多年前就开始奉行的政策，那时无论是中国还是其他新兴市场国家，都还没有多大的贸易顺差，也谈不上高额储蓄。因此，保尔森关于新兴市场国家造成低利率的说法刚好颠倒了因果。

被称为"世上最伟大央行行长"的美联储前主席艾伦·格林斯潘恐怕没有想到，在退休两年多之后，对他的"清算"之声来得如此凶猛。

美联储前任主席格林斯潘在国会就金融危机做证时，承认他过去抗拒对金融市场监管的做法，有部分的过错。格林斯潘在《华尔街日报》发表的文章中承认，他任职期间实施的低利率政策可能助长了美国房价泡沫。

1992～1995年，在美国经济一片向好的情形下，格林斯潘未雨绸缪，7次提高联邦利率，为经济适度降温。而1998年亚洲金融危机扩散到全球，格林斯

潘又在10周内连续三次减息，创造了美国历史上最快的减息速度，稳定了经济。同样在2001年网络泡沫破灭、恐怖分子袭击美国后，格林斯潘在短短一年内将利率从6.5%降至1.75%，刺激经济增长。那些悲观论者曾经认为恐怖袭击后，美国经济不可避免地将出现负增长，但当年美国经济增长达到了3.5%。

格林斯潘当初奉行的低利率政策导致流动性过剩，正是当年颇有成效的宽松货币政策可能导致了房地产泡沫及次贷危机的爆发。

应该承认，造成这场危机的原因里包括全球贸易和投资的不平衡，但因果关系必须搞清楚，是美元在美国监管层纵容下的过度投放，致使全球流动性过剩问题越来越严重，通货膨胀压力不断加大，才最终使得美元低利率政策难以为继。

当一个人陷入困境，如果他诚实本分，就必然会先从自身找原因；而如果他一贯自以为是，就会怨天尤人，把责任推到别人头上。

回头看看，当美国的房地产商、投资银行、保险公司等像传销一样玩弄五花八门的金融衍生品的时候，当华尔街的"精英"们把泡沫吹大从中捞取数千万美元乃至上亿美元年薪的时候，保尔森或者伯南克在哪里？号称全球最先进最健全的美国金融体系的监管者又在哪里？

追本溯源，美国的次贷危机还是美国自身造成的，美国不应该埋怨别人，而更多的应该责怪自己。

PART 03

大家都在讲的CPI是什么——
每天读点金融学名词

这年头没有人讲中文了，都讲CPI

有人曾经列举了30年前的1元钱与现在的1元钱之间的区别：

30年前，1元钱能做什么？

交一个孩子0.6个学期的学杂费（一个学期1.6元），治疗一次感冒发烧（含打针），买20个雪糕、7斤大米、50斤番茄、20斤小白菜、20个鸡蛋，到电影院看5次电影，乘20次公交车。

现在的某个不特定时间点，1元钱能够做什么？

乘公交车1次（非空调车）、买2个鸡蛋，夏天买0.5斤小白菜、0.8斤番茄、0.7斤大米，看病挂号1次（最便宜的门诊），缴纳小孩学杂费的1/800，看0.05次电影。

为什么会有如此巨大的差异？简单地说，是由于物价（CPI）上涨了，钱不值钱了，所以1块钱买的东西会越来越少。

经济危机之后，普通居民对物价的感觉是更贵了，CPI恐怕是大家谈论最多的经济词汇了。对于普通老百姓而言，大家对CPI的关注归根结底还是对日常生活所需品的价格变化，比如说猪肉的价格变化、面粉的价格变化、蔬菜的价格变化等的关注。那么CPI能如实地反映出老百姓最关心的日常生活费用的增长吗？

我们先来了解一下到底什么是CPI。

CPI是居民消费物价指数（Consumer Price Index）的缩写。我国的CPI指数是按食品、烟酒及用品、衣着、家庭设备用品及服务、医疗保健及个人用品、交通和通信、娱乐教育文化用品及服务、居住这八大类来计算的。这八大类的权重总和加起来是100。其中，食品占比重最大，包括：粮食、肉禽及其制品、蛋、水产品、鲜菜、鲜果。

在每一类消费品中选出一个代表品，比如，大多数人是吃米还是吃面，是穿皮鞋还是穿布鞋等。国家统计局选出一定数量的代表品，把这些代表品的物价按每一月、每一季、每一年折算成物价指数，定期向社会公布，就是我们所说的官方的CPI指数。

CPI就是反映市场物价的一个最基本的术语。在中国现实的社会中，物价是和柴米油盐息息相关的，物价成为国家高度关注的问题。CPI是反映与居民生活有关的产品及劳务价格统计出来的物价变动指标，通常作为衡量通货膨胀水平的重要指标。

物价指数计算的基本方法，是以计算期各种商品的价格乘以计算期各种商品的销售量，再除以基期各种商品的价格乘以基期各种商品的销售量。即：CPI=（一组固定商品按当期价格计算的价值）/（一组固定商品按基期价格计算的价值）×100%。

CPI是反映城乡居民消费水平和消费品价格变动情况的重要指标，也被作为观察通货膨胀水平的重要指标。如果CPI在过去的12个月中上升了2.3%，那么就表示当下的生活成本比12个月前平均要高出2.3%，这无疑是不被欢迎的。而当生活成本提高时，你的金钱价值也随之下降。如果CPI在12个月内上升了2.3%，那么去年的100元纸币，今年只可以买到价值97.7元的商品或服务。所以，CPI升幅过大，就表明货币贬值幅度过大，通货膨胀就成为经济不稳定的因素。因此，CPI指数也是反映通货膨胀程度的有力指标。一般来说，当CPI增幅大于3%时，就已经引发了通货膨胀；而当CPI的增幅大于5%时，就已经是严重的通货膨胀了。一般在这种情况下，央行为了抑制通货膨胀，会有紧缩货币政策和财政政策的举措，但这种举措有可能造成经济前景不明朗。

编制物价指数的目的，是为国家分析物价变动对国民经济与人民生活的影响，从而制定有关物价宏观调控政策，加强物价管理提供依据。同时，也为企业做出相应的经济决策提供依据。物价上涨，有可能是由以下几种原因造成的：

1.市场的波动

市场的格局发生了一些变化，导致某一种商品或者很多商品的价格上涨。

最明显的例子是石油价格上涨，比如，由于伊拉克打仗或者伊朗的形势紧张，导致市场参与者预期石油的供应可能会紧张，这会推动石油价格上涨。但是，这种上涨跟通货膨胀没有关系。

2.价格的自由波动

这种涨跌恰恰就是市场机制在发挥作用。在计划经济条件下经常出现商品长期短缺，但在市场机制下，如果一种商品短缺，价格就会上涨。很快就会有很多企业去生产这些商品，短缺也就不存在了。因此，由于市场格局变化引起的物价上涨，实际上是市场启动了自己校正自己的一个过程，这个过程就可以驱动资源的重新配置。市场进行资源的有效配置，就是通过价格信号进行的。把这种物价上涨当作通货膨胀而对它进行调控，结果就是市场重新配置资源的机制被打断，只能扰乱市场秩序。

3.通货膨胀型物价上涨

奥地利学派认为，通货膨胀是一种货币现象，通货膨胀就是由于货币供应量持续、过快地增长，导致物价上涨。在奥地利学派看来，通货膨胀型物价上涨不一定是物价的普遍上涨。在通货膨胀期内，不同行业、不同商品、不同服务的价格，会在不同的时间上以不同的幅度上涨。这样，每一类的商品、服务上涨持续的时间也不一样，最后累计上涨的幅度也不一样。物价上涨并不是同时发生物价的普遍上涨，而是呈现为一个波浪式的上涨过程。

这就如同向水中扔进一块石头，涟漪从中心向四周扩散，而且，可以说，最早上涨的那些价格就必然会一直领先于其他价格。因为，在特定时期，新增货币源源不断地流入这些行业；相反，越往后，价格上涨的幅度会越小，相关企业及其员工所能获得的收入增加就会越少。

相对来说，价格最晚上涨的，肯定是距离权力最远的企业和行业。而所有这些价格上涨会波及较为重要的最终消费品——食品。应当说，距离权力最远者，比如农民，也可能因为猪肉、粮食价格上涨而享受到一点好处，但在他们所生产的产品价格上涨之前，其他商品与服务价格早就涨上去了，而彼时，他们的收入却并无增加。更重要的是，一旦这些商品和服务价格上涨，通货膨胀就已经成熟，政府必然要采取强有力的措施干预价格，于是，他们本来要得到的好处就流失了。总体来看，他们是通货膨胀的净损失者。

国家经济状况的“晴雨表”：GDP

小镇上，一个荒淫的富人死了。全镇的人都为他哀悼，当他的棺材被放进坟墓时，四处都是哭泣、哀叹声，就连教士和圣人死去时，人们都没有如此悲哀。第二天，镇上的另一个富人也死了，与前一个富人相反，他节俭禁欲，只吃干面包和萝卜。他一生对宗教都很虔诚，整天在豪华的研究室内学习法典，当他死后，除了他的家人外，没有人为他哀悼，葬礼冷冷清清。

一个陌生人对此迷惑不解，就问道：“请向我解释一下这个镇上的人为什么尊敬一个荒淫的人，而忽略一个圣人。”镇上的居民回答说：“昨天下葬的那个富人，虽然他是个色鬼和酒鬼，却是镇上最大的施舍者。他荒淫奢侈，整天挥霍自己的金钱，但是镇上的每一个人都从他那儿获益。他向一个人买酒，向另一个人买鸡，向第三个人要奶酪，小镇的GDP因为他不断增长。可死去的另一个富人又做了什么呢？他成天吃干面包和萝卜，没人能从他身上赚到一文钱，当然没有会想念他的。”

那么什么是GDP，它在我们的日常生活中起到了哪些作用呢？

GDP即国内生产总值。通常对GDP的定义为：一定时期内（一个季度或一年），一个国家或地区的经济中所生产出的全部最终产品和提供劳务的市场价值的总值。GDP是三个英文单词首字母的组合：gross，即毛的、总的；domestic，即国内的；product，即产值，翻译成汉语就是"国内生产总值"。GDP是指一个国家在一年内，所生产的全部最终产品（包括劳务）的市场价格的总和。

在经济学中，GDP常用来作为衡量该国或地区的经济发展综合水平通用的指标，这也是目前各个国家和地区常采用的衡量手段。GDP是宏观经济中最受关注的经济统计数字。因为，它被认为是衡量国民经济发展情况最重要的一个指标。

GDP的计算方法通常有以下几种：

1.生产法

生产法是从生产角度计算国内生产总值的一种方法。从国民经济各部门一定时期内生产和提供的产品和劳务的总价值中，扣除生产过程中投入的中间产品的价值，从而得到各部门的增加值，各部门增加值的总和就是国内生产总值。

计算公式为：总产出-中间投入=增加值。

GDP=各行业增加值之和。

也可以表示为GDP＝∑各产业部门的总产出-∑各产业部门的中间消耗。

2.收入法

收入法是从生产过程中各生产要素创造收入的角度计算GDP的一种方法。即各常住单位的增加值等于劳动者报酬、固定资产折旧、生产税净额和营业盈余四项之和。这四项在投入产出中也称最初投入价值。各常住单位增加值的总和就是GDP。计算公式为：

GDP＝∑各产业部门劳动者报酬＋∑各产业部门固定资产折旧＋∑各产业部门生产税净额＋∑各产业部门营业利润。

3.支出法

支出法是从最终使用的角度来计算GDP及其使用去向的一种方法。GDP的最终使用包括货物和服务的最终消费、资本形成总额和净出口三部分。

计算公式为：GDP＝最终消费＋资本形成总额＋净出口。

从生产角度，等于各部门（包括第一、第二和第三产业）增加值之和；从收入角度，等于固定资产折旧、劳动者报酬、生产税净额和营业盈余之和；从使用角度，等于总消费、总投资和净出口之和。

现今世界上，每个国家都非常关心经济增长。因为，没有经济的适当增长，就没有国家的经济繁荣和人民生活水平的提高。例如，西方国家认为中国富强，就是因为它的GDP增长迅速，同其他世界大国相比，在经济总量、GDP大小上，中国已经位居世界前二。

2011年2月，日本内阁府公布2010年全年经济数据，按可比价格计算，2010年日本名义GDP为5.4742万亿美元，比中国低4000多亿美元，排名世界第三。这也是1968年以来，日本经济首次退居世界第三。

2010年日本实际GDP增长3.9%，名义GDP增长1.8%。其中第四季度日本实际国内生产总值环比下降0.3%，这是日本经济五个季度以来首次出现负增长。

日本内阁官房长官枝野幸男公开表示，对日本GDP被中国赶超表示欢迎。

他还表示，人均GDP方面日本仍然是中国的10倍多，重要的是日本应当如何汲取其活力。为了将发展优势传给下一代，日本将继续推进经济增长战略。

GDP是目前衡量国民财富总量无可替代的指标。中国在古代社会和农业社会一直位列全世界最发达的国家行列，自清代中后期以来才在工业革命浪潮中落后。20世纪初，中国GDP总量在世界排名最后二十位，现在终于上升到世界第二，说明中国国力的增强。

"中国仍然是一个发展中国家，人均GDP不但只有日本的1/10，甚至不到世界平均水平的一半。而日本的发展，比如城乡之间、经济社会之间的发展比较平衡，而我们发展不平衡的问题较突出，差距很大。"北京大学国民经济核算研究中心研究员蔡志洲表示。

按照国际标准，中高等发达国家的人均GDP在5000美元至1万美元，而中国人均GDP才4000美元左右。刘霞辉表示，即便中国今后一直保持8%的增长速度，人均GDP要达到发达国家的高限标准——人均GDP1.2万美元以上，也需要15年到20年的时间。

GDP对于任何一个国家来讲都是非常重要的，但是不能盲目崇拜GDP的增长。没有发展的增长，虚假无效的增长，短期行为的增长，不可持续的增长和结构失衡的增长都将破坏社会经济的和谐与发展。

体现国家的经济水平：GNP

1929年，爆发了一次史无前例的世界性经济危机，对世界经济的破坏程度如同是投下了一颗原子弹。可是奇怪的是，当危机爆发之时，人们却浑然不知，当时的美国总统胡佛甚至认为经济形势正在转好。

我们没有理由嘲笑当时人们的无知。因为，当时除了苏联统计机构有尚不完善的国民经济平衡表之外，有关国民经济的统计几乎是空白。所以，人们当然不知道经济形势已经坏到什么地步。这次危害巨大的经济危机激发了人们对国民经济状况的了解的渴望。于是，美国参议院财经委员会委托西蒙库兹涅茨，建立一系列用来统计核算一国投入和产出的指标，由此发展出"国民收入账户"。这就是国民生产总值GNP的雏形。1933年，当1929～1932年的国民收入统计资料公开时，人们才发现这次经济危机竟是这么可怕。

国民生产总值（GNP），是指一个国家（地区）所有常驻机构单位在一定时期内（年或季）收入初次分配的最终成果。一个国家常驻机构单位从事生产活动所创造的增加值（国内生产总值）在初次分配过程中主要分配给这个国家的常驻机构单位，但也有一部分以劳动者报酬和财产收入等形式分配给该国的非常驻机构单位。同时，国外生产单位所创造的增加值也有一部分以劳动者报酬和财产收入等形式分配给该国的常驻机构单位，从而产生了国民生产总值概念。它等于国内生产总值加上来自国外的劳动报酬和财产收入减去支付给国外的劳动者报酬和财产收入的差。

随着外商注入中国市场，我国GDP增长率逐年上升。但外商投资（外国国民）在中国的产出计入中国的GDP，却不是中国的GNP。因此，外商投资大规模进入中国的必然结果是，中国的GNP将明显小于GDP，GNP的增长率也会低于GDP。

中国的国民生产总值＜国内生产总值，资本输出国（如日本）的国民生产总值＞国内生产总值，如果长期存在这一现象，中国经济的前途和社会福利将受到长远而深刻的影响；如果中国自己企业的竞争力没有随着中国经济的增长和经济规模的扩大而持续提高，而只是单纯地依靠比较成本优势，甚至只是

向跨国公司提供我们的比较优势资源，那么，即使中国的制造业规模有很大的扩张，也将在更大程度上只是"世界工场"，而不是真正的"世界工厂"。

在发达国家，GDP与GNP比较接近。因此，常用GDP来衡量并没有什么问题。然而用GDP而不是GNP看中国国力，其中的巨大差异则会导致对中国国力与财富创造能力的严重高估。这也就是为什么世界银行用平价购买力一算，就与原来的差别那么大的原因。

国民生产总值与社会总产值、国民收入有所区别：一是核算范围不同，社会总产值和国民收入都只计算物质生产部门的劳动成果，而国民生产总值对物质生产部门和非物质生产部门的劳动成果都进行计算。二是价值构成不同，社会总产值计算社会产品的全部价值；国民生产总值计算在生产产品和提供劳务的过程中增加的价值，即增加值，不计算中间产品和中间劳务投入的价值，国民收入不计算中间产品价值，也不包括固定资产折旧价值，即只计算净产值。

国民生产总值反映了一个国家的经济水平，按可比价格计算的国民生产总值，可以计算不同时期、不同地区的经济发展速度（经济增长率）。

在现代金融生活中，只有正确评估国力，才能提高经济发展、开放效益和对外谈判的主动性。不论GNP或GDP，都只是我们眼前能够看到的经济增长或变化，是近期能够切实感受的经济数值、经济水平，但要考虑到今后我们的下一代，甚至是子孙后代经济发展时，是不是应该计算"绿色GNP"了呢？"绿色GNP"即考虑经济发展的同时添加上资源的损耗和可再生资源的恢复。

经济发展的动力是我们的生活发展，生活最根本的则是我们身边的一草一木，是生命。如果有一天我们迎来了资源的全面枯竭，那将毫无疑问意味着经济发展的结束，甚至生活的衰竭、生命的完结。而"绿色GNP"是摆在我们面前刻不容缓的问题。

国家经济的"体温计"：PPI

2007年PPI统计数字显示：工业品出厂价格上涨3.1%，其中生产资料价格上涨3.2%，生活资料价格上涨2.8%，原材料、燃料、动力购进价格上涨

4.4%，农产品生产价格上涨18.5%。

这一年某地农民张某种了约20亩棉花，由于夏天的雨灾，收成比上一年下降了1/3。此前一年棉花价格的上涨让他笑逐颜开，但这一年棉价的下跌又让他有些失望。"今年的收成比上一年减少了，化肥、人工等成本却比上一年提高不少，如果价格再上不去，估计明年棉花的种植面积还会下降。"

在这个故事中PPI跑赢CPI，说明生产者的成本增加速度明显超过了终端消费品的提价速度，这无疑会给企业经营带来巨大经营压力。虽然每月国家统计局都会发布PPI，不过，对于大多数人来说，PPI还是一个十分陌生的概念。PPI到底是什么？代表了什么呢？

PPI是生产者物价指数的英文缩写，它是站在生产者的角度来观察不同时期货物和服务商品价格水平变动的一种物价指数，反映了生产环节价格水平，也是制定有关经济政策和国民经济核算的重要依据。PPI可以称得上是了解国家经济发展状况的"体温计"。通过PPI的变化，我们就能大体判断国家经济的运行状况，并可由此预判未来国家的宏观经济政策。

生产者物价指数是一个用来衡量制造商出厂价的平均变化的指数，它是统计部门收集和整理的若干个物价指数中的一个。如果生产物价指数比预期数值高，表明有通货膨胀的风险；如果生产物价指数比预期数值低，则表明有通货紧缩的风险。生产者物价指数主要的目的在于衡量各种商品在不同的生产阶

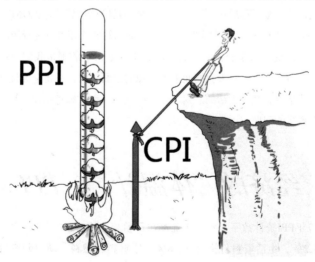

段的价格变化情形。

一般而言，商品的生产分为三个阶段：一是原始阶段：商品尚未做任何的加工；二是中间阶段：商品尚需作进一步的加工；三是完成阶段：商品至此不再做任何加工手续。PPI是衡量工业企业产品出厂价格变动趋势和变动程度的指数，是反映某一时期生产领域价格变动情况的重要经济指标。

在我国，PPI一般指统计局公布的工业品出厂价格指数。目前，我国PPI的调查产品有4000多种，包括各种生产资料和生活资料，涉及调查种类186个。其中，能源原材料价格在PPI构成中占较大比重。通常情况下，PPI走高意味着企业出厂价格提高，因此会导致企业盈利增加；但如果下游价格传导不利或市场竞争激烈，走高的PPI则意味着众多竞争性领域的企业将面临越来越大的成本压力，从而影响企业盈利，整个经济运行的稳定性也将受到考验。

因此，PPI可以用来对通货膨胀进行初期预测。理由很简单，企业成本上升时，企业通常会提高价格。一般而言，当生产者物价指数增幅很大而且持续加速上升时，该国央行相应的反应是采取加息对策阻止通货膨胀快速上涨，则该国货币升值的可能性增大；反之亦然。

美劳工局在25000多家企业做调查，得出产品价格，根据行业不同和在经济中的比重、分配比例和权重、PPI能够反映生产者获得原材料的价格波动等情况，推算预期CPI，从而估计通胀风险。总之，PPI上升不是好事，如果生产者转移成本，终端消费品价格上扬，通胀上涨。如果不转移，企业利润下降，经济有下行风险。

在美国，生产者物价指数的资料收集由美劳工局负责，他们以问卷的方式向各大生产厂商收集资料，收集的基准月是每个月包含13日在内该星期的2300种商品的报价，再加权换算成百分位形态，为方便比较，基期定为1967年。真正的经济学家可以通过对PPI的关注，从而正确判断物价的真正走势——这是由于食物及能源价格一向受到季节及供需的影响，波动剧烈。

对于老百姓来说，PPI通常作为观察通货膨胀水平的重要指标。由于食品价格因季节变化加大，而能源价格也经常出现意外波动，为了能更清晰地反映出整体商品的价格变化情况，一般将食品和能源价格的变化剔除，从而形成"核心生产者物价指数"，进一步观察通货膨胀率变化趋势。

PART 04
为什么贫者越贫，富者越富——每天读点金融学原理

什么让你一夜暴富，或一夜破产——财务杠杆率

曾经的次贷危机使整个发达国家的金融体系受到波及，除新世纪金融公司、美国的Countrywide、英国的诺森罗克银行、北岩银行因其业务主要集中在抵押贷款领域而遭受重创外，花旗集团、美林证券、瑞士银行等大型综合银行和投资银行也都未能幸免。

美林有稳定的经纪业务，花旗有大量的零售银行业务和全球化的分散投资，瑞士银行有低风险的财富管理业务，一贯享受着最高的信用评级，房地产抵押贷款只是他们利润来源的一小部分。但正是因为这个抵押贷款业务让这些金融寡头们遭受了沉重的打击。在20倍的高杠杆放大作用下，各大金融集团在次贷危机中的投资损失率竟然达到18%～66%，平均损失约30%。

很多投资银行在追求暴利的驱使下，采用20～30倍的杠杆操作。假设一个银行A自身资产为30亿，30倍杠杆就是900亿。也就是说，这个银行A以30亿资产为抵押去借900亿的资金用于投资，假如投资盈利5%，那么A就获得45亿的盈利，相对于A自身资产而言，这是150%的暴利；反过来，假如投资亏损5%，那么银行A赔光了自己的全部资产还欠15亿。

通过以上的案例可以看出，高杠杆率对投行的影响是双向的，它既能放

大投行的盈利，也能放大投行的风险损失；其资产的小幅减值或业务的微小损失都有可能对孱弱的资本金造成严重冲击，令其陷入绝境。

所谓的杠杆率即一个公司资产负债表上的风险与资产之比率。杠杆率是一个衡量公司负债风险的指标，从侧面反映出公司的还款能力。一般来说，投行的杠杆率比较高，美林银行的杠杆率在2007年是28倍，摩根士丹利的杠杆率在2007年为33倍。

财务杠杆之所以叫杠杆，有它省力的因素。物理杠杆通过增加动力臂长度，提高动力的作用，来节省所付出的力量；而财务杠杆则通过增加贷款数量来节约自有资金的支出，增加资金的流动性，进一步提高收益水平。这里需要符合一个基本的条件，就是贷款利率低于资金利润率。也就是说，用借来的钱赚得的钱要比借钱的利息高，否则贷得越多，赔偿的就会越多。

财务杠杆率等于营业利润与税前利润之比，反映的是由于存在负债，所产生的财务费用（利息）对企业利润的影响，在一定程度上反映企业负债的程度和企业偿债能力，财务杠杆率越高反映利息费用越高，导致ROE指标越低。

简单地讲，就是把你的资金放大，这样的话你的资金成本就很小，同时你的风险和收益就放大了。因为，盈亏的百分比不是依据原来的资金，而是根据放大后的资金来衡量的。也可以把财务杠杆简单看作是公司利用债务资产的程度，即公司负债与公司净资产的比值。可以确定的是，该比值越高，公司的杠杆比率就越大，说明公司的经营风险越高；比值越低，公司的杠杆比率就越低，公司的经营风险也就越低。

财务杠杆是用公司的资本金去启动更多的资金，在金融学中，经常用杠杆比例这一指标来表示。杠杆比例是总资产与净资产之比，这一比例越高，风险就越大。我们从一个简单的例子来看看高杠杆所带来的高收益与高风险。

以投资股票为例，假如某投资者有1万元可用于投资，欲购买A股票，当前价格10元，他可买1000股，在不计手续费的情况下，股价上涨至15元，他可获利5000元；股价下跌至5元，他将损失5000元。

又假如他可以按1∶1的比例融资（其杠杆是2倍），那么，他可购买2000股A股票。股价上涨至15元，他可获利1万元；股价下跌至5元，他将损失1万元。如此，收益和风险都扩大了2倍。

再假如他使用4倍的杠杆融到4万元，则其可以买4000股股票，如果股价同样从10元上涨至15元，他每股盈利5元，可以赚2万元；股票下跌至5元，他将损失2万元。其投资的收益与风险与初始投资相比，也放大了4倍。

在现实生活中，很多人为了更多更快地获得资产性收益，利用财务杠杆开始压缩生活杠杆，通过炒股炒房获得资本，尝到甜头之后，往往抵押房地产炒股，甚至继续利用房地产抵押买来的股票做抵押再炒股炒房，杠杆比例持续上升。当资产价格上涨，这些杠杆带来正面效应，获得大量收益的时候，个人往往因为钱来得太容易而昏头，冲动买入大量奢侈品，刺激了生活杠杆。但是，如果资产价格下跌，这些杠杆作用的威力也是巨大的，你所有的资产均可能会化为泡影，成为负债累累的"负翁"。

因此，控制杠杆是分散业务风险的前提，在金融创新中要秉持"可以承受高风险，绝不承受高杠杆"的原则，当风险不可测时，控制杠杆比控制风险更重要。

不可违背的"太太定律"——市场意志原理

投资基于信念。比如，同样的消息释放出来，听闻的投资者会有截然不同甚至相反的理解；不同的分析师也会根据不同的数据得出五花八门的结论；所有的交易单，有多少买方就必定有多少卖方。市场里的每一位交易者，其实都是在根据自己的"信念系统"进行交易。而所谓的"基本面研究"和"技术分析"，不过是辅助手段，或者说让自己的交易单下得更加符合自己的心理预期。

信念是认知、情感和意志的有机统一体，是人们在一定的认识基础上确立的对某种思想或事物坚信不疑并身体力行的心理态度和精神状态。对于市场信念各学派有着不同的见解。

奥地利学派的信念是：市场是自然的函数，任何人都不能对抗自然，而只能顺应自然。奥地利学派相信，个体与整体受同样的规则约束。如果说某种原则对个人有益，譬如节俭，那么对私有实体、国家也同样有益。经济学不存在任何的"集合悖论"，也不应人为地规划所谓的"宏观经济学"和"微观经济学"。

自然界有既定的自然规律，比如阴阳交替，潮涨潮落，那么人类本身也难逃自然规律而经历繁荣和衰败，经济活动是人所为，也无法摆脱自然的约束。奥地利学派认为，经济荣枯循环不可避免。任何国家都不可能无休止地维持增长，当乐观情绪蔓延，每个人都以为自己只需炒股投资，坐收渔利的时候，实际的储蓄逐渐被耗尽，财产的消亡必会来临。在衰退期，最好的方式就是顺其自然，不要与经济规律对抗。

经济学家凯恩斯学派的信念则完全相反，认为市场是"人类意志"的函数，是可以依靠人力改变的。他们否认个体与整体的同一性，主张用两套理论解释经济：研究国家用"宏观经济学"，研究个人行为和公司行为则用"微观经济学"。凯恩斯之所以如此"创新"，很可能是受到了当时物理学界变革的影响，那时牛顿的万有引力定律饱受质疑，而量子力学则方兴未艾。物理学家倾向于用量子力学解释微观的原子，而仍然沿用牛顿定律来解释宏观的天体。

然而经过时代的变迁，物理学家已经发现了这种人为界定"宏观"与"微观"的缺陷。天体是由原子所组成，国家是由个人所组成，一国的经济活动也是无数个人行为的结果。究竟哪一点才是宏观与微观的界线？

现代科学已经证实，宇宙的规律在于"分形"，即在不同尺度显现出同样的规律，彼此相似却不尽相同。自然界处处都是分形的例子。例如海岸线，无论是放大100倍还是缩小到1%，都是海岸线的形状，你无法区分出自己看到的究竟是哪个尺度的海岸线。类似的还有山脊、雪花，以及天体每个层级的公转无不显现出分形的特质。同样，在市场中，艾略特的波浪理论清晰地展示了各个浪级之间的关系。但是和自然界所有其他分形一样——相似但不尽然。你无法发现两条完全一样的海岸线，也无法看到两组完全一样的波浪形态。

遗憾的是，凯恩斯主义者永远也不认同人类经济活动遵循分形的规律。勤俭节约对个人和家庭是美德，但到了社会层级，就变成了坏事。

凯恩斯主义者还把人类意志独立在自然之外，相信依靠人的力量可以扭转经济走势。一旦经济低迷，就用放松货币的方式实施刺激，从而实现恒久增长，彻底消除起伏不定的经济周期。总而言之，就是"人定胜天"。他们相信，市场不必由"虚无缥缈"的自然规律左右，而完全可以依靠决策者的财政或货币政策来控制。

"相信自然"与"相信意志"，是两套水火不容的信念。信念的区别决定了思维的差异。例如，看涨黄金与看涨美元就是一个典型。前者在"自然阵营"，相信天然货币，相信滥发钞票注定会诱发恶性通胀的自然规律；后者则处于"意志与强权阵营"，信任人造货币（还有"国债"），其逻辑是"美元是国际储备货币""强势美元最符合美国利益"。

信念的分歧会产生交易。有人可能会问：黄金从200美元上升到1900美元，为什么却总是有人愚蠢地卖出或做空？如果你认为市场是自然的函数，就应该顺应市场；若相信人的意志（或强权意志）可以改变市场，相信"人定胜天"，那么就会本能地选择与市场对抗。

自里根政府大力缩减政府职能，将很多原来由国家控制的工业放手推向市场以来，美国人一直陶醉在自由经济耀眼迷离的光环之中。20世纪60年代总共只占到美国国民生产总值4%的金融业和保险业在放开监管的宽松环境里追逐利益迅速膨胀，到2006年已经占到了国民生产总值的8%。这个庞大体系内的游戏参与者以超过自身资金储备几十甚至几百倍的杠杆率相互借贷套利并转嫁风险，在没有裁判的情况下攫取似乎没有穷尽的利润。

但席卷全球的金融风暴让美国人从云端跌落下来。2009年2月29万处房产因房主无法还贷而收到强制拍卖通知，比去年同期再上升30%。3月全美失业人口达到1320万，失业率再创新高达到8.5%。摔得鼻青脸肿的人们，带着满身伤痛互相质问："这到底是为什么？"这正是自由市场信念过度的结果。

因此，用人的意志来左右市场，或许只会给信奉自然的信徒们一个无风险的交易机会而已。如果违背经济规律，风险将无处不在。

随大流是明智还是愚蠢——博傻理论

在艺术品市场中，商品琳琅满目，很多人对艺术品一知半解，也完全不去管某件艺术品的真实价值，即使它一文不值，也愿意花高价买下。这是因为大部分人都在期望会有比自己更不在行的人，可能会凭借一时冲动，或者喜欢它的做工和外表，而再以更高的价格从自己手中买走。像其中所描述的一样，投资成功的关键就在于能否准确判断究竟有没有比自己更大的笨蛋出现。只要你不是最大的笨蛋，就仅仅是赚多赚少的问题。如果再也找不到愿意出更高价格的更大笨蛋从你手中买走这件艺术品的话，那么，很显然你就是最大的笨蛋了。

"博傻理论"所要揭示的就是投机行为背后的动机，关键是判断是否有比自己更大的笨蛋，只要自己不是最大的笨蛋，那么自己就一定是赢家，只是赢多赢少的问题。如果再没有一个愿意出更高价格的更大笨蛋来做你的"下家"，那么最终最大的笨蛋就是你。任何一个投机者对"最大的笨蛋"理论都深信不疑。

那什么是博傻？在股票和期货市场上，博傻是指在高价位买进股票，等行情上涨到有利可图时迅速卖出。这种操作策略通常被市场称为傻瓜赢傻瓜，所以只能在股市处于上升行情中适用。从理论上讲博傻也有其合理的一面，博傻策略是高价之上还有高价，低价之下还有低价，其游戏规则就像接力棒，只要不是接最后一棒都有利可图，做多者有利润可赚，做空者减少损失，只有接到最后一棒者倒霉。投机狂潮最有力的动机解释就是博傻理论。

1593年，一位维也纳的植物学教授到荷兰的莱顿任教，他带去了在土耳其栽培的一种荷兰人此前没有见过的植物——郁金香。荷兰人对此非常痴迷，于是教授认为可以大赚一笔，但是他所示出的高价令人望而却步。不得不让人想到了其他秘密的举动。终于在一个深夜，教授带来的全部郁金香球茎都被一个窃贼收入囊中，并以比教授低很多的价格很快卖空。

郁金香就以这种方式出现在荷兰人的花园里。后来郁金香受到花叶病的侵蚀，病毒使花瓣生出一些反衬的彩色条纹或"火焰"。富有戏剧性的是带病的郁金香成了珍品，以致一个郁金香球茎越古怪价格越高。于是有人开始囤积病郁金香，又有更多的人出高价从囤积者那儿买入并以更高的价格卖出。1638年，最大的笨蛋出现了，持续了五年之久的郁金香狂热悲惨落幕，球茎价格竟然跌到了一只洋葱头的售价。

经济学家凯恩斯认为，专业投资者不愿将精力用于估计内在价值，而宁愿分析投资大众将来如何作为，分析他们在乐观时期如何将自己的希望建成空中楼阁。成功的投资者会估计出什么样的投资形势最容易被大众建成空中楼阁，然后在大众之前先行买入股票，从而占得市场先机。

凯恩斯本身也是因为在投机行为中发现了"博傻理论"。

经济学家凯恩斯为了能够专注地从事学术研究，经常出外讲课以赚取课时费，但课时费的收入毕竟是有限的，在不满足的情况下，他在1919年8月，借了几千英镑去做远期外汇这种投机生意。仅仅4个月的时间，凯恩斯净赚1万多英镑，这相当于他讲课10年的收入。刚开始有惊无险，狂妄之余仍然任由自己的欲望膨胀，仅仅3个月之后，凯恩斯就把赚到的利润和借来的本金输了个精光。赌徒的心理是输掉的总要想尽办法赢回来，上帝总是眷顾幸运的人，结果7个月后，凯恩斯又涉足棉花期货交易，又大获成功。

此间凯恩斯把期货品种几乎做了个遍，而且还涉足股票。到1937年他因病而"金盆洗手"的时候，他已经积攒起一生享用不完的巨额财富。

与一般赌徒不同，作为经济学家的凯恩斯在这场投机的生意中，除了赚取可观的利润之外，最大也是最有益的收获是发现了"笨蛋理论"，也有人将其称为"博傻理论"。

对于博傻行为，可以分为两种：一种是感性博傻；一种是理性博傻。前者是在行动时不知道自己已经进入一场未知结果的博傻游戏，而后者是清楚地知道博傻及其相关的规则，只是相信一定会有更傻的投资者会介入。因此，会拿些少量的资金来赌一把。

始于1720年的英国股票投机狂潮有这样一个插曲：一个无名氏创建了一家莫须有的公司。自始至终无人知

道这是什么公司，但认购时近千名投资者争先恐后把大门挤倒。没有多少人相信它真正获利丰厚，而是预期更大的笨蛋会出现，价格会上涨，自己要赚钱。饶有意味的是，牛顿参与了这场投机，并且不幸成了最大的笨蛋。他因此感叹："我能计算出天体运行，但人们的疯狂实在难以估计。"

　　理性博傻能够赚取利润的前提是，会有更多的傻子来跟风，这是对大众心理的判断，当投资者发现当前的价位已经偏高准备撤离时，市场的高点也真正到来了。所以"要博傻，不是最傻"这句话说起来简单，做起来并不容易，没有人能准确地判断出会有多少更傻的人介入，一旦理性博傻者成为最大的傻瓜，那么为何当初会加入理性博傻的队伍中。所以参与博傻的前提是要对大众心理进行研究和分析，并控制好自己的心态。对于博傻现象，完全放弃也不一定是完全合理的理性，在自己可以完全掌控的状况下，适当保持一定的理性博傻，也不失是一种投资策略。

贫者越贫，富者越富——马太效应

　　《圣经》中有这样一个故事：

　　一位富人将要远行去国外，临走之前，他将仆人们叫到一起并把财产委托给他们保管。主人根据每个人的才干，给了第一个仆人五个塔伦特（注：古罗马货币单位），第二个仆人两个塔伦特，第三个仆人一个塔伦特。拿到五个塔伦特的仆人把它用于经商，并且赚到了五个塔伦特；同样，拿到两个塔伦特的仆人也赚到了两个塔伦特；但拿到一个塔伦特的仆人却把主人的钱埋到了土里。过了很长一段时间，主人回来了。拿到五个塔伦特的仆人带着另外五个塔伦特来见主人，他对自己的主人说："主人，你交给我五个塔伦特，请看，我又赚了五个。""做得好！你是一个对很多事情充满自信的人，我会让你掌管更多的事情，现在就去享受你的土地吧。"同样，拿到两个塔伦特的仆人带着他另外两个塔伦特来了，他对主人说："主人，你交给我两个塔伦特，请看，我又赚了两个。"主人说："做得好！你是一个对一些事情充满自信的人，我会让你掌管很多事情，现在就去享受你的土地吧。"最后，拿到一个塔伦特的仆人来了，他说："主人，我知道你想成为一个强人，收获没有播种的土地。

我很害怕，于是就把钱埋在了地下。看那里，埋着你的钱。"主人斥责他说："又懒又缺德的人，你既然知道我想收获没有播种的土地，那么你就应该把钱存在银行，等我回来后连本带利还给我。"说着转身对其他仆人说："夺下他的一个塔伦特，交给那个赚了五个塔伦特的人。""可是他已经拥有十个塔伦特了。""凡是有的，还要给他，使他富足；但凡没有的，连他所有的，也要夺去。"

这个故事出自《新约·马太福音》。20世纪60年代，知名社会学家罗伯特·莫顿首次将"贫者越贫，富者越富"的现象归纳为马太效应。

马太效应无处不在，无时不有。任何个体、群体或地区，一旦在某一个方面如金钱、名誉、地位等获得成功和进步，就会产生一种积累优势，就会有更多的机会取得更大的成功和进步。如今，马太效应在经济领域的延伸意义就是贫者越贫，富者越富。

其实这一点很容易理解，因为在金钱方面也是如此：即使投资报答率相同，一个本钱比他人多十倍的人，收益也多十倍；股市里的大庄家可以兴风作浪而小额投资者往往血本无归；资本雄厚的企业可以纵情运用各种营销手腕推广自己的产品，小企业只能在夹缝中生存。

随着社会的发展，渐渐地马太效应适用的领域越来越广泛。经济学规律告诉我们，财富的增减有时候以几何的形式呈现。每一个有志于扩张财富的人，都应掌握财富增长的规律，去实现自己的计划。

对于投资者来说，储蓄和投资是积累财富的两大重要途径。从表面上看似乎是最没有风险的，而且可以获得稳定的利息，殊不知，在低利率时代仅仅依靠储蓄不可能满足你积累财富的要求。因为，通货膨胀一方面会使你手中的货币贬值，另一方面，投资会使以货币计量的资产增值，你持有了能够增值的资产，自然就不用担心资金购买力的侵蚀了。

不如我们先看个案例：

光成和青楠是同一个公司的职工，他们每月的收入都是2000元，光成刚开始每个月从工资中扣除400元存在银行做储蓄，经过3年，积累了近15000元。然后，他将其中的5000元分别存在银行和买了意外保险。再将剩下的1万元投资了股市。起初，股票上的投资有赔有赚，但经过2年多的时间，1万元变成了4万元多，再加上后面2年再投入的资本所挣得的盈利，以及留存在银行里的储蓄，他的个人资产差不多达到了七八万。

　　而青楠则把钱全都存在了银行，5年下来扣除利息税，再加上通货膨胀，他的钱居然呈现了负增长。也就是说，如果他和光成一样，每月存400元，那5年后，他的存款也不过是25000元，再扣除通货膨胀造成的损失（假定为0.03%）7.5元，则剩下24992.5元。

　　5年的时间，就让两个人相差将近5万元！一年就是1万，那么40年后呢？就是更大的数字了。而且，光成因为积蓄的增多，还会有更多的机会和财富进行投资，也就是能挣更多的钱。青楠则可能因为通货膨胀，积蓄变得更少。

　　案例正应了马太效应里的那句话，让贫者更贫，让富者更富。即便是再小的钱财，只要你认真累积，精心管理，也会有令人惊讶的效果，并让你有机会、有能力更加富有。

　　一些工薪族认为，每个月的工资不够用，即便省吃俭用也没剩下多少。即便理财，效果也不大，还有必要理财吗？

　　这种想法是错误的。只要理财，再少的钱都可能给你带来一份收益，而不理财则再多的钱也会有花光的时候。再者，理财中还有一种奇特的效应，叫作马太效应。只要你肯理财，时间久了，也就积累了更多的财富，有更多的机会收获成功。不要让你的财富陷入负增长的不健康循环中去，善理财者会更富有，而不懂得运作金钱赚钱的人会日益贫穷，这就好比马太福音中的那句经典之言：让贫者越贫，富者越富！

中 篇

基础篇：走近金融的世界

PART 01
看透钱的本质——每天读点货币知识

货币的起源：谁人不识孔方兄

在太平洋某些岛屿和若干非洲民族中，以一种贝壳——"加马里"货币来购物，600个"加马里"可换一整匹棉花。再如美拉尼西亚群岛的居民普遍养狗，所以就以狗牙作货币，一颗狗牙大约可买100个椰子，而娶一位新娘，必须给她几百颗狗牙作礼金！

在太平洋加罗林群岛中的雅浦岛，这里的居民使用石头货币。这里每一枚货币叫作"一分"，但这样的一"分"，绝不可以携带在身上。因为它是一个"庞然大物"的圆形石头，中心还有一个圆窟。照当地人的规定，"分"的体积和直径越大，价值就越高。因此，有的价值高的"分"的直径达到5米。这种货币是用石灰岩的矿物——文石刻成的，但雅浦岛上没有文石，当地人要远航到几百里外的帕拉乌岛把大石打下，装在木筏上运回。单是海上那惊险百出的航程，就要历时几个星期。

巨大的石头货币，有优点也有缺点，优点是不怕盗窃，不怕火烧水浸，经久耐磨，缺点是不易搬运，携带不得。所以用这种货币去购物时，必须要把货主带到石头货币旁边察看成色，然后讲价。

由于搬运艰难，人们卖掉货物换来的石头货币，只好打上印戳，让它留在原地，作为自己的一笔"不动产"。

　　为什么狗牙和石头也能成为货币？货币为什么能买到任何东西？要解开货币的有关疑问，就必须了解货币是怎么来的。

　　货币的前身就是普普通通的商品，它是在交换过程中逐渐演变成一般等价物的。货币是商品，但又不是普通商品，而是特殊商品。货币出现后，整个商品世界就分裂成为两极，一极是特殊商品——货币，另一极是所有的普通商品。普通商品以各种各样的使用价值的形式出现，而货币则以价值的体化物或尺度出现，普通商品只有通过与货币的比较，其价值才能得到体现，所有商品的价值只有通过与货币的比较之后，相互之间才可以比较。

　　货币是商品交换长期发展过程中分离出来的特殊商品，是商品交换发展的自然结果。原始社会后期，由于社会生产力的发展，在原始公社之间出现了最初的实物交换。随着生产力的进一步发展，商品交换逐渐变成经常的行为。但是，直接的物物交换中常会出现商品转让的困难，必然要求有一个一般等价物作为交换的媒介。

　　美国著名的金融学家米什金在其著作《货币金融学》中提到，任何履行货币功能的物品必须是被普遍接受的——每个人都愿意用它来支付商品和服务。一种对任何人而言都具有价值的物品是最有可能成为货币的。于是，经过长期的自然淘汰，商品货币发展到后期，人们自然地选择金银等贵金属作为支付货币。在绝大多数社会里，作为货币使用的物品逐渐被金属所取代。使用金属货币的好处是它的制造需要人工，无法从自然界大量获取，同时还易储存。数量稀少的金、银和冶炼困难的铜逐渐成为主要的货币金属。

　　随着文明的发展，人们逐渐建立了更加复杂而先进的货币制度。人们开始铸造重量、成色统一的货币。这样，在使用货币的时候，既不需要称重量，也不需要测试成色，方便得多。货币上面通常印有国王或皇帝的头像、复杂的纹章和印玺图案，以免伪造。

　　中国最早的金属货币是商朝的铜贝。商代在我国历史上也称青铜器时代，当时相当发达的青铜冶炼业促进了生产的发展和交易活动的增加。于是，在当时最广泛流通的贝由于来源的不稳定而使交易发生不便，人们便寻找更适宜的货币材料，自然而然集中到青铜上，青铜币应运而生。人们将其称为铜贝。随着冶炼技术的发达，铜不再是稀贵的金属，人们开始用更加难以获得的金和银作为铸造货币的金属材料。此后相当长的一段时间内，金、银都是被普遍使用的货币。16世纪，哥伦布发现"新大陆"，大量来自美洲的黄金和白银通过西班牙流入欧洲，金银货币更加得到了世界范围内的流通。

在金融学中，由贵金属或其他有价值的商品构成的货币统称为商品货币。在人类发展的很长一段时间内，几乎在任何一个国家和社会中，商品货币都发挥了交易媒介的功能。但随着人类文明的发展，商品货币还是被淘汰了，原因在于金属货币太重了，使用不方便，并且流通困难，很难从一地运送到另一地。因此，纸币也就应运而生了。

中国北宋时期四川成都出现了一种"交子"，这就是世界上最早的纸币。北宋初年，成都一带商业十分发达，通货紧张，而当时铸造的铁钱却流通不畅。于是当地16家富户开始私下印制一种可以取代钱币、用楮树皮造的券，后来被称作"交子"。当地政府最初想取缔这种"新货币"，但是这种"新货币"在经济流通中作用却十分明显，于是决定改用官方印制。但是"交子"的诞生地却一直没人发现。

后据历史考证，"交子"最早在成都万佛寺内印制。《成都金融志》中说："北宋益州的'交子铺'实为四川历史上最早的货币金融机构，而益州的'交子务'则是最早由国家批准设立的纸币发行机构。""交子"的出现，便利了商业往来，弥补了现钱的不足，是我国货币史上的一大业绩。此外，"交子"作为我国乃至世界上发行最早的纸币，在印刷史、版画史上也占有重要的地位，对研究我国古代纸币印刷技术有着重要意义。

今天，我们已经不用金元宝或银锭、铜板买东西了，而是用一些"纸"。这些"纸"的价值几乎可以忽略不计，但是它却有神奇的力量，可以换来任何你想要的东西，甚至连黄金也可以交换，这似乎让人觉得不可思议。

在商品货币时代，金属货币使用久了，就会出现磨损，变得不足值。人们就意识到可以用其他的东西代替货币进行流通，于是就出现了纸币。纸币在货币金融学中最初的定义为发挥交易媒介功能的纸片。最初，纸币附有可以兑现金属货币的作用，但是最后演变为不兑现纸币。不兑现纸币是不能兑换成黄金或者白银的，但它却拥有同样的购买力。因为，它的购买力源于政府的权威和信誉。只要政府宣布它为法定偿还货币，那么在支付债务时，人们都必须接受它，而不能再把它转化为金属货币后再支付。这样一来，纸币比金属货币轻得多，流通方便，加上不需要耗费昂贵的原材料，于是很快就被人们接受了。

　　事实上，接受纸币也是需要一些条件的。只有人们对货币发行当局有充分的信任，并且印刷技术发展到足以使伪造极为困难的高级阶段时，纸币方可被接受为交易媒介。

　　纸币出现的另一个深层次的原因是由此建立的法定货币体制彻底摆脱了黄金和白银对货币总量的制约，这使得当局对货币的控制更加有弹性，更加灵活。如果这样，政府可以无限制地增加货币供应来获得政府收益。当然，由此引发的通货膨胀问题逐渐被引导到经济学研究的重要课题上。凯恩斯对此曾说："用（通货膨胀）这个办法，政府可以秘密地和难以察觉地没收人民的财富，一百万人中也很难有一个人能够发现这种偷窃行为。"而这些都是建立在以不兑现纸币为基础的法定货币体制之上的。

　　其实严格来说，纸币并不是货币。因为，货币是从商品中分离出来的、固定充当一般等价物的商品。纸币由于没有价值，不是商品，所以也就不是货币。在现代金融学中，纸币是指代替金属货币进行流通，由国家发行并强制使用的货币符号。今天我们使用的人民币或者美元等都是由国家信用作为保障强制流通的货币符号。而纸币本身没有和金属货币同样的内在价值，它本身的价值也比国家确定的货币价值小得多，它的意义在于它是一种货币价值的符号。因为，它可以执行货币的部分功能：流通手段和支付手段，部分国家的纸币还可以执行世界货币职能（如美元、欧元、人民币等）。纸币的发行量由国家决定，但国家不能决定纸币的实际价值。

货币演进："以物易物"到纸币做"媒"

你知道我们交换用的货币是怎么演化过来的吗？关于货币的演化，让我们先来听听经济学家弗里德曼讲述的关于上一节中的雅浦群岛的故事吧。

太平洋加罗林群岛中有个雅浦群岛，岛上不出产金属，人们使用打制成圆形的石头作为交换媒介，岛民们把这种当货币使用的圆石叫作"费"。

刚开始时由于小岛上居民们的需求量不大，大家都以各自的出产互相交换所需物品，公平买卖。随着岛屿的扩大和人口的增加，商品流通规模随之增加。现有的"费"数量明显不够，岛上居民需要更多的"费"来衡量交易物品的价值。由于采集、打磨石头是一件很费工夫的事情，于是雅浦群岛出现了类似"铸币厂"的地方。

随着岛上商品经济的发展，"费"的使用已经极大地制约了商品流通。于是人们想出了一个办法，在岛上发行一种可以代表"费"的纸币。为了便于计算，纸币的面额一般为100费、50费、20费、10费、5费、2费、1费、0.5费、0.2费、0.1费等。这样一来，商品流通效率提高，各地物产、贸易量增加，岛上居民收入提高，就业率也保持稳定增长。

这就是货币的形象产生过程。

货币自诞生以来，经历了实物货币、金属货币、信用货币等数次转变。货币的"祖先"脱胎于一般的商品。某些一般的商品由于其特殊的性能，适合用作交易媒介，于是就摇身一变成了商品家族的新贵——货币。比如贝壳，今天的人们已经很难想象它曾经是叱咤风云的

"钱"。除了贝壳，还有龟壳、布帛、可可豆、鲸鱼牙，甚至玉米等，都曾在不同地区的不同时代充当过货币。后来，取代实物货币的是金属，比如金、银、铜、铁等，它们都曾长时间扮演过货币的角色。在金属货币之后诞生了纸币，也就是所谓的信用货币。

货币的发展一共经历了如下几个阶段：

1.物物交换

人类使用货币的历史产生于物物交换的时代。在原始社会，人们使用以物易物的方式，交换自己所需要的物资，比如一头羊换一把石斧。但是有时候受到用于交换的物资种类的限制，不得不寻找一种能够为交换双方都能接受的物品。这种物品就是最原始的货币。牲畜、盐、稀有的贝壳、珍稀鸟类羽毛、宝石、沙金、石头等不容易大量获取的物品都曾经作为货币使用过。

在人类早期历史上，"贝壳"因为其不易获得，充当了一般等价物的功能，"贝壳"因此成为最原始的货币之一。今天的汉字如"赚""赔""财"等，都有"贝"字旁，就是当初贝壳作为货币流通的印迹。

2.金属货币

早期的金属货币是块状的，使用时需要先用试金石测试其成色，同时还要称重量。随着人类文明的发展，逐渐建立了更加复杂而先进的货币制度。古希腊、罗马和波斯的人们铸造重量、成色统一的硬币。这样，在使用货币的时候，既不需要称重量，也不需要测试成色，无疑方便得多。这些硬币上面带有国王或皇帝的头像、复杂的纹章和印玺图案，以免伪造。

铜贝产生以后，是与贝同时流通的，铜贝发展到春秋中期，又出现了新的货币形式，即包金铜贝，它是在普通铜币的外表包一层薄金，既华贵又耐磨。铜贝不仅是我国最早的金属货币，也是世界上最早的金属货币。

3.金、银

西方国家的主币为金币和银币，辅币以铜、铜合金制造。随着欧洲社会经济的发展，商品交易量逐渐增大，到15世纪时，经济发达的佛兰德斯和意大利北部各邦国出现了通货紧缩的恐慌。从16世纪开始，大量来自美洲的黄金和白银通过西班牙流入欧洲，挽救了欧洲的货币制度，并为其后欧洲的资本主义经济发展创造了起步的条件。

4.纸币

随着经济的进一步发展，金属货币同样显示出使用上的不便。在大额交易中需要使用大量的金属货币，其重量和体积都令人感到烦恼。金属货币使用中还会出现磨损的问题，据不完全统计，自从人类使用黄金作为货币以来，已经有超过两万吨的黄金在铸币厂里，或者在人们的手中、钱袋中和衣物口袋中磨损掉。于是作为金属货币的象征符号的纸币出现了。世界上最早的纸币为宋朝年间于中国四川地区出现的"交子"。

目前，世界上共有两百多种货币，流通于世界190多个独立国家和其他地区。作为各国货币主币的纸币，精美、多侧面地反映了该国历史文化的横断面，沟通了世界各国人民的经济交往。目前，世界上比较重要的纸币包括美元、欧元、人民币、日元和英镑等。

随着信用制度的发展，我们对存款货币和电子货币也已经不感到陌生了，但新的货币形式还将不断出现。货币如同魔术师的神秘魔术，它神奇地吸引着人们的注意力，调动着人们的欲望，渗透到每一个角落，用一种看不见的强大力量牵引着人们的行为。我们要正确认识货币，更要正确使用货币。

货币本质：从贝壳到信用卡，什么才是货币

货币是我们在日常生活中经常接触到的东西。在一般人看来，所谓货币，无非就是可以拿来买东西的人民币、美元或英镑等。以上所说的货币，其实是指"钱"，即流通中的现金或通货。不过在金融学或经济学里，这样定义货币是不准确的，货币的范围要比这个大得多。在今天，支票、信用卡、银行卡都可以作为我们购物时的支付工具。实际上，在现代经济生活中，无论是商品、劳务还是金融产品的交易，用现金支付的只占极小的比重。

在日常生活中又有很多人将货币等同于财富。一个人很富有，我们会说他很有钱；一个人囊中羞涩、生活拮据时，我们会说他没什么钱。这里的钱就指财富，但财富的范围又要比货币宽泛得多。人们购买的股票、债券、基金等金融资产和拥有的住宅、轿车等都归为财富之类，但它们不属于货币的范畴。

那么，金融学到底是如何定义货币的呢？通常经济学家将被人们普遍接受的，可以充当交易媒介、价值尺度、价值储藏、支付手段和安全流动的商品，都可以看作货币，其本质是一般等价物。它既可以是黄金白银这样的有形物品，也可以是一种被普遍接受的符号。只要它具有以上五个方面的功能，经济学家都称它为货币。

货币的本质是固定地充当一般等价物的商品，它能和所有的商品交换，充当商品交换的媒介。货币的发展是一个漫长的过程，由贝壳、金、银、铜等这些实物货币发展到纸币、银行券这些信用货币，现在市场上又出现了虚拟的电子货币，如我们日常生活中常用到的储值卡、信用卡、电子支票、电子钱包等。

在现代社会中，金钱可以说是无处不在，它早就渗透了人们衣、食、住、行的各个方面。一个人如果没有钱，那么他在社会上就寸步难行；如果有了钱，就可以得到物质享受。由于钱有这个作用，所以它就有了一种令人疯狂的魔力，被蒙上了一层神秘的面纱。但是钱并不完全等于货币。按照经济学理论的解释，任何一种能执行交换媒介、价值尺度、延期支付标准或完全流动的财富储藏手段等功能的商品，都可被看作是货币。有人不禁要质疑上述论断：人民币、美元、欧元才是货币，肥皂、洗衣粉之类的商品也能说是货币吗？在我们的生活中，肥皂、洗衣粉当然不能算是货币，这是为什么呢？

货币的本质至少包括以下几方面的内容：其一，货币是由国家或国家许可的机构发行的，是国家产生后的产物，在国家没有诞生前，货币也不可能产生。其二，货币的发行范围是全国性的。其三，货币分配的对象是商品。

由货币的本质我们可以看出，货币具有以下本质特征：

（1）货币没有价值。它之所以能够交换到有价值的产品，是国家通过控制货币的发行数量并使普通民众无法伪造货币的方法来实现的。

（2）货币代表的是一种权力，即随时从社会商品总库存中兑现一定份额商品的权力。货币的效用是通过兑现到的商品的数量来决定的。

（3）货币不是商品。无论马克思主义经济学还是西方经济学都把金、银等贵重金属商品看作是货币的主要形式，这是不对的。

首先，金、银只是在19世纪以后才作为主要货币而存在了一段时间，在这之前，主要的货币形式是贝壳、贱金属铸币和纸币，这样，在货币至少四五千年的发展历史中，金、银作为主要货币形式的时间是极为短暂的。

其次，货币的本质只是一种分配商品的权力，所以，贝壳、铸币、纸、金银等都只是权力的载体，就像货币穿的衣服。货币本来没有价值，但因为国家经常会超出商品交易的需要而发行货币，给商人、地主、手工业主、农民等民间群体造成损失，民间就和国家发生了矛盾。经过长期的斗争，民间力量强迫国家给货币穿上有价值的衣服，比如一定量的铜、铁，这就是铸币的来源。

但是国家仍然不会严格按照铸币币材的价值来发行货币，而是经常贬值发行，这种情况是史不绝书的。为了保护自己的利益，民间公认把金、银作为交换中介物，与货币并列流通，制约国家对货币的发行。金、银是作为与货币并列的交换中介物而存在的，它们的功能主要在于保值，通常会作为财富的储藏手段而持有。除了一些大宗商品交易之外，社会上大部分的商品流通仍然是用货币来执行的。当历史进入资本主义社会后，国家侵犯民间利益的情况大为改善，纸币很快成为主要的货币形式，金、银只是在国际贸易中才能充当交换中介物的重要角色。

（4）单位货币所能分配到的商品数量取决于两个因素，一是货币兑现总数量；二是商品总数量，两者之间是反比的关系。假如货币兑现总数量增加了一倍而商品总数量不变，则商品的平均价格就会增加一倍。假如货币兑现总数量不变而商品总数量减少了一倍，商品的平均价格也会增加一倍。但是，是不是说，假如货币兑现总数量不变而商品总数量

增加一倍时，商品的平均价格会下降一半呢？这种情况是很少发生的。因为，当商品总数量超过相应的货币兑现总数量的时候，如果货币兑现总数量不增加，那么商品平均价格就会下降，这时候生产者为了保护自己的利益会减缓商品的供给以降低价格的下降幅度，降到一定程度后，商品的供给数量就会重新下降到与货币发行数量适应的程度。与此同时，因为国家对货币的供给相对充裕，一般也不会发生货币发行量不能满足商品交易需要的情况。反而是在通常情况下，国家总会超出商品交易的需要而过量发行货币。在封建社会，皇帝或国王过量发行货币可以用于满足自己穷奢极欲的消费需求和战争的需要。在现代社会里，国家为了弥补财政赤字，冲销银行死账等，也会过量发行货币。

（5）人们从获得货币、保存货币到兑现货币，总会保持一个或短或长的时间。其能够实行的基础是人们对社会商品供给具有连续性的预期。货币所能兑现到的商品数量不是取决于货币获得时社会的商品供需状况，而是取决于兑现时社会商品供需状况。由于社会兑现货币总数量和商品供应总数量是经常变动的，所以单位货币所能兑现到的商品数量，也就是货币的价值也是经常变动的。

货币的发明是人类社会组织史上具有重要意义的里程碑。货币的发明，不但促进了产品交换、税收管理、产品分配的发展，更重要的是找到了一种在血缘关系和婚姻关系之外的新型社会生产组织形式，并直接导致了国家的诞生。

货币功能：货币为什么能买到世界上所有的商品

经济学家艾文只能做一件事：讲授经济学原理。物物交换的经济社会中，如果艾文想获得食物，他就必须找到一个农场主，这个农场主必须既生产他所喜欢的食物，又想学习经济学。可以想象，这需要一定的运气和大量的时间。如果我们引入货币，情况又如何呢？艾文可以为学生讲课，收取货币报酬。然后艾文可以找到任何农场主，用他收到的钱购买他所需要的食物。这样需求的双重巧合问题就可以避免了。艾文可以节省大量的时间，用这些时间，他可以做他最擅长的事：教书。

从这个例子中可以看到，货币大大降低了花费在交换物品和劳务上的时间，提高了经济运行的效率。同时，它使人们可以专注于他们最擅长的事情，同样也可提高经济运行的效率。因此，货币就是买卖的桥梁，是商品流通的中介。在一手交钱，一手交货的买卖中，货币承担着交易媒介的功能。从远古时期的贝壳，到后来的金银铜，再到纸币，再到现在的电子货币，货币的每一次进步都使买卖变得更加便利。

想了解货币具有哪些功能，我们需要从以下几个方面来认识货币：

1.价值尺度

正如衡量长度的尺子本身有长度，称东西的砝码本身有重量一样，衡量商品价值的货币本身也是商品，具有价值；没有价值的东西，不能充当价值尺度。

在商品交换过程中，货币成为一般等价物，可以表现任何商品的价值，衡量一切商品的价值量。货币在执行价值尺度的职能时，并不需要有现实的货币，只需要观念上的货币。例如，1辆自行车值200元人民币，只要贴上个标签就可以了。当人们在作这种价值估量的时候，只要在他的头脑中有多少钱的观念就行了。用来衡量商品价值的货币虽然只是观念上的货币，但是这种观念上的货币仍然要以实在的货币为基础。人们不能任意给商品定价。因为，在货币的价值同其他商品之间存在着客观的比例，这一比例的现实基础就是生产两者所耗费的社会必要劳动量。

商品的价值用一定数量的货币表现出来，就是商品的价格。价值是价格的基础，价格是价值的货币表现。货币作为价值尺度的职能，就是根据各种商品的价值大小，把它表现为各种各样的价格。例如，1头牛价值2两黄金，在这里2两黄金就是1头牛的价格。

2.交换媒介

在商品交换过程中，商品出卖者把商品转化为货币，然后再用货币去购买商品。在这里，货币发挥了交换媒介的作用，执行流通手段的职能。

在货币出现以前，商品交换是直接的物物交换。货币出现以后，它在商品交换关系中则起媒介作用。以货币为媒介的商品交换就是商品流通，它由商品变为货币（W——G）和由货币变为商品（G——W）两个过程组成。由于货币在商品流通中作为交换的媒介，它打破了直接物物交换和地方的限制，扩大了商品交换的品种、数量和地域范围，从而促进了商品交换和商品生产的发展。

由于货币充当流通手段的职能，使商品的买和卖打破了时间上的限制，一个商品所有者在出卖商品之后，不一定马上就买；也打破了买和卖空间上的限制，一个商品所有者在出卖商品以后，可以就地购买其他商品，也可以在别的地方购买任何其他商品。

3.储藏手段

货币退出流通领域充当独立的价值形式和社会财富的一般代表而储存起来的一种职能。

货币作为储藏手段，是随着商品生产和商品流通的发展而不断发展的。在商品流通的初期，有些人就把多余的产品换成货币保存起来，储藏金、银被看成是富裕的表现，这是一种朴素的货币储藏形式。随着商品生产的连续进行，商品生产者要不断地买进生产资料和生活资料，但他生产和出卖自己的商品要花费时间，并且能否卖掉也没有把握。这样，他为了能够不断地买进，就必须把前次出卖商品所得的货币储藏起来，这是商品生产者的货币储藏。随着商品流通的扩展，货币的权力日益增大，一切东西都可以用货币来买卖，货币交换扩展到一切领域。谁占有更多的货币，谁的权力就更大，储藏货币的欲望也就变得更加强烈，这是一种社会权力的货币储藏。货币作为储藏手段，可以自发地调节货币流通量，起着蓄水池的作用。

4.支付手段

货币作为独立的价值形式进行单方面运动（如清偿债务、缴纳税款、支付工资和租金等）时所执行的职能。

因为商品交易最初是用现金支付的。但是，由于各种商品的生产时间不同，有的长些，有的短些，有的还带有季节性。同时，各种商品销售时间也是不同的，有些商品就地销售，销售时间短，有些商品需要远销外地，销售时间长。商品的让渡同价格的实现在时间上分离开来，即出现赊购的现象。赊购以后到约定的日期清偿债务时，货币便执行支付手段的职能。货币作为支付手段，开始是由商品的赊购、预付引起的，后来才慢慢扩展到商品流通领域之外，在商品交换和信用事业发达的经济社会里，就日益成为普遍的交易方式。

在货币当作支付手段的条件下，买者和卖者的关系已经不是简单的买卖关系，而是一种债权债务关系。货币一方面可以减少流通中所需要的货币量，节省大量现金，促进商品流通的发展。另一方面，货币进一步扩大了商品经济的矛盾。在赊买赊卖的情况下，许多商品生产者之间都发生了债权债务关系，如果其中有人到期不能支付，就会引起一系列的连锁反应，使整个信用关系遭到破坏。

5.世界货币

货币在世界市场上执行一般等价物的职能。由于国际贸易的发生和发展，货币流通超出一国的范围，在世界市场上发挥作用，于是货币便有了世界货币的职能。作为世界货币，必须是足值的金和银，而且必须脱去铸币的地域性外衣，以金块、银块的形状出现。原来在各国国内发挥作用的铸币，以及纸币等在世界市场上都失去作用。

在国内流通中，一般只能由一种货币商品充当价值尺度。在国际上，由于有的国家用金作为价值尺度，有的国家用银作为价值尺度，所以在世界市场上金和银可以同时充当价值尺度的职能。后来，在世界市场上，金取得了支配地位，主要由金执行价值尺度的职能。

国际货币充当一般购买手段，一个国家直接以金、银向另一个国家购买商品。同时作为一般支付手段，国际货币用以平衡国际贸易的差额，如偿付国际债务、支付利息和其他非生产性支付等。国际货币还充当国际财富转移的手段，货币作为社会财富的代表，可由一国转移到另一国。例如，支付战争赔款、输出货币资本或由于其他原因把金、银转移到外国去。在当代，世界货币的主要职能是作为国际支付手段，用以平衡国际收支的差额。

PART 02
格林斯潘调节金融的"利器"——每天读点利率知识

利息：利息是怎样产生的

利息是金融学中一个非常重要的概念，也许每一位读者对此都不陌生，但很难保证说就对银行利息究竟说明什么、究竟是怎样产生的会有一个正确认识。总体来看，利息是借款人付给贷款人的报酬；同时它还必须具备一个前提，那就是两者之间必须存在着借贷关系。

什么是利息呢？利息是资金所有者由于向国家借出资金而取得的报酬，它来自生产者使用该笔资金发挥营运职能而形成的利润的一部分。是指货币资金在向实体经济部门注入并回流时所带来的增值额，其计算公式是：利息=本金×利率×时间。

利息是剩余价值的特殊转化形式，它的最高水平是利润。利息作为资金的使用价格在市场经济运行中起着十分重要的作用，并影响着个人、企业和政府的行为活动。

现实生活中，贷款人把收取利息收入看作是理所当然的。在会计核算中，全球各国的会计制度都规定，借款所发生的利息支出首先要作为财务费用列入成本，只有在扣除这一部分后，剩下的部分才能作为经营利润来看待。

刘先生在银行任职。多年来，在他的办公桌的玻璃台板下总压着一张储蓄存款利率表。凡穿西装的季节，在他西装衣袋里也总有一个票夹子，票夹子里藏着一张储蓄存款利率表。储蓄存款利率升了降，降了升，升了降，降了又降，对历年的利率变化难以记牢，所以刘先生就随处备有利率表，为的是与人方便、与己方便。

一次，一位中年妇女在储蓄柜台取款后迟迟没有离去，以为银行把她存款的利息算错了。刘先生把几次变化的利率一行一行抄给她，把利率计算的方法告诉她，她这才打消了心中的疑团。

还有一位熟人曾让刘先生帮她计算利息。说3年前向姐夫借了12000元钱，当时没有约定还款时间，也没有约定还款时加上多少利息，只想手头宽裕了，把借款和利息一次还清。刘先生就将随身带的利率表递上，并把利息计算的方法、保值贴补的时间段很明白地告诉她，由她根据自己的实际和承诺计算利息，末了她连声道谢。另外，刘先生家与亲戚家也有过几次借款关系，在还款时也是参照储蓄存款的利率还款的，双方都乐意接受，利率表起了中间人的作用。

在生活中，常常有民间借贷，有承诺的也好，无承诺的也好，还款时常要与同期的储蓄存款利息比一比。在炒股生涯中，常常要对自己的股票或资金算一算，自然而然要想到与同期的利率作比较。储蓄存款利率变了又变，涉及千家万户，千家万户要谈论储蓄存款利率。随身备有一张利率表，起到的作用还真的很大。但令人费解的是，利率为什么在不同的时期有不同的变化？这代表着什么？利率的高低又是由什么决定的？

现代经济中，利率作为资金的价格，不仅受到经济社会中许多因素的制约，而且，利率的变动对整个经济产生重大的影响。从形式上看，利息是因借款人在一定时期使用一定数量的他人货币所支付的代价。代价越大，说明利率越高。利率的高低，成为衡量一定数量的借贷资本在一定时期内获得利息多少的尺度。那么，是利率

决定利息，还是利息决定利率呢？

利息出现的原因主要有以下五点：一是延迟消费，当放款人把金钱借出，就等于延迟了对消费品的消费。根据时间偏好原则，消费者会偏好现时的商品多于未来的商品。因此，在自由市场会出现正利率。二是预期的通胀，大部分经济会出现通货膨胀，代表一个数量的金钱，在未来可购买的商品会比现在较少。因此，借款人需向放款人补偿此段期间的损失。三是代替性投资，放款人有选择地把金钱放在其他投资上。由于机会成本，放款人把金钱借出，等于放弃了其他投资的可能回报。借款人需与其他投资竞争这笔资金。四是投资风险，借款人随时有破产、潜逃或欠债不还的风险，放款人需收取额外的金钱，以保证在出现这些情况后，仍可获得补偿。五是流动性偏好，人会偏好其资金或资源可随时供立即交易，而不是需要时间或金钱才可取回。利率亦是对此的一种补偿。

现实生活中，贷款人把收取利息收入看作是理所当然的。利息在国民生活中所发挥的重要作用主要表现为以下几个方面：

1.影响企业行为的功能

利息作为企业的资金占用成本已直接影响企业经济效益水平的高低。企业为降低成本、增进效益，就要千方百计地减少资金占压量，同时在筹资过程中对各种资金筹集方式进行成本比较。全社会的企业若将利息支出的节约作为一种普遍的行为模式，那么，经济成长的效率也肯定会提高。

2.影响居民资产选择行为的功能

在我国居民实际收入水平不断提高、储蓄比率日益加大的条件下，出现了资产选择行为，金融工具的增多为居民的资产选择行为提供了客观基础，而利息收入则是居民资产选择行为的主要诱因。居民重视利息收入并自发地产生资产选择行为，无论对宏观经济调控还是对微观基础的重新构造都产生了不容忽视的影响。从我国目前的情况看，高储蓄已成为我国经济的一大特征，这为经济高速增长提供了坚实的资金基础，而居民在利息收入诱因下做出的种种资产选择行为又为实现各项宏观调控做出了贡献。

3.影响政府行为的功能

由于利息收入与全社会的赤字部门和盈余部门的经济利益息息相关，因此，政府也能将其作为重要的经济杠杆对经济运行实施调节。例如，中央银行若采取降低利率的措施，货币就会更多地流向资本市场；当提高利率时，货币就会从资本市场流出。如果政府采用信用手段筹集资金，可以用高于银行同期限存款利率来发行国债，将民间的货币资金吸收到手中，以用于各项财政支出。

利率：使用资本的应付代价

利率，就表现形式来说，是指一定时期内利息额同借贷资本总额的比率。利率是单位货币在单位时间内的利息水平，表明利息的多少。

凯恩斯把利率看作是"使用货币的代价"。利率可以看作是因为暂时放弃货币的使用权而获得的报酬，是对放弃货币流通性的一种补偿，如果人们愿意推迟消费，则需要为人们这一行为提供额外的消费。从借款人的角度来看，利率是使用资本的单位成本，是借款人使用贷款人的货币资本而向贷款人支付的价格；从贷款人的角度来看，利率是贷款人借出货币资本所获得的报酬率。

当你去银行存钱，银行会按照存期划分的不同利率来给客户计算利息。利率的存在告诉我们，通过放弃价值1元的现期消费，能够得到多少未来消费。这正是现在与未来之间的相对价格。整体利率的多少，对于现值至关重要，必须了解现值才能了解远期的金融现值，而利率正是联系现值和终值的一座桥梁。

哪些因素会导致利率的变化？通常情况下，影响利率的因素大致有4种：

1.货币政策

政府制定货币政策的目的就是促进经济稳定增长。控制货币供给和信贷规模，可以影响利率，进而调节经济增长。扩大货币供给，会导致利率下降；反之，则造成利率上升。

2.财政政策

一个国家的财政政策对利率有较大的影响，通常而言，当财政支出大于财政收入时，政府会在公开市场上借贷，以此来弥补财政收入的不足，这将导致利率上升。而扩张性的经济政策，往往扩大对信贷的需求，投资的进一步加热又会导致利率下降。

3.通货膨胀

通货膨胀是指在信用货币条件下，国家发行过多的货币，使过多的货币追求过少的商品，造成物价普遍上涨的一种现象。通货膨胀的成因比较复杂。因此，通货膨胀使得利率和货币供给之间的关系相对复杂。如果货币供给量的大幅增长不是通货膨胀引起的，那么利率不仅不会下降，反而会上升，造成高利率的现象，以弥补货币贬值带来的损失。因此，利率水平随着通货膨胀率的上升而上升，随着通货膨胀率的下降而下降。

4.企业需求和家庭需求

企业对于信贷的需求往往成为信贷利率变化的"晴雨表"，每当经济步入复苏和高涨之际，企业对信贷需求增加，利率水平开始上扬和高涨；而经济发展停滞时，企业对信贷的需求也随之减少，于是，利率水平转趋下跌。家庭对信贷的需求也影响到利率的变化，当需求增加时，利率上升；需求减弱时，利率便下跌。

经济学家一直在致力于寻找一套能够完全解释利率结构和变化的理论，可见利率对国民经济有着非常重要的作用。曾经有人写了这么一则场景故事：

1993年初的某一天，克林顿先生上台不久。克林顿就经济问题召见格林斯潘先生。

克林顿："老爷子，现在经济这么低迷，你看，下一步怎么办？"

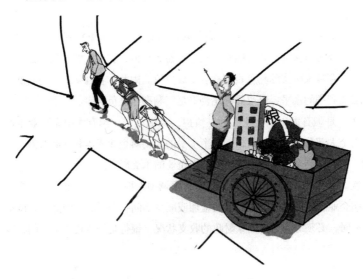

格林斯潘："没什么，我只要挥舞一下手中的魔棒，那帮人就会推动市场。"老爷子像打哑谜一样应付这位上任不久的帅小伙子。

克林顿："真的？什么魔棒？哪些人？怎么推动市场？"总统先生显得非常着急。他从座位上站起来，手里拿着一支笔，在房间里走来走去。两眼一直望着格林斯潘。

格林斯潘："就是华尔街那帮金融大亨，我的老相识、老朋友们，他们都得听我的。"

"听你的，不听我的？"克林顿有点不服气。

"当然是听我的。不信，你瞧瞧！"格林斯潘用不容争辩的口气说。

"我对您手中的那根魔棒感兴趣，是什么东西？"

"利率。"

利率为什么具有如此魔力？因为，利率是资金使用的价格，它的涨跌关系着居民、企业、政府各方的钱袋，能不让人紧张吗？

利率是经济学中一个重要的金融变量，几乎所有的金融现象、金融资产均与利率有着或多或少的联系。当前，世界各国频繁运用利率杠杆实施宏观调控，利率政策已成为各国中央银行调控货币供求，进而调控经济的主要手段，利率政策在中央银行货币政策中的地位越来越重要。合理的利率，对发挥社会信用和利率的经济杠杆作用有着重要的意义，而合理利率的计算方法是我们关心的问题。那么利率的水平是怎样确定的呢？换句话说，确定利率水平的依据是什么呢？

首先，是物价总水平。这是维护存款人利益的重要依据。利率高于同期价上涨率，就可以保证存款人的实际利息收益为正值；相反，如果利率低于物价上涨率，存款人的实际利息收益就会变成负值。因此，看利率水平的高低不仅要看名义利率的水平，更重要的还要看是正利率还是负利率。

其次，是国有大中型企业的利息负担。长期以来，国有大中型企业生产发展的资金大部分依赖银行贷款，利率水平的变动对企业成本和利润有着直接的影响。因此，利率水平的确定必须考虑企业的承受能力。

再次，是国家财政和银行的利益。利率调整对财政收支的影响，主要是通过影响企业和银行上交财政税收的增加或减少而间接产生的。因此，在调整利率水平时，必须综合考虑国家财政的收支状况。银行是经营货币资金的特殊企业，存贷款利差是银行收入的主要来源，利率水平的确定还要保持合适的存贷款利差，以保证银行正常经营。

最后，是国家政策和社会资金供求状况。利率政策要服从国家经济政策的大方针，并体现不同时期国家政策的要求。与其他商品的价格一样，利率水平的确且也要考虑社会资金的供求状况，受资金供求规律的制约。

利率通常由国家的中央银行控制，在美国由联邦储备委员会管理。现在，所有国家都把利率作为宏观经济调控的重要工具之一。当经济过热、通货膨胀上升时，便提高利率、收紧信贷；当过热的经济和通货膨胀得到控制时，便会把利率适当地调低。因此，利率是重要的基本经济因素之一。

复利：银行存款如何跑过CPI

根据计算方法的不同，利息可以划分为单利和复利。单利是指在借贷期限内，只在原来的本金上计算利息；复利是指在借贷期限内，除了在原来本金上计算利息外，还要把本金所产生的利息重新计入本金，重复计算利息。爱因斯坦曾经这样感慨道："复利堪称是世界第八大奇迹，其威力甚至超过原子弹。"古印度的一个传说证实了爱因斯坦的这种感慨。

古印度的舍罕王准备奖励自己的宰相西萨班达依尔，此人发明了国际象棋。舍罕王问西萨班达依尔想要什么，西萨班达依尔拿出一个小小的国际象棋棋盘，然后对国王说："陛下，金银财宝我都不要，我只要麦子。您在这张棋盘的第1个小格里，放1粒麦子，在第2个小格里给2粒，第3个小格给4粒，以后每个小格都比前一小格多一倍。然后，您将摆满棋盘上所有64格的麦子，都赏给我就可以了！"

舍罕王看了看那个小棋盘，觉得这个要求实在太容易满足了，当场就命令了下来。

不过，当国王的奴隶们将麦子一格格开始放时，舍罕王才发现：就是把全印度甚至全世界的麦子都拿过来，也满足不了宰相的要求。

那么这个宰相要求的麦粒究竟有多少呢？有人曾计算过，按照这种方式填满整个棋盘大约需要820亿吨麦子。即使按照现在全球麦子的产量来计算，也需要550年才能满足西萨班达依尔的要求。

复利竟有如此神奇的力量，那么究竟什么是复利呢？

复利是指在每经过一个计息期后，都要将所生利息加入本金，以计算下期的利息。这样，在每一个计息期，上一个计息期的利息都将成为生息的本金，即以利生利。复利和高利贷的计算方法基本一致，它是将本金及其产生的利息一并计算，也就是人们常说的"利滚利"。

复利的计算是对本金及其产生的利息一并计算，也就是利上有利。复利计算的特点是：把上期末的本利和作为下一期的本金，在计算时每一期本金的数额是不同的。复利的计算公式是：$S=P(1+i)n$。

复利现值是指在计算复利的情况下，要达到未来某一特定的资金金额，现在必须投入的本金。所谓复利也称利上加利，是指一笔存款或者投资获得回报之后，再连本带利进行新一轮投资的方法。复利终值是指本金在约定的期限内获得利息后，将利息加入本金再计息，逐期滚算到约定期末的本金之和。

例如，拿10万元进行投资的话，以每年15%的收益来计算，第二年的收益并入本金就是11.5万，然后将这11.5万作为本金再次投资，等到15年之后拥有的资产就是原来的8倍也就是80万，而且这笔投资还将继续以每5年翻一番的速度急速增长。

这其实是一个按照100%复利计算递增的事例。不过在现实中，理想中

100%的复利增长是很难出现的，即使是股神巴菲特的伯克希尔哈撒韦公司，在1993年到2007年的这15年里年平均回报率也仅为23.5%。不过，即使只有这样的复利增长，其结果也是惊人的。

还记得那个24美元买下曼哈顿岛的故事吗？这笔交易确实很划算，但如果我们换个角度来重新计算一下呢？如果当初的24美元没有用来买曼哈顿岛，而是用来投资呢？我们假设每年8%的投资收益，不考虑中间的各种战争、灾难、经济萧条因素，这24美元到2004年会是多少呢？说出来你或许会吓一跳：4307046634105.39，也就是43万亿多美元。这不但仍然能够购买曼哈顿，如果考虑到由于"9·11"事件后纽约房地产贬值的话，买下整个纽约也是不在话下的。

金融领域有个著名的72法则：如果以1%的复利来计息，经过72年后，本金就会翻一番。根据这个法则，用72除以投资回报率，就能够轻易算出本金翻番所需的时间。

比如，如果投资的平均年回报率为10%，那么只要7.2年后，本金就可以翻一番。如果投资10万元，7.2年后就变成20万元，14.4年后变成40万元，21.6年后变成80万元，28.8年后就可以达到160万元。每年10%的投资回报率，并非难事，由此可见复利的威力。

想财富增值，首先必须进行投资。根据72法则，回报率越高，复利带来的效应收益越大。而银行的存款利息过低，所以储蓄并不是增值财富的根本选择。想保持高的收益，让复利一展神奇的话，那就需要进行高回报率的投资。

从复利的增长趋势来看，时间越长，复利产生的效应也就越大。所以，如果希望得到较高的回报，就要充分利用这种效应。进行投资的时间越早，复利带来的收益越大。在条件允许的情况下，只要有了资金来源，就需要制订并开始执行投资理财的计划。

复利的原理告诉我们，只要保持稳定的常年收益率，就能够实现丰厚的利润。在进行投资的选择时，一定要注重那些有着持续稳定收益率的领域。一般情况下，年收益率在15%左右最为理想，这样的收益率既不高也不低，稳定易于实现。找到稳定收益率的领域后，只要坚持长期投资，复利会让财富迅速增值。

还要注意到，复利的收益是在连续计算的时候，才会有神奇的效应。这就要求我们在投资的时候，要防止亏损。如果一两年内，收益平平还不要紧，一旦出现严重亏损，就会前功尽弃，复利的神奇也会消失殆尽，一切又得从头开始。利用复利进行投资时，需要谨记的是：避免出现大的亏损，一切以"稳"为重。

华人世界的首富李嘉诚先生自16岁白手起家，到73岁时，57年的时间里他的资产达到了126亿美元。对于普通人来说，这是一个天文数字，李嘉诚最终却做到了。李嘉诚的成功并不是一次两次的暴利，而在于他有着持久、稳定的收益。

让李嘉诚的财富不断增值的神奇工具就是复利。复利的神奇在于资本的稳步增长，要利用复利使财富增值，就得注重资本的逐步积累。改掉随意花钱的习惯，这是普通人走向复利增值的第一步。

所以，我们要学会每天积累一些资金，现在花了1元钱，持续投资，将种子养成大树。所以说成功的关键就是端正态度，设立一个长期可行的方案持之以恒地去做，这样成功会离我们越来越近。

负利率：利息收入赶不上物价上涨

2008年11月，日本6个月期的国库券的利率为负，即-0.004%，投资者购买债券的价格高于其面值。这是很不寻常的事件——在过去的50年中，世界上没有任何一个其他国家出现过负利率。这种情况是如何发生的呢？

我们通常假定，利率总是为正。负利率意味着你购买债券所支付的金额低于你从这一债券所获取的收益（从贴现发行债券的到期收益中可以看出）。如果出现这样的情况，你肯定更愿意持有现金，这样未来的价值与今天是相等的。因此，负利率看上去是不可能的。

日本的情况证明这样的推理并不准确。日本经济疲软与负的通货膨胀率共同推动日本利率走低，但这两个因素并不能解释日本的负利率。答案在于，大投资者发现将这种6个月期国库券作为价值储藏手段比现金更为方便。因为，这些国库券的面值比较大，并且可以以电子形式保存。出于这个原因，虽然这些国库券利率为负，一些投资者仍然愿意持有，即使从货币的角度讲，持有现金更为划算。显然，国库券的便利性使得它们的利率可以略低于零。例如，一个1000块钱的东西一年后值1065块钱，但是1000块存在银行一年后负利率才1038块，还没有它升值快，存钱不赚反赔。

当物价指数（CPI）快速攀升，存银行的利率还赶不上通货膨胀率，导致银行存款利率实际为负，就成了负利率。用公式表示：负利率=银行利率-通货膨胀率（CPI指数）。在这种情形下，如果你只把钱存在银行里，会发现随着时间的推移，银行存款不但没有增加，购买力却逐渐降低，看起来就好像在"缩水"一样。

假如你把钱存进银行里，过一段时间后，算上利息在内没有增值，反而贬值了，这就是负利率所引发的。负利率是指利率减去通货膨胀率后为负值。当你把钱存入银行，银行会给你一个利息回报，比如某年的一年期定期存款利率是3%。而这一年整体物价水平涨了10%，相当于货币贬值10%。一边是银行给你的利息回报，一边是你存在银行的钱越来越不值钱了，那么这笔存款的实际收益是多少呢？用利率（明赚）减去通货膨胀率（暗亏），得到的这个数，就是你在银行存款的实际收益。

例如，2008年的半年期定期存款利率是3.78%（整存整取），而2008年上半年的CPI同比上涨了7.9%。假设你在年初存入10000元的半年定期，存款到期后，你获得的利息额：（10000×3.78%）-（10000×3.78%）×5%＝359.1

元（2008年上半年征收5%的利息税）；而你的10000元贬值额=10000×7.9%=790元。790-359.1=430.9元。也就是说，你的10000元存在银行里，表面上增加了359.1元，而实际上减少了430.9元。这样，你银行存款的实际收益为-430.9元。

负利率的出现，意味着物价在上涨，而货币的购买能力却在下降。即货币在悄悄地贬值，存在银行里的钱也在悄悄地缩水。在负利率的条件下，相对于储蓄，居民更愿意把自己拥有的财产通过各种其他理财渠道进行保值和增值，如购买股票、基金、外汇、黄金等。如果银行利率不能高过通货膨胀率那么这就意味着：存款者财富缩水，国家进入"负利率时代"。

负利率将会对人们的理财生活产生重大影响。以货币形式存在的财富如现金、银行存款、债券等，其实际价值将会降低，而以实物形式存在的财富如不动产、贵金属、珠宝、艺术品、股票等，将可能因为通货膨胀的因素而获得价格的快速上升。因此，我们必须积极地调整理财思路，通过行之有效的投资手段来抗击负利率。

面对负利率时代的来临，将钱放在银行里已不合时宜。对于普通居民来说，需要拓宽理财思路，选择最适合自己的理财计划，让"钱生钱"。抵御负利率的手段有很多：

首先，是进行投资，可以投资基金、股票、房产等，还可以购买黄金珠宝、收藏品。当然，我们必须以理性的头脑和积极的心态来进行投资，不要只看到收益，而忽视风险的存在。除了投资之外，还要开源节流，做好规划。其中首要的就是精打细算。在物价不断上涨的今天，如何用好每一分收入显得尤为重要。每月收入多少、开支多少、节余多少等，都应该做到心中有数，并在此基础上分清哪些是必要的开支、哪些是次要的、哪些是无关紧要的或可以延迟开支的。只有在对自己当前的财务状况明白清楚的情况下，才能做到有的放矢。

其次，是广开财源，不要轻易盲目跳槽，在条件允许的情况下找一些兼职，与此同时，也要不断地提升自我，增强职场与市场竞争力。

最后，就是要做好家庭的风险管理，更具体来说，就是将家庭的年收入进行财务分配，拿出其中的一部分来进行风险管理。而提及风险，就必然要提到保险，保险的保障功能可以使人自身和已有财产得到充分保护，当发生事故的家庭面临资产入不敷出的窘境时，保险金的支付可以弥补缺口，从而降低意外收支失衡对家庭产生的冲击。从这一点来说，该买的保险还是要买，不能因为省钱而有所忽视。

负利率时代的到来，对于普通老百姓尤其是热衷于储蓄的人来说是一个不得不接受的事实；而在积极理财、投资意识强的人的眼中，它却意味着赚钱时代的到来。我们只有通过科学合理的理财方式来进行个人的投资，才能以行之有效的投资手段来抵御负利率。抵御负利率的手段有很多，如减少储蓄、多消费，甚至以理性的头脑和积极的心态进行投资（如股票、房产等）。因为你的投资收益越大，抵御通货膨胀的能力也就越强。所以，负利率不可怕，可怕的是面对负利率却无动于衷！

利率调整：四两拨千斤的格林斯潘"魔棒"

1987年10月19日，这一天对于华尔街的投资人来说是个难忘的"黑色的星期一"。这一天的道·琼斯指数在3个小时内暴跌了22.6%，6个半小时内股票市值缩水5000多亿美元。当天，38名富豪告别了《福布斯》富豪榜，当时的亿万富翁亚瑟·凯恩在家中饮弹自尽。第二天早上，刚任美联储主席两个月的格林斯潘下令降低联邦基金利率，随后，市场长期利率也随之下降。经过几个月的调整，华尔街的投资者们逐步获得了投资回报和信心，美国有惊无险地度过了一场经济泡沫破裂的浩劫。格林斯潘由此挥舞着"利率"这根魔棒开始了他辉煌的传奇人生。

在此后的18年里，格林斯潘改变了美国货币政策的工具，使联邦基金利率成为连接市场和政策的指示器，利率工具在他的手中就像是一根"魔棒"，引导着美国经济乃至世界经济的走势。在格林斯潘时代，美国经济保持了长达十多年的新经济增长，创造了一个世纪传奇。

不少人认为，美国经济的长期增长归功于格林斯潘的利率政策。在当前我国社会经济领域里，能够撬动整个经济杠杆的倒有不少，其中运用得最多的要数存贷款利率。当我国被认为处于"通货膨胀"时期实行从紧货币政策时，有关方面频繁调高存贷款利率。以一年期定期存款利率为例，自2007年3月18日起，在不到9个月的时间里，连续6次上调，将此前的年利率2.52%，飙升至2007年12月20日的年利率4.14%，增幅为64.3%。曾几何时，风云突变，被认为处于"通货紧缩"时期实行宽松货币政策时，有关方面频繁调低存贷款利率。仍以一年期定期存款利率为例，自2008年9月16日起，在不到3个月的时间里，连续4次下调，将此前的年利率4.14%，猛砸至2008年12月23日的年利率2.25%，跌幅为45.7%，达到2006年8月19日以前的水平，或者说已经将利率降到了2002年的水平，离改革开放以来的最低点1.98%只差0.27个百分点。而且还有人说仍有下调空间，或者说有可能实行零利率。目的是十分明显的，这就是要运用利率杠杆去撬动整个社会经济。

真正控制货币乘数阀门的却是利率。对于贷款投资者而言，利率就是资金的使用成本，利率高到一定程度，说明资金的成本太高了，厂商就不愿意贷款投资了，生产受到一定的限制；当利率降低到一定程度，投资需求就会逐渐增加；相反，当利率下降的时候，物价指数下降，说明经济已经开始变冷了。在资金市场里，利息率如同一个裁判，在各种投资项目面前树起一个标杆。凡是投资收益率高于利息率的项目就能成立，否则不然。这就为资源流向何处提供了调节机制。

利率对经济调控的重要作用主要表现在两个方面：一是究竟要达到什么目的？二是调整的依据何在？

从利率调整的目的来看，主要是解决以下几方面的问题：

1.调节社会资金总供求关系

在其他条件不变的情况下，调高银行利率有助于吸引闲散资金存入银行，从而推迟社会消费品购买力的实现，减少社会总需求。与此同时，银行利率的提高也会增加企业贷款成本，抑制商品销售，减少企业盈利。

所以，当出现社会资金总需求大于总供给引发通货膨胀时，银行会采取提高利率来进行干预。调低银行利率的作用恰恰相反。

2.优化社会产业结构

政府通过对需要扶持、优先发展的行业实行优惠利率政策，能够很好地从资金面来支持其发展；相反，对需要限制发展的行业或企业，则可以通过适当提高银行利率的方式来提高其投入成本。两者相结合，就能很好地调节社会资源，实现产业结构优化配置。

3.调节货币供应量

当全社会的货币供应量超过需求量时会引发通货膨胀，导致物价上涨。所以，政府可以通过调整银行利率来调节货币供应量。这主要是通过提高利率来减少信贷规模、减少货币投放，来达到压缩通货膨胀、稳定物价的目的。

4.促使企业提高经济效益

银行通过提高利率水平，会间接地迫使企业不断加强经济核算、努力降低利息负担，这在客观上提高了企业管理水平，促进了企业和全社会经济效益的提高。

如果企业认识不到这一点，或者根本做不到这一点，一旦整个企业的资金使用效益还够不上银行利息，或者贷款到期时无法正常归还贷款，就可能会被迫关门。

5.调节居民储蓄

银行通过提高利率水平，可以吸引居民把闲余资金存入银行，减少社会货币总量，抑制通货膨胀。通过降低利率水平，可以驱使储蓄从银行转入消费领域，促进消费。

而在这个过程中，利率的调整就会对居民储蓄结构产生实质性影响，调节实物购买、股票投资比重。

6.调节国际收支

银行通过调整利率水平，不但会在国内金融市场产生影响，还会在国际金融市场产生联动作用，调节国际收支。具体地说，如果国内利率水平高于国际水平，就会吸引国外资本向国内流动，从而导致国际收入大于国际支出。反之亦然。利率调整的目的，就是要保持国际收支基本平衡，至少是不能大起大落，否则是会影响国家金融安全的。

利率作为资本的价格，与普通商品一样，它的价格调整必定会受到货币供求

状况影响。市场经济越成熟，资金供应状况对利率调整的影响作用就越大，利率调整对资金供应状况的调节作用也就越大。总的来看，当资金供应不足时利率水平会上升，当资金供大于求时利率水平会下降。一方面，资金供应状况会促使银行调整利率；另一方面，利率水平的调整也会改善资金供应状况，两者是相辅相成的。

在社会平均利润率一定的时候，利率的调整实际上就是把社会平均利润重新划分为利息、企业利润两部分，而这个比率应当尊重借贷资本供求双方的竞争性关系。因此，利率调整主要应尊重价值规律要求。如果像自然科学家那样研究出各种各样的调整模型来，即使有效，其中也会带有个人偏见的。

PART 03
世界金融的构成与发展——每天读点金融体系知识

国际金融体系：构成国际金融活动的总框架

国际金融体系是国际货币关系的集中反映，它构成了国际金融活动的总体框架。在市场经济体制下，各国之间的货币金融交往，都要受到国际金融体系的约束。金融体系包括金融市场、金融中介、金融服务企业，以及其他用来执行居民户、企业和政府金融决策的机构。有时候特定金融工具的市场拥有特定的地理位置，如纽约证券交易所和大阪期权与期货交易所就是分别坐落于美国纽约和日本大阪的金融机构。然而，金融市场经常没有一个特定的场所，股票、债券及货币的柜台交易市场——或者场外交易市场的情形就是这样，它们本质上是连接证券经纪人及其客户的全球化计算机通信网络。

金融中介被定义为主要业务是提供金融服务和金融产品的企业。它们包括银行、投资公司和保险公司。其产品包括支票账户、商业贷款、抵押、共同基金及一系列各种各样的保险合同。

就范围而言，当今的金融体系是全球化的。金融市场和金融中介通过一个巨型国际通信网络相连接。因此，支付转移和证券交易几乎可以24小时不间断地进行。举个例子：

如果一家基地位于德国的大型公司希望为一项重要的新项目融资，那么它将考虑一系列国际融资的可能性，包括发行股票并将其在纽约证券交易所或伦敦证券交易所出售，或是从一项日本退休基金那里借入资金。如果它选择从日本退休基金那里借入资金，这笔贷款可能会以欧元、日元甚至美元计价。

1.国际金融体系的主要内容

（1）国际收支及其调节机制。即有效地帮助与促进国际收支出现严重失衡的国家通过各种措施进行调节，使其在国际范围内能公平地承担国际收支调节的责任和义务。

（2）汇率制度的安排。由于汇率变动可直接地影响到各国之间经济利益的再分配，因此，形成一种较为稳定的、为各国共同遵守的国际汇率安排，成为国际金融体系所要解决的核心问题。一国货币与其他货币之间的汇率如何决定与维持；一国货币能否成为自由兑换货币；是采取固定汇率制度，还是采取浮动汇率制度，或是采取其他汇率制度等，都是国际金融体系的主要内容。

（3）国际储备资产的选择与确定。即采用什么货币作为国际的支付货币；在一个特定时期中心储备货币如何确定，以维护整个储备体系的运行；世界各国的储备资产又如何选择，以满足各种经济交易的要求。

（4）国际金融事务的协调与管理。各国实行的金融货币政策，会对相互交往的国家乃至整个世界经济产生影响。因此，如何协调各国与国际金融活动有关的金融货币政策，通过国际金融机构制定若干为各成员国所认同与遵守的规则、惯例和制度，也构成了国际金融体系的重要内容。国际金融体系自形成以来，经历了金本位制度、布雷顿森林体系和现行的浮动汇率制度。

2.金融体系的重要作用

金融体系包括金融市场和金融机构。金融市场和人们常见的市场一样，在那里人们买卖各种产品，并讨价还价。金融市场可能是非正式的，如社区的跳蚤市场；也可能是高度组织化和结构化的，如伦敦或者苏黎世的黄金市场。金融市场和其他市场的唯一区别在于，在这个市场上，买卖的是股票、债券和期货合约等金融工具而不是锅碗瓢盆。最后，金融市场涉及的交易额可能很大，可能是风险巨大的投资交易。当然，一笔投资的回报可能让你赢得盆满钵满，也可能让你输得一贫如洗。由于金融市场具有较高的价格挥发性，如股票市场，因此，金融市场的消息很值钱。

金融机构也是金融体系的一部分，和金融市场一样，金融机构也能起到将资金从储蓄者转移到借款者的作用。然而，金融机构是通过销售金融债权获取资金并用这些资金购买公司、个人和政府的金融债权来为他们融资的。金融机构包括：商业银行、信用社、人寿保险公司及信贷公司，它们有一个特殊的名字：金融中介机构。金融机构控制着整个世界的金融事务，为消费者和小企业提供各种服务。尽管金融机构不像金融市场那样受到媒体关注，但它却是比证券市场更重要的融资来源地。这一现象不仅在美国如此，在世界其他工业化国家亦是如此。

国际金融机构：为国际金融提供便利

第二次世界大战后建立了布雷顿森林国际货币体系，并相应地建立了几个全球性国际金融机构，作为实施这一国际货币体系的组织机构，它们也是目前最重要的全球性国际金融机构，即国际货币基金组织，简称世界银行的国际复兴开发银行、国际开发协会和国际金融公司。

适应世界经济发展的需要，先后曾出现各种进行国际金融业务的政府间国际金融机构，国际金融机构的发端可以追溯到1930年5月在瑞士巴塞尔成立的国际清算银行。它是由英国、法国、意大利、德国、比利时、日本的中央银行和代表美国银行界的摩根保证信托投资公司、纽约花旗银行和芝加哥花旗银行共同组成的，其目的就是处理第一次世界大战后德国赔款的支付和解决德国国际清算问题。此后，其宗旨改为促进各国中央银行间的合作，为国际金融往来提供额外便利，以及接受委托或作为代理人办理国际清算业务等。该行建立时只有7个成员国，现已发展到45个成员国和地区。

从1957年到20世纪70年代，欧洲、亚洲、非洲、拉丁美洲、中东等地区的国家为发展本地区经济的需要，同时也是为抵制美国对国际金融事务的控制，通过互助合作方式，先后建立起区域性的国际金融机构，如泛美开发银行、亚洲开发银行、非洲开发银行和阿拉伯货币基金组织，等等。

国际金融机构是指从事国际金融管理和国际金融活动的超国家性质的组织机构，能够在重大的国际经济金融事件中协调各国的行动；提供短期资金缓解国际收支逆差稳定汇率；提供长期资金促进各国经济发展。按范围可分为全球性国际金融机构和区域性国际金融机构。

国际金融机构在发展世界经济和区域经济方面发挥了积极作用。不过，这些机构的领导权大都被西方发达国家控制，发展中国家的呼声和建议往往得不到应有的重视和反映。

1.国际开发协会

国际开发协会是专门对较穷的发展中国家发放条件优惠的长期贷款的金融机构。成立协会的建议是1957年提出的，正式成立于1960年9月。

国际开发协会的组织机构与世界银行相同。其资金来源主要有：（1）会员国认缴的股本；（2）工业发达国家会员国提供的补充资金；（3）世界银行从净收益中拨给协会的资金；（4）协会业务经营的净收益。

协会的贷款条件是：1972年按人口平均国民生产总值不到375美元的发展中国家的政府或企业。贷款不收利息，只收0.75%的手续费，贷款期限50年。至1988年财政年度，协会提供信贷资金总额为508.91亿美元。

近年来，我国与国际开发协会的业务往来日益增多，至1995年6月末，我国共利用协会贷款100.61亿美元。

2.国际金融公司

国际金融公司建立于1956年7月。申请加入国际金融公司的国家必须是世界银行的会员国。国际金融公司的组织机构和管理方式与世界银行相同。

国际金融公司的主要任务是对属于发展中国家的会员国中私人企业的新建、改建和扩建等提供资金，促进外国私人资本在发展中国家的投资，促进发展中国家资本市场的发展。其资金来源主要是会员国认缴的股本、借入资金和营业收入。

国际金融公司提供贷款的期限为7～15年，贷款利率接近于市场利率，但比市场利率低，贷款无须政府担保。

3.亚洲开发银行

1966年在东京成立，同年12月开始营业，行址设在菲律宾的首都马尼拉。成立初期有34个国家参加，1988年增加到47个，其中亚太地区32个，西欧和北美15个。其管理机构由理事会、执行董事会和行长组成。

亚洲开发银行的宗旨是通过发放贷款和进行投资、技术援助，促进本地区的经济发展与合作。其主要业务是向亚太地区加盟银行的成员国和地区的政府及其所属机构、境内公私企业，以及与发展本地区有关的国际性或地区性组织提供贷款。贷款分为普通贷款和特别基金贷款两种。前者贷款期为12～25年，利率随金融市场的变化调整；后者贷款期为25～30年，利率为1%～3%，属长期低利优惠贷款。

亚洲开发银行的资金来源主要是加入银行的国家和地区认缴的股本、借款和发行债券，以及某些国家的捐赠款和由营业收入所积累的资本。

我国在亚洲开发银行的合法席位于1986年恢复。1988年末我国在亚行认缴股本16.17亿美元，为亚行第三大认股国。至1996年12月末，已获亚行贷款项目59个，总额达63.8亿美元；此外还接受亚行提供的无偿技术援助237项，金

额1.036亿美元。

4.非洲开发银行

非洲开发银行于1963年9月成立，1966年7月开始营业，行址设在科特迪瓦的首都阿比让。我国于1985年5月加入非洲开发银行，成为正式成员国。

非洲开发银行的宗旨是：为成员国经济和社会发展服务，提供资金支持；协助非洲大陆制定发展的总体规划，协调各国的发展计划，以期达到非洲经济一体化的目标。其主要业务是向成员国提供普通贷款和特别贷款。特别贷款条件优惠，期限长，最长可达50年，贷款不计利息。非洲开发银行的资金主要是成员国认缴的股本。为解决贷款资金的需要，它还先后设立了几个合办机构：非洲开发基金、尼日利亚信托基金、非洲投资开发国际金融公司和非洲再保险公司。

国际金融中心：冒险者的天堂

国际金融中心就是指能够提供最便捷的国际融资服务、最有效的国际支付清算系统、最活跃的国际金融交易场所的城市。

金融市场齐全、服务业高度密集、对周边地区甚至全球具有辐射影响力是国际金融中心的基本特征。目前，公认的全球性国际金融中心是伦敦、纽约。除此之外，世界上还存在着许多区域性的国际金融中心，如欧洲的法兰克福、苏黎世、巴黎，亚洲的中国香港、上海，新加坡，日本东京等。

1.法兰克福金融中心

法兰克福作为世界著名金融中心，全世界十大银行中有九家、五十大银行中有四十六家在此地立足，有五十多个国家的二百家外国银行在这里设立分行或办事处，其中包括中国银行。德国的三大商业银行，即德意志银行、德雷斯顿银行和商业银行的总部全都设在此地。此外还有三百四十多家银行，共三万三千多人在这里从事银行业。但最引人注目的还是法兰克福证券交易所，这是仅次于纽约和东京的交易所，有六千九百种各国证券及股票在这里上市和交易。交易所设在建于1879年的古典风格大楼里，游客可在楼上观看交易活动。交易厅的一面墙壁上，是九十平方米大小的显示荧幕，由电脑控制，上边各大企业的股票价格清晰可见，是德国经济的"晴雨表"。最特别的自然是证券交易所门前空地的牛雕像和熊雕像，分别代表股市的牛市和熊市。

2.苏黎世金融市场

苏黎世金融市场是另一个重要的国际金融市场，瑞士的苏黎世金融市场和伦敦金融市场、纽约金融市场构成世界著名的三大国际金融市场。瑞士原本是一个传统的债权国，其中央银行（瑞士国家银行）设在苏黎世，其作为国际金融中心具备许多有利的条件：瑞士从1815年起成为永久中立国，没有受到历次战争的破坏，瑞士法郎又长期保持自由兑换。因此，在国际局势紧张时期，瑞士成为别国游资的避难场所，黄金、外汇交易十分兴隆。它对资本输出没有什么限制；具备国际游资分配中心的作用；它保护私人财产，允许资本自由移动；瑞士的政治、经济稳定，有连续性；瑞士法郎是世界上比较稳定的货币之一；"二战"后欧洲经济的恢复和发展促进了苏黎世金融市场的发展。

3.中国香港国际金融中心

中国香港国际金融中心，金融机构和市场紧密联系，政府的政策是维护和发展完善的法律架构、监管制度、基础设施及行政体制，为参与市场的人士提供公平的竞争环境，维持金融及货币体系稳定，使香港能有效地与其他主要金融中心竞争。香港地理环境优越，是连接北美洲与欧洲时差的桥梁，与亚洲和其他东南亚经济体系联系紧密，又与世界各地建立了良好的通信网络。因此，能够成为重要的国际金融中心。资金可以自由流入和流出本港，也是一项重要的因素。香港金融市场的特色是资金流动性高。市场根据有效、透明度而又符合国际标准的规例运作。香港的工作人口有一定教育水平，海外专业人士来港工作也十分容易，进一步推动了金融市场的发展。

4.新加坡国际金融中心

新加坡是一个面积很小的岛国，1965年才取得独立。新加坡自然资源缺乏，国内市场狭小，这对一个国家的经济发展是不利因素。但新加坡也存在许多优势。首先，新加坡的地理位置优越，而且基础设施比较发达，使得它成为东南亚的重要贸易中心和港口，也为金融业的发展奠定了基础；其次，英语在新加坡广泛使用，而英语是国际金融业中通用的语言，这就为新加坡金融业的发展提供了有利条件。到20世纪70年代初，新加坡已经发展成为亚太地区金融业最发达的国家，成为亚洲美元市场的中心。通过新加坡的金融市场，地区外

的资金得以被吸收到东南亚地区，为本地区的经济发展筹集了急需的资金。对新加坡自身而言，金融业的发展促进了经济发展，而经济发展又为金融的进一步深化提供了动力。

作为国际金融市场的枢纽，国际金融中心为世界经济的发展做出了巨大贡献。同时国际金融中心的发展也给当地经济带来显著的收益。全球性金融中心、地区性金融中心和大批离岸金融市场构成了全球性的金融网络，使各国的经济和金融活动紧密地联系在一起。24小时不间断运行的外汇市场提供了货币交易的国际机制，而这种货币交易是跨国经济活动的重要基础。日益证券化的国际资本市场使发达国家的资本供给和发展中国家的投资机会得以连接，形成了资本有效配置的国际机制。在国际金融活动中，制度、政策和货币的障碍越来越小，有力地推动了经济全球化进程。

世界金融组织：谁在负责处理我们的钱

当代国际金融的一大特点是，国际金融组织相继出现，并且在全球化经济发展中起着越来越重要的作用。所以，我们简单了解一些全球性金融组织概况也是很有必要的。

关于全球性金融组织，可以主要关注以下几个：

1.世界银行集团

之所以称之为集团，是指这不仅仅是一家银行，它实际上包括国际复兴开发银行、国际开发协会、国际金融公司、解决投资争端国际中心、多边投资担保机构等一系列组织。

成立世界银行集团的目的，最早是为了给西欧国家战后复兴提供资金援助，1948年后转变为帮助发展中国家提高生产力、促进社会进步和经济发展、改善和提高人民生活水平。世界银行集团的主要业务机构有以下三个：

（1）国际复兴开发银行。

国际复兴开发银行简称世界银行，是与国际货币基金组织同时成立的另一个国际金融机构，也是联合国的一个专门机构。

国际复兴开发银行成立于1945年12月，1946年6月25日正式开始营业。当时以美国为代表的许多国家认为，为了在第二次世界大战结束后能够尽快恢复受战争破坏的各国经济、开发发展中国家经济，有必要成立这样一个国际性金融组织，利用其自有资金和组织私人资本，为生产性项目提供贷款或投资。

所以，《国际复兴开发银行协定》规定，它的宗旨是：对生产性投资提供便利，协助成员国的经济复兴及生产和资源开发；促进私人对外贷款和投资；鼓励国际投资，开发成员国的生产资源，促进国际贸易长期均衡发展，维持国际收支平衡；配合国际信贷，提供信贷保证。

（2）国际开发协会。

国际开发协会成立于20世纪50年代。

当时的背景是亚洲、非洲、拉丁美洲地区的发展中国家经济十分落后，外债负担沉重，自有资金严重不足，迫切需要获得大量外来资金摆脱困境，发展经济。可与此同时，国际货币基金组织、国际复兴开发银行的贷款门槛高，贷款数量又有限，无法满足上述国家免息低息、数量庞大的贷款需求。

在这种情况下，1958年美国提议建立一个能为上述国家提供优惠贷款的开发性国际金融机构。1960年，世界银行集团正式成立国际开发协会并开始营业，总部设在美国首都华盛顿。

国际开发协会的宗旨是：向符合条件的低收入国家提供长期优惠贷款，帮助这些国家加速经济发展，提高劳动生产率，改善人民生活水平。国际开发协会与国际复兴开发银行虽然在法律地位、财务上相互独立，可是在组织机构上却是中国人熟悉的"两块牌子、一套人马"。

（3）国际金融公司。

《国际复兴开发银行协定》规定，世界银行的贷款对象只能是成员国政府，如果对私营企业贷款必须由政府出面担保；而且，世界银行只能经营贷款业务，不能参与股份投资，也不能为成员国私营企业提供其他有风险的贷款业务。这样一来，就在很大程度上限制了世界银行的业务范围，不利于发展中国家发展民族经济。

为了弥补这一缺陷，1956年世界银行集团成立了国际金融公司，主要是为成员国的私营企业提供国际贷款。

国际金融公司的宗旨是：为发展中国家的私营企业提供没有政府机构担保的各种投资；促进外国私人资本在发展中国家的投资；促进发展中国家资本市场的发展。

2.国际清算银行

国际清算银行是西方主要国家中央银行共同创办的国际金融机构，具体指美国的几家银行集团与英国、法国、德国、意大利、比利时、日本等国家的中央银行在1930年共同出资创办的，总部设在瑞士巴塞尔，享有国际法人资格及外交特权和豁免权，并且不需要纳税。

成立国际清算银行，最早的目的是处理第一次世界大战后德国对协约国赔偿的支付及处理同德国赔款的"杨格计划"的相关业务。后来则转变为促进各国中央银行之间的合作，为国际金融业务提供便利条件，作为国际清算的代理人或受托人。

说得更明确一点就是，最早美国是要利用这个机构来掌握德国的财政，并且把欧洲债务国偿还美国的债务问题置于美国监督之下。1944年布雷顿森林会议后，国际清算银行的使命实际上已经完成了，是应当解散的，但美国仍然把它保留了下来，并作为国际货币基金组织和世界银行的附属机构。国际清算银行不是政府之间的金融决策机构，它实际上相当于西方国家中央银行的银行。

中国于1984年与国际清算银行建立业务联系，办理外汇与黄金业务；派员参加国际清算银行股东大会，以观察员身份参加年会。国际清算银行从1985年起开始对中国提供贷款，并于1996年接纳中国、中国香港及巴西、印度、俄罗斯等加入该组织。

国际清算银行的服务对象是各国中央银行、国际组织（如国际海事组织、国际电信联盟、世界气象组织、世界卫生组织）等，不办理个人业务。目前，全球各国的外汇储备约有1/10存放在国际清算银行。这样做的好处是：外汇种类可以自由转换；免费储备黄金，并且可以用它作抵押取得85%的现汇贷款；可以随时提取，不需要说明任何理由。

世界银行：条件苛刻的世界贷款银行

世界银行集团是一家国际金融组织，总部设在美国首都华盛顿，但国际金融组织不仅仅是世界银行集团一家。除了世界银行集团外，还有国际货币基金组织、国际开发协会、国际金融公司、亚洲开发银行等。其中，国际开发协会、国际金融公司是世界银行集团的附属机构。平常所说的世界银行，一般是指世界银行集团下的国际复兴开发银行。

2009年12月6日，巴勒斯坦与世界银行和其他援助方签署了6400万美元的援助协议，以推进巴勒斯坦建国步伐。受金融危机的影响，非洲食品和燃油价格上涨，同时引发了货币贬值和证券价格的下跌。世界银行2009年公布，将向受金融危机影响的非洲国家提供770亿美元的援助，以帮助这些国家减轻由金融危机带来的负面影响。

中国是世界银行的创始国之一，1980年5月15日，中国在世界银行和所属国际开发协会及国际金融公司的合法席位得到恢复。1980年9月3日，该行理事会通过投票，同意将中国在该行的股份从原7500股增加到12000股。我国在世界银行有投票权。在世界银行的执行董事会中，我国单独派有一名董事。我国从1981年起开始向该行借款，此后，我国与世界银行的合作逐步展开、扩大。世界银行通过提供期限较长的项目贷款，推动了我国交通运输、行业改造、能源、农业等国家重点建设，以及金融、文卫、环保等事业的发展。同时，还通过本身的培训机构，为我国培训了大批了解世界银行业务、熟悉专业知识的管理人才。

世界银行集团目前由国际复兴开发银行（即世界银行）、国际开发协会、国际金融公司、多边投资担保机构和解决投资争端国际中心五个成员机构组成。这五个机构分别侧重于不同的发展领域，但都运用其各自的比较优势，协力实现其共同的最终目标，即减轻贫困。

通过向国际金融市场借款、发行债券和收取贷款利息，以及各成员国缴纳的股金三种渠道，世界银行获得资金来源。

在通过对生产事业的投资，协助成员国经济的复兴与建设，鼓励不发达国家对资源的开发方面，世界银行仍然发挥着不可小觑的作用。另外，世界银行通过担保或参加私人贷款及其他私人投资的方式，促进私人对外投资。规定当成员国不能在合理条件下获得私人资本时，可运用该行自有资本或筹集的资金来补充私人投资的不足，并与其他方面的国际贷款配合，鼓励国际投资，协助成员国提高生产能力，促进成员国国际贸易的平衡发展和国际收支状况的改善，对经济的复兴和发展起到了重要的作用。

总结来看，世界银行提供的贷款具有以下几点特征：

第一，贷款期限较长。按借款国人均国民生产总值，将借款国分为4组，每组期限不一。第一组为15年，第二组为17年，第三、四组为最贫穷的成员国，期限为20年。贷款宽限期3～5年。

第二，贷款利率参照资本市场利率而定，一般低于市场利率，现采用浮动利率计息，每半年调整一次。

第三，借款国要承担汇率变动的风险。

第四，贷款必须如期归还，不得拖欠或改变还款日期。

第五，贷款手续严密，从提出项目、选定、评定，到取得贷款，一般要

用1年半到2年时间。

第六，贷款主要向成员国政府发放，且与特定的工程和项目相联系。

世界银行的工作经常受到非政府组织和学者的严厉批评，有时世界银行自己内部的审查也对其某些决定质疑。往往世界银行被指责为美国或西方国家施行有利于它们自己的经济政策的执行者。此外，往往过快、不正确的、按错误的顺序引入的或在不适合的环境下进行的市场经济改革对发展中国家的经济反而造成破坏。世界银行的真正掌控者是世界银行巨头，他们最终的目的是追逐利润，现在的状况可以说是一个妥协的结果。

今天世界银行的主要帮助对象是发展中国家，帮助它们建设教育、农业和工业设施。它向成员国提供优惠贷款，同时世界银行向受贷国提出一定的要求，比如减少贪污或建立民主等。世界银行与国际货币基金组织和世界贸易组织一道，成为国际经济体制中最重要的三大支柱。

世界贸易的协调者：WTO

世界贸易组织（WTO）是一个独立于联合国的永久性国际组织。1995年1月1日正式开始运作，负责管理世界经济和贸易秩序，总部设在瑞士日内瓦。世贸组织是具有法人地位的国际组织，在调解成员争端方面具有很高的权威性。它的前身是1947年订立的关税及贸易总协定。与关贸总协定相比，世贸组织涵盖货物贸易、服务贸易及知识产权贸易，而关贸总协定只适用于商品货物贸易。世界贸易组织是多边贸易体制的法律基础和组织基础，是众多贸易协定的管理者，是各成员贸易立法的监督者，是就贸易进行谈判和解决争端的场所。是当代最重要的国际经济组织之一，其成员间的贸易额占世界贸易额的绝大多数，被称为"经济联合国"。

世贸组织成员分四类：发达成员、发展中成员、转轨经济体成员和最不发达成员。到2011年为止，世贸组织正式成员已经达到156个。

世界贸易组织主要有以下几方面的基本职能：管理和执行共同构成世贸组织的多边及诸边贸易协定；作为多边贸易谈判的讲坛；寻求解决贸易争端；世界贸易组织总部监督各成员国贸易政策，并与其他同制定全球经济政策有关的国际机构进行合作。世贸组织的目标是建立一个完整的、更具有活力的和永久性的多边贸易体制。与关贸总协定相比，世贸组织管辖的范围除传统的和乌拉圭回合确定的货物贸易外，还包括长期游离于关贸总协定外的知识产权、投资措施和非货物贸易（服务贸易）等领域。世贸组织具有法人地位，它在调解成员争端方面具有更高的权威性和有效性。

世界贸易组织的一个重要原则就是互惠原则。尽管在关贸总协定及世贸

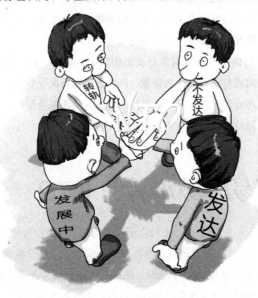

组织的协定、协议中没有十分明确地规定"互惠贸易原则"，但在实践中，只有平等互惠互利的减让安排才可能在成员间达成协议。世贸组织的互惠原则主要通过以下几种形式体现：

一是通过举行多边贸易谈判进行关税或非关税措施的削减，对等地向其他成员开放本国市场，以获得本国产品或服务进入其他成员市场的机会，即所谓"投之以桃，报之以李"。

二是当一国或地区申请加入世贸组织时，由于新成员可以享有所有老成员过去已达成的开放市场的优惠待遇，老成员就会一致地要求新成员必须按照世贸组织现行协定、协议的规定缴纳"入门费"——开放申请方商品或服务市场。

三是互惠贸易是多边贸易谈判及一成员贸易自由化过程中与其他成员实现经贸合作的主要工具。关贸总协定及世贸组织的历史充分说明，多边贸易自由化给某一成员带来的利益要远大于一个国家自身单方面实行贸易自由化的利益。因为，一国单方面自主决定进行关税、非关税的货物贸易自由化及服务市场开放时，所获得的利益主要取决于其他贸易伙伴对这种自由化改革的反应，如果反应是良好的，即对等地也给予减让，则获得的利益就大；反之，则较小。相反，在世贸组织体制下，由于一成员的贸易自由化是在获得现有成员开放市场承诺范围内进行的，自然这种贸易自由化改革带来的实际利益有世贸组织机制作保障，而不像单边或双边贸易自由化利益那么不确定。因此，多边贸易自由化要优于单边贸易自由化，尤其像中国这样的发展中大国。

因为世界贸易组织促进世界范围的贸易自由化和经济全球化，通过关税与贸易协定使全世界的关税水平大幅度下降，极大地促进了世界范围的贸易自由化。此外，世界贸易组织还在农业、纺织品贸易、安全保障措施、反倾销与反补贴、投资、服务贸易、知识产权，以及运作机制等方面都做出有利于贸易发展的规定。这些协定和协议都将改善世贸自由化和全球经济一体化，使世界性的分工向广化与深化发展，为国际贸易的发展奠定稳定的基础，使对外贸易在各国经济发展中的作用更为重要。

世界贸易组织追求自由贸易，但不是纯粹的自由贸易组织，它倡导的是"开放、公平和无扭曲竞争"的贸易政策。世界贸易组织是"经济联合国"，它所制定的规则已成为当今重要的国际经贸惯例，如果一个国家被排斥在世界贸易组织之外，就难以在平等的条件下进行国际间产品和服务交流，而且还要受到歧视待遇。中国自2001年底加入世界贸易组织后，经济与贸易发展极为迅速。

世界贸易组织的所有成员方都可以取得稳定的最惠国待遇和自由贸易带来的优惠，自加入世贸组织以来，我国的出口连年上新台阶。当然，出口扩大了，可增加先进技术的进口，使我国在科技上更快跟上世界产业发展的潮流。

加入世界贸易组织后，带动了国民经济的快速发展，一定程度上解决了就业难的问题。同时，有利于提高人民生活水平，"入世"后关税降低了，中国老百姓可以同等的货币，购买优质产品。

此外，促进了我国对外服务贸易的发展。我国的服务贸易严重落后，只占世界服务贸易总量的1%。我国的人口众多，资源有限，所以一定要发展服务贸易，包括银行、保险、运输、旅游等方面的引进和出口。

加入世界贸易组织，意味着中国可以参与制定国际经济贸易规则，这样可以提高中国在国际社会的地位，增加发言权。目前，西方国家对中国产品反倾销调查现象很严重，中国可以利用世界贸易组织的争端解决机制，使这一问题公平合理地得到解决，提高中国产品在国际市场上的声望。

当然，加入世贸组织对我国的弱势产业也是一个严峻的挑战。随着市场的进一步扩大，关税的大幅度减让，外国产品、服务和投资有可能更多地进入中国市场，国内一些产品、企业和产业免不了面临更加激烈的竞争。

实践已经证明，世界贸易组织为中国提供了宽广的舞台。

PART 04
雾里看花的金融市场——每天读点金融市场知识

金融市场：走进财富的游乐场

曾经有一个非常贫穷的皮匠，他所拥有的皮革只够做一双靴子。一天半夜里，当他熟睡后，两个好心的小精灵替他做了一双漂亮的靴子。皮匠醒来看到新靴子后很高兴，而当他把靴子出售后，惊奇地发现所赚到的钱足够用来购买制作两双靴子所需要的皮革。第二天夜里，两个小精灵又替他做了两双靴子。以后的事大家很容易就可以猜到了：皮匠可以用来出售的靴子越来越多，出售靴子换来的钱可以买到的皮革也越来越多，然后他发了财。

我们可以为这个故事构想一个新的结局：如果两个小精灵继续它们惊人的生产速度，那么，到了第四十天，它们制造出

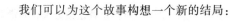
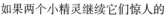

来的靴子将会多到地球上所有的男人、女人和孩子平均每人可以拥有200双。从这个角度出发，我们应该庆幸那两个小精灵没有存在于现实当中，否则它们生产靴子的行为将破坏市场的平衡，扰乱货币流通，并最终会耗尽地球的资源。

在皮匠的故事中，他所面临的问题既不是人们不想买他的靴子，也不是靴子的价格过低，而是他需要更多的资本去购买更多的皮革，从而生产出更多的靴子。换句话来讲，这就叫作"钱生钱"。所有的生意都离不开资本，离不开市场。而在"钱生钱"的过程中，金融市场是必不可少的，它正逐渐成为我们生活中重要的组成部分。对金融市场这个名词或许大家已经非常熟悉，可是这并不代表你真正了解金融市场。

金融市场是指资金供应者和资金需求者双方通过信用工具进行交易而融通资金的市场，广而言之，是实现货币借贷和资金融通、办理各种票据和有价证券交易活动的市场。金融市场是交易金融资产并确定金融资产价格的一种机制。金融市场又称资金市场，包括货币市场和资本市场，是资金融通市场。所谓资金融通，是指在经济运行过程中，资金供求双方运用各种金融工具调节资金盈余的活动，是所有金融交易活动的总称。在金融市场上交易的是各种金融工具，如股票、债券、储蓄存单等。

金融市场上资金的运动具有一定规律性，由于资金余缺调剂的需要，资金总是从多余的地区和部门流向短缺的地区和部门。金融市场的资金运动起因于社会资金的供求关系，最基本的金融工具和货币资金的形成，是由银行取得（购入）企业借据而向企业发放贷款而形成的。银行及其他金融机构作为中间人，既代表了贷者的集中，又代表了借者的集中，对存款者是债务人，对借款者是债权人。因而，它所进行的融资是间接融资。当银行创造出大量派生存款之后，为其他信用工具的创造和流通建立了前提。当各种金融工具涌现，多种投融资形式的形成，金融工具的流通轨迹就变得错综复杂，它可以像货币一样多次媒介货币资金运动，资金的交易不只是一次就完成，金融市场已形成了一个相对独立的市场。

在市场经济条件下，各种市场在资源配置中发挥着基础性作用，这些市场共同组成一个完整、统一且相互联系的有机体系。金融市场是统一市场体系的一个重要部分，属于要素市场。它与消费品市场、生产资料市场、劳动力市场、技术市场、信息市场、房地产市场、旅游服务市场等各类市场相互联系、相互依存，共同形成统一市场的有机整体。在整个市场体系中，金融市场是最基本的组成部分之一，是联系其他市场的纽带，对一国经济的发展具有多方面功能。主要体现在以下几个方面：

1.资金"蓄水池"

金融市场在把分散资金汇聚起来重新投入社会再生产、调剂国民经济各部门及各部门内部资金、提高利用率方面功不可没。

2.经济发展的"润滑剂"

金融市场有利于促进地区间的资金协作，有利于开展资金融通方面的竞争，提高资金使用效益。目前，我国银行对个人信用的判断标准还比较粗放，尚未达到精细化要求。

3.资源优化配置和分散风险

金融市场优化资源配置、分散金融风险，主要是通过调整利率、调整各种证券组合方式，以及市场竞争来实现的。

企业经济效益好、有发展前途，才能贷到款、按时归还贷款；善于利用各种证券组合方式，以及对冲交易、套期保值交易等手段，才能更好地提高资金安全性和营利性，规避和分散风险。

4.调节宏观经济

金融市场对宏观经济具有直接调节作用。通过银行放贷前的仔细审查，最终只有符合市场需要、效益高的投资对象才能获得资金支持。大家都这样做，整个宏观经济面就会得到改善。

金融市场也会为政府对宏观经济的管理起到间接调节作用，这主要反映在政府相关部门通过收集、分析金融市场信息作为决策依据上。

5.国民经济的"晴雨表"

金融市场是公认的国民经济信号系统，主要表现在：股票、债券、基金市场的每天交易行情变化，能够为投资者判断投资机会提供信息；金融交易会直接、间接地反映货币供应量的变动情况；金融市场上每天有大量专业人员从事信息情报研究分析，及时了解上市公司发展动态；金融市场发达的通信网络和信息传播渠道，能够把全球金融市场融为一体，及时了解世界经济发展变化行情。

货币市场：一手交钱，另外一只手也交钱

一个商业公司有暂时过剩的现金。这家公司可以把这些钱安全地投入货币市场1～30天，或者如果需要可以投入更长的时间，赚取市场利率，而不是让资金闲置在一个无息活期存款账户里。另一种情况是，如果一家银行在联邦账户上暂时缺少储量，它可以到货币市场上购买另一机构的联邦基金，来增加联邦储备账户隔夜数额，满足其临时储备需要。这里的关键想法是，参与者在这些市场调节其流动性——他们借出闲置资金或借用短期贷款。

货币市场是一个市场的汇集，每个交易都使用明显不同的金融工具。货币市场没有正式的组织，如纽约证券交易所针对产权投资市场。货币市场的活动中心是经销商和经纪人，他们擅长一种或多种货币市场工具。经销商根据自己的情况购买证券，当一笔交易发生时，出售他们的库存证券，交易都是通过电话完成的，尤其是在二级市场上。由于那里金融公司集中，市场集中在纽约市曼哈顿区，主要参与者使用电子方式联系遍及美国、欧洲和亚洲的主要金融中心。

货币市场也有别于其他金融市场，因为它们是批发市场，参与大型的交易。尽管一些较小的交易也可能发生，多数是100万美元或更多。由于非个人的、竞争的性质，货币市场交易是所谓的公开市场交易，没有确定的客户关系。比如说，一家银行从一些经纪人那里寻找投标来交易联邦基金，以最高价出售并以最低价买进。但是，不是所有的货币市场交易都像联邦基金市场一样开放。例如，即

使银行没有以当前的利率积极地寻找资金，货币市场的银行通常给经销商"融资"，这些经销商是银行的好顾客。因为，他们出售他们的可转让存单。因此，在货币市场上，我们找到了一些"赠送"，不是这么多形式的价格优惠，而是以通融资金的形式。

1.货币市场活动的目的

主要是保持资金流动性，以便能随时随地获得现实的货币用于正常周转。换句话说，它一方面要能满足对资金使用的短期需求，另一方面也要为短期闲置资金寻找出路。

2.货币市场的几个基本特征

（1）期限较短。货币市场期限最长为1年，最短为1天、半天，以3～6个月者居多。

（2）流动性强。货币市场的流动性主要是指金融工具的变现能力。

（3）短期融资。货币市场交易的目的是短期资金周转的供求需要，一般的去向是弥补流动资金临时不足。

3.货币市场的功能

主要包括：媒介短期资金融通，促进资金流动，对社会资源进行再分配；联络银行和其他金融机构，协调资金的供需；显示资金形式，有助于进行宏观调控。让我们详细地研究，为什么货币市场工具具有这些特点。

首先，如果你有资金可以暂时投资，你只想购买最高信用等级企业的金融债券，并且尽量减少任何违约对本金的损失。因此，货币市场工具由最高等级的经济机构发行（即最低的违约风险）。

其次，你不想持有长期证券。因为，如果发生利率变化，它们与短期证券相比有更大的价格波动（利率风险）。此外，如果利率变化不显著，到期期限与短期证券相差的时间不是很远，这时可以按票面价值兑换。

再次，如果到期之前出现意外，急需资金，短期投资一定很适合市场销售。因此，许多货币市场工具有很活跃的二级市场。为了高度的市场可售性，货币市场工具必须有标准化的特点（没有惊喜）。此外，发行人必须是市场众所周知的而且有良好的信誉。

最后，交易费用必须要低。因此，货币市场工具一般都以大面值批发出售——通常以100万美元到1000万美元为单位。比如说，交易100万美元至1000

万美元的费用是50美分至1美元。

4.个别货币市场工具和这些市场的特点

关于货币市场，可以从市场结构出发来重点关注以下几个方面：

（1）同业拆借市场。同业拆借市场也叫同业拆放市场，主要是为金融机构之间相互进行短期资金融通提供方便。参与同业拆借市场的除了商业银行、非银行金融机构外，还有经纪人。

同业拆借主要是为了弥补短期资金不足、票据清算差额，以及解决其他临时性资金短缺的需要。所以，其拆借期限很短，短则一两天，长则一两个星期，一般不会超过一个月。

正是由于这个特点，所以同业拆借资金的利率是按照日利率来计算的，利息占本金的比率称为"拆息率"，而且每天甚至每时每刻都会发生调整。

（2）货币回购市场。货币回购主要通过回购协议来融通短期资金。这种回购协议，是指出售方在出售证券时与购买方签订的协议，约定在一定期限后按照原定价格或约定价格购回出售的证券，从而取得临时周转资金。这种货币回购业务实际上是把证券作为抵押品取得抵押贷款。

（3）商业票据市场。商业票据分为本票和汇票两种。所谓本票，是指债务人向债权人发出的支付承诺书，债务人承诺在约定期限内支付款项给债权人；所谓汇票，是指债权人向债务人发出的支付命令，要求债务人在约定期限内支付款项给持票人或其他人。而商业票据市场上的主要业务，则是对上述还没有到期的商业票据，如商业本票、商业承兑汇票、银行承兑汇票等进行承兑和贴现。

货币市场的存在使得工商企业、银行和政府可以从中借取短缺资金，也可将它们暂时多余的、闲置的资金投放在市场中作为短期投资，生息获利，从而促进资金合理流动，解决短期性资金融通问题。各家银行和金融机构的资金，通过货币市场交易，从分散到集中，从集中到分散，从而使整个金融体系的融资活动有机地联系起来。

货币市场在一定时期的资金供求及其流动情况，是反映该时期金融市场银根松紧的指示器，它在很大程度上是金融当局进一步贯彻其货币政策、宏观调控货币供应量的帮手。

股票市场：狼和羊组成的金融生态

　　股票的交易都是通过股票市场来实现的。股票市场是股票发行和流通的场所，也可以说是指对已发行的股票进行买卖和转让的场所。一般地，股票市场可以分为一、二级。一级市场也称为股票发行市场，二级市场也称为股票交易市场。股票是一种有价证券。有价证券除股票外，还包括国家债券、公司债券、不动产抵押债券等。国家债券出现较早，是最先投入交易的有价债券。随着商品经济的发展，后来才逐渐出现股票等有价债券。因此，股票交易只是有价债券交易的一个组成部分，股票市场也只是多种有价债券市场中的一种。目前，很少有单一的股票市场，股票市场不过是证券市场中专营股票的地方。

　　股票是社会化大生产的产物，至今已有将近400年的历史。很少有人知道，中国最早的股票市场是由精明的日商于1919年在上海日领事馆注册的，而蒋介石竟然是中国最早的股民之一。

　　1919年，日商在上海租界三马路开办了"取引所"（即交易所）。蒋介石、虞洽卿便以抵制取引所为借口，电请北京政府迅速批准成立上海证券物品交易所。

　　这时的北京政权为直系军阀所控制，曹锟、吴佩孚等人不愿日本人以任何方式介入中国事务。于是，中国以股票为龙头的第一家综合交易所被批准成立了。

　　1920年2月1日，上海证券物品交易所宣告成立，理事长为虞洽卿，常务理事为郭外峰、闻兰亭、赵林士、盛丕华、沈润挹、周佩箴等六人，理事十七人，监察人为周骏彦等。交易物品有七种，为有价证券、棉花、棉纱、布匹、金银、粮油、皮毛。1929年10月3日《交易所法》颁布以后，它便依法将物品中的棉纱交易并入纱布交易所；证券部分于1933年夏秋间并入证券交易所，黄金及物品交易并入金业交易所。

　　一般交易所的买卖是由经纪人经手代办的。经纪人在交易所中缴足相当的保证金，在市场代理客商买卖货物，以取得相应的佣金。拥有资金实力的蒋介石、陈果夫、戴季陶等人便成了上海证券物品交易所的首批经纪人。但因为财力有限，他们不是上海证券物品交易所的股东，而只是他们所服务的"恒泰号"的股东。而恒泰号只是上海证券物品交易所的经纪机构之一。

恒泰号的营业范围是代客买卖各种证券及棉纱，资本总额银币35000元，每股1000元，分为35股。股东包括蒋介石在内，共有十七人，但为避嫌，在合同中却多不用真名，蒋介石就用的是"蒋伟记"的代号。

蒋介石是中国首批经纪人，这个消息对很多在股市中混迹的人来说，恐怕都足够爆炸的。但据此看来，确有其事。当时的大宗证券交易，只有蒋介石这样的四大财团才有实力入市一搏，精明的老蒋当然不会错过这个机会。事实上，在蒋介石当经纪人的时候，上证所的主要业务还是棉花等大宗期货商品。当时还未真正形成股票市场。

而股票市场是已经发行的股票按时价进行转让、买卖和流通的市场，包括交易市场和流通市场两部分。股票流通市场包含了股票流通的一切活动。股票流通市场的存在和发展为股票发行者创造了有利的筹资环境，投资者可以根据自己的投资计划和市场变动情况，随时买卖股票。由于解除了投资者的后顾之忧，它们可以放心地参加股票发行市场的认购活动，有利于公司筹措长期资金，股票流通的顺畅也为股票发行起了积极的推动作用。对于投资者来说，通过股票流通市场的活动，可以使长期投资短期化，在股票和现金之间随时转换，增强了股票的流动性和安全性。股票流通市场上的价格是反映经济动向的"晴雨表"，它能灵敏地反映出资金供求状况、市场供求、行业前景和政治形势的变化，是进行经济预测和分析的重要指标。对于企业来说，股权的转移和

股票行市的涨落是其经营状况的指示器，还能为企业及时提供大量信息，有助于它们的经营决策和改善经营管理。可见，股票流通市场具有重要的作用。

转让股票进行买卖的方法和形式称为交易方式，它是股票流通交易的基本环节。现代股票流通市场的买卖交易方式种类繁多，从不同的角度可以分为以下三类：

其一，议价买卖和竞价买卖。从买卖双方决定价格的不同，分为议价买卖和竞价买卖。议价买卖就是买方和卖方一对一地面谈，通过讨价还价达成买卖交易。它是场外交易中常用的方式。一般在股票上不了市，交易量少，需要保密或为了节省佣金等情况下采用；竞价买卖是指买卖双方都是由若干人组成的群体，双方公开进行双向竞争的交易，即交易不仅在买卖双方之间有出价和要价的竞争，而且在买者群体和卖者群体内部也存在着激烈的竞争，最后在买方出价最高者和卖方要价最低者之间成交。在这种双方竞争中，买方可以自由地选择卖方，卖方也可以自由地选择买方，使交易比较公平，产生的价格也比较合理。竞价买卖是证券交易所中买卖股票的主要方式。

其二，直接交易和间接交易。按达成交易的方式不同，分为直接交易和间接交易。直接交易是买卖双方直接洽谈，股票也由买卖双方自行清算交割，在整个交易过程中不涉及任何中介的交易方式。场外交易绝大部分是直接交易；间接交易是买卖双方不直接见面和联系，而是委托中介人进行股票买卖的交易方式。证券交易所中的经纪人制度，就是典型的间接交易。

其三，现货交易和期货交易。按交割期限不同，分为现货交易和期货交易。现货交易是指股票买卖成交以后，马上办理交割清算手续，当场钱货两清；期货交易则是股票成交后按合同中规定的价格、数量，过若干时期再进行交割清算的交易方式。

有人说，如果把股市比喻成一个草原，普通股民是羊，那些企图捕食羊的利益团体是狼，政府就是牧羊人。但千万不要以为牧羊人就只保护羊，实际上，牧羊人也得保护狼。因为，狼假如不够，羊没有天敌，就会繁衍得太多，而太多羊则会毁灭草原的植被，进而毁灭整个草原。政府说到底，他既不保护羊也不保护狼，而是保护整个草原的生态平衡。因为，牧羊人并不以保护羊为第一目标，他只在整个草原可能出现毁灭倾向时才会真正焦急。这样的比喻似乎比较清晰地揭示了股市运作的道理。

真实的股市在每一个股民的眼中都是不一样的。表面上看，股市就永远像庙会那样人山人海，热闹非凡；而实际上，置身其中，就会发现股市就如一个百鸟园一般充满不同的声音，而你却不知谁说的才是真的。真假难辨，是股民心中对股市一致的印象。

基金市场：让投资专家打理你的财富

通俗地说，基金就是通过汇集众多投资者的资金，交给银行托管，由专业的基金管理公司负责投资于股票和债券等证券，以实现保值、增值目的的一种投资工具。基金增值部分，也就是基金投资的收益，归持有基金的投资者所有，专业的托管、管理机构收取一定比例的管理费用。基金以"基金单位"作为单位，在基金初次发行时，将其基金总额划分为若干等额的整数份，每一份就是一个基金单位。

为了进一步理解基金的概念，我们可以做一个比喻：

假设你有一笔钱想投资债券、股票等进行增值，但自己既没有那么多精力，也没有足够的专业知识，钱也不是很多，于是想到与其他几个人合伙出资，雇一个投资高手，操作大家合出的资产进行投资增值。但在这里面，如果每个投资人都与投资高手随时交涉，那将十分麻烦，于是就推举其中一个最懂行的人牵头办理这件事，并定期从大伙合出的资产中抽取提成作为付给投资高手的劳务费报酬。当然，牵头人出力张罗大大小小的事，包括挨家跑腿，随时与投资高手沟通，定期向大伙公布投资盈亏情况等，不可白忙，提成中也包括他的劳务费。

上面这种运作方式就叫作合伙投资。如果这种合伙投资的活动经过国家证券行业管理部门（中国证券监督管理委员会）的审批，允许这项活动的牵头操作人向社会公开募集吸收投资者加入合伙出资，这就是发行公募基金，也就是大家现在常见的基金。

基金包含资金和组织的两方面含义。从资金上讲，基金是用于特定目的并独立核算的资金。其中，既包括各国共有的养老保险基金、退休基金、救济基金、教育奖励基金等，也包括中国特有的财政专项基金、职工集体福利基金、能源交通重点建设基金、预算调节基金等。从组织上讲，基金是为特定目标而专门管理和运作资金的机构或组织。这种基金组织，可以是非法人机构（如财政专项基金、高校中的教育奖励基金、保险基金等），可以是事业性法人机构（如中国的宋庆龄儿童基金会、孙冶方经济学奖励基金会、茅盾文学奖励基金会，美国的福特基金会、富布赖特基金会等），也可以是公司性法人机构。

基金有广义和狭义之分。从广义上说，基金是机构投资者的统称，包括信托投资基金、单位信托基金、公积金、保险基金、退休基金、各种基金会的基金。在现有的证券市场上的基金，包括封闭式基金和开放式基金，具有收益性功能和增值潜能的特点；从会计角度透析，基金是一个狭义的概念，意指具有特定目的和用途的资金。因为，政府和事业单位的出资者不要求投资回报和投资收回，但要求按法律规定或出资者的意愿把资金用在指定的用途上，而形成了基金。

基金将众多投资者的资金集中起来，委托基金管理人进行共同投资，表

现出一种集合理财的特点。通过汇集众多投资者的资金，积少成多，有利于发挥资金的规模优势，降低投资成本。基金与股票、债券、定期存款、外汇等投资工具一样也为投资者提供了一种投资渠道。它具有以下特点：

其一，集合理财，专业管理。基金将众多投资者的资金集中起来，由基金管理人进行投资管理和运作。基金管理人一般拥有大量的专业投资研究人员和强大的信息网络，能够更好地对证券市场进行全方位的动态跟踪与分析。将资金交给基金管理人管理，使中小投资者也能享受到专业化的投资管理服务。

其二，组合投资，分散风险。为降低投资风险，中国《证券投资基金法》规定，基金必须以组合投资的方式进行基金的投资运作，从而使"组合投资，分散风险"成为基金的一大特色。"组合投资，分散风险"的科学性已为现代投资学所证明，中小投资者由于资金量小，一般无法通过购买不同的股票分散投资风险。基金通常会购买几十种甚至上百种股票，投资者购买基金就相当于用很少的资金购买了一篮子股票，某些股票下跌造成的损失可以用其他股票上涨的盈利来弥补。因此，可以充分享受到组合投资，分散风险的好处。

其三，利益共享，风险共担。基金投资者是基金的所有者。基金投资人共担风险，共享收益。基金投资收益在扣除由基金承担的费用后的盈余全部归基金投资者所有，并根据各投资者所持有的基金份额比例进行分配。为基金提供服务的基金托管人、基金管理人只能按规定收取一定的托管费、管理费，并不参与基金收益的分配。

其四，严格监管，信息透明。为切实保护投资者的利益，增强投资者对基金投资的信心，中国证监会对基金业实行比较严格的监管，对各种有损投资者利益的行为进行严厉的打击，并强制基金进行较为充分的信息披露。在这种情况下，严格监管与信息透明也就成为基金的一个显著特点。

其五，独立托管，保障安全。基金管理人负责基金的投资操作，本身并不经手基金财产的保管。基金财产的保管由独立于基金管理人的基金托管人负责。这种相互制约、相互监督的制衡机制对投资者的利益提供了重要的保护。

基金管理公司就是这种合伙投资的牵头操作人，为公司法人，其资格必须经过中国证监会审批。一方面，基金公司与其他基金投资者一样也是合伙出资人之一；另一方面，基金公司负责牵头操作，每年要从大家合伙出的资产中按一定的比例提取劳务费，并定期公布基金的资产和收益情况。当然，基金公司的这些活动必须经过证监会批准。

为了保证投资者的资产安全，不被基金公司擅自挪用，中国证监会规定，基金的资产不能放在基金公司手里，基金公司和基金经理只负责交易操作，不能碰钱，记账管钱的事要找一个擅长此事信用又高的角色负责，这个角色当然非银行莫属。于是这些出资就放在银行，建立一个专门账户，由银行管账记账，称为基金托管。当然银行的劳务费也得从这些资产中按比例抽取按年支付。所以，基金资产的风险主要来自于投资高手的操作失误，而因基金资产被擅自挪用造成投资者资金损失的可能性很小。从法律角度说，即使基金管理公司倒闭甚至托管银行出事了，向它们追债的人也无权挪走基金专户的资产。因此，基金资产的安全是很有保障的。

PART 05
谁在负责处理我们的钱——每天读点金融机构知识

银行：金融界当之无愧的"大哥"

中世纪的时候，世界上只有两种人有钱，一种是贵族，另一种是主教。所以，银行是不必要的，因为根本没有商业活动。

到了17世纪，一些平民通过经商致富，成了有钱的商人。他们为了安全，都把钱存放在国王的铸币厂里。那个时候还没有纸币，所谓存钱就是指存放黄金。因为，那时实行"自由铸币"制度，任何人都可以把金块拿到铸币厂里，铸造成金币，所以铸币厂允许顾客存放黄金。

但是这些商人没意识到，铸币厂是属于国王的，如果国王想动用铸币厂里的黄金，那是无法阻止的。1638年，英国国王查理一世同苏格兰贵族爆发了战争，为了筹措军费，他就征用了铸币厂里平民的黄金，美其名曰贷款给国王。虽然，黄金后来还给了原来的主人，但是商人们感到，铸币厂不安全。于是，他们把钱存到了金匠那里。金匠为存钱的人开立了凭证，以后拿着这张凭证，就可以取出黄金。

后来商人们就发现，需要用钱的时候，其实不需要取出黄金，只要把黄金凭证交给对方就可以了。再后来，金匠突然发现，原来自己开立的凭证，具有流通的功能！于是，他们开始开立"假凭证"。他们惊奇地发现，只要所有客户不是同一天来取黄金，"假凭证"就等同于"真凭证"，同样是可以作为货币使用的！

　　这就是现代银行中"准备金"的起源，也是"货币创造"的起源。这时正是17世纪60年代末，现代银行就是从那个时候起诞生的。所以，世界上最早的银行都是私人银行，最早的银行券都是由金匠们发行的，他们和政府没有直接的关系。

　　现代银行中的纸币竟然是这样发展而来的，恐怕人们都想象不到。从上面这段资料，大家就可以看出，银行起源于古代的货币经营业。而货币经营业主要从事与货币有关的业务，包括金属货币的鉴定和兑换、货币的保管和汇兑业务。当货币经营者手中大量货币聚集时就为发展贷款业务提供了前提。随着贷款业务的发展，保管业务也逐步改变成存款业务。当货币活动与信用活动结合时，货币经营业便开始向现代银行转变。1694年，英国英格兰银行的建立，标志着西方现代银行制度的建立。

　　银行一词，源于意大利Banca，其原意是长凳、椅子，是最早的市场上货币兑换商的营业用具。英语转化为Bank，意为存钱的柜子。在我国有"银行"之称，则与我国经济发展的历史相关。在我国历史上，白银一直是主要的货币材料之一。"银"往往代表的就是货币，而"行"则是对大商业机构的称谓，所以把办理与银钱有关的大金融机构称为银行。

　　在我国，明朝中叶就形成了具有银行性质的钱庄，到清代又出现了票号。第一次使用银行名称的国内银行是"中国通商银行"，成立于1897年5月27日；最早的国家银行是1905年创办的"户部银行"，后称"大清银行"；1911年辛亥革命后，大清银行改组为"中国银行"，一直沿用至今。

　　在我国，银行有多种分类方法，一般大而化之的分类方法是把银行按如下方法分类：

第一类是中国人民银行，它是中央银行，在所有银行当中起管理作用。

第二类是政策性银行，如农业发展银行、国家开发银行、进出口银行，一般办理政策性业务，不以营利为目的。

第三类是商业银行，又可分为全国性国有商业银行，如工行、农行、中行、建行；全国性股份制商业银行，如招商银行、华夏银行、民生银行；区域性商业银行，如广东发展银行；地方性商业银行，如武汉市商业银行、才上市的南京银行。不过，随着银行业务范围的扩大，这四种银行的区别正在缩小。

最后一类是外资银行。外资银行有很多，比较著名的有花旗银行、汇丰银行等。现在，外资银行一般都设在一线城市，它的业务与国内银行有很大不同，现在已逐步放开它的业务范围。

值得注意的是，银行是经营货币的企业，它的存在方便了社会资金的筹措与融通，它是金融机构里面非常重要的一员。商业银行的职能是由它的性质所决定的，主要有五个基本职能：

其一，信用中介职能。信用中介是商业银行最基本、最能反映其经营活动特征的职能。这一职能的实质，是通过银行的负债业务，把社会上的各种闲散货币集中到银行里来，再通过资产业务，把它投向经济各部门；商业银行是作为货币资本的贷出者与借入者的中介人或代表，来实现资本的融通，并从吸收资金的成本与发放贷款利息收入、投资收益的差额中，获取利益收入，形成银行利润。商业银行通过信用中介的职能实现资本盈余和短缺之间的融通，并不改变货币资本的所有权，改变的只是货币资本的使用权。

其二，支付中介职能。银行除了作为信用中介，融通货币资本以外，还执行着货币经营业的职能。通过存款在账户上的转移，代理客户支付，在存款的基础上，为客户兑付现款等，成为工商企业、团体和个人的货币保管者、出纳者和支付代理人。

其三，信用创造功能。商业银行在信用中介职能和支付中介职能的基础上，产生了信用创造职能。以通过自己的信贷活动创造和收缩活期存款，而活期存款是构成贷款供给量的主要部分。因此，商业银行就可以把自己的负债作为货币来流通，具有了信用创造功能。

其四，金融服务职能。随着经济的发展，工商企业的业务经营环境日益复杂化，许多原来属于企业自身的货币业务转交给银行代为办理，如发放工资、代理支付其他费用等。个人消费也由原来的单纯钱物交易，发展为转账结算。现代化的社会生活，从多方面给商业银行提出了金融服务的要求。

其五，调节经济职能。调节经济是指银行通过其信用中介活动，调剂社会各部门的资金短缺，同时在央行货币政策和其他国家宏观政策的指引下，实现经济结构、消费比例投资、产业结构等方面的调整。此外，商业银行通过其在国际市场上的融资活动还可以调节本国的国际收支状况。

保险公司：无形保险有形保障

我们的生命总是免不了要受到各种伤害的威胁，所以，我们必须采用一种对付人身危险的方法，即对发生人身危险的人及其家庭在经济上给予一定的物质帮助，人寿保险就是以人的生命为保险标的，以生、死为保险事故的一种人身保险。

财产保险是指投保人根据合同约定，向保险人交付保险费，保险人按保险合同的约定对所承保的财产及其有关利益因自然灾害或意外事故造成的损失承担赔偿责任的保险。它包括财产保险、农业保险、责任保险、保证保险、信用保险等以财产或利益为保险标的的各种保险。

人身意外伤害保险，是以人的身体为标的，以意外伤害而致身故或残疾为给付条件的保险。它是指被保险人由于意外原因造成身体伤害或导致残废、死亡时，保险人按照约定承担给付保险金责任的人身保险合同。保险人的给付，通常包括丧失工作能力给付，丧失手足或失明的给付，因伤致死给付，以及医疗费用给付。意外伤害保险必须满足两点要求：一是，伤害必须是人体的伤害；再者，伤害必须是意外事故所致。

保险业是大家经常接触的，那对于保险业的相关知识，大家了解多少呢？

保险公司是指经营保险业的经济组织，包括直接保险公司和再保险公司。保险关系中的保险人，享有收取保险费、建立保险费基金的权利。同时，当保险事故发生时，有义务赔偿被保险人的经济损失。在解读保险公司之前，先明确一下保险公司的定义。什么是保险公司呢？就是销售保险合约、提供风险保障的公司。保险公司分为两大类型——人寿保险公司、财产保险公司。平常人们最常接触的三种保险是人寿保险、财产保险、意外伤害保险。

保险公司属于资金融通的渠道，所以也是金融的一种。它是以契约的形式确立双方的经济关系。从本质上讲，保险体现的是一种经济关系，这主要表现在保险人和被保险人的商品交换关系，以及两者之间的收入再分配关系。从经济角度来看，保险是一种损失分摊方法，以多数单位和个人缴纳保费建立保险基金，使少数成员的损失由全体被保险人分担。

保险是最古老的风险管理方法之一。保险合约中，被保险人支付一个固定金额（保费）给保险人，前者获得保证；在指定时期内，后者对特定事件或事件所造成的任何损失给予一定补偿。

大家日常所接触的保险公司就是经营保险业务的经济组织。具体说来，它是指经中国保险监督管理机构批准设立，并依法登记注册的商业保险公司。保险公司是采用公司组织形式的保险人，经营保险业务。

"我想问一下，保险公司收取投保人那些保金，可每当发生事故时，保险公司要赔给投保人十几倍甚至几十倍的赔金。据我所知，每个企业都是以盈利为目的的，那么我想问一下保险公司这样怎能赚钱呀？究竟它是怎么运营的？"

很多人都存在这样的疑问，那保险公司究竟是怎样实现盈利的呢？

其实保险还是以投资为主的，每年收的保费相对于保险公司投资收益来说是很小的一部分。保险公司有九大投资渠道，"国十条"出来后，投资渠道更多，保险公司的收益更大，所以买分红保险的客户分得的利益会更多。

具体说来，保险公司的盈利就是通过"三差益"来实现的，即：死差益——指实际死亡人数比预定死亡人数少时产生的利益；费差益——指实际所用的营业费用比依预定营业费用率所计算之营业费用少时所产生的利益；利差益——指保险资金投资运用收益率高于有效保险合同的平均预定利率而产生的利益。

　　分别举例来说明吧。先说第一种死差。比如现在是100个得癌症的要死90个，于是保险公司就按照这样的概率来定保费。客户在交了钱后，如果患癌症死亡就可以获得赔偿。假设保险公司就是按照收多少赔多少的方式收取的保费，那么按理说这100个人死到90个的时候，保险公司收的钱就该都花出去了才对。但是，偏偏在这个时候，癌症已经不是绝症了，本来应该死90个，但实际只死了20个，那么之前收的那笔钱就有了相对的结余，这就是"死差益"了。当然这个也可能是负的，比如死了99个，那保险公司就变成了"死差损"了。这种情况在一年内出现变化不明显，但是放在20年或者更长的时间中，就可能有可以确定的利润了，因为医疗水平只会越来越高，很多疾病都会被慢慢攻克。相同的疾病随着时间的推移存活比例只会是越来越高。

　　第二种就是"费差"。本来预计为了维持这部分保费的运作，保险公司需要向每个客户收取一定的费用，但是在收取后，管理水平提高了，保险公司不需要那么多人、那么多钱来管理就可以达到更好的管理效果，那么就可能出现费用方面的结余。

　　第三种是"利差"。保险公司承诺在交钱的20年后将返还你双倍的钱，但当到了20年后，保险公司用你的钱赚了400%的收益，那么除了给你2倍之外，剩下的就成了保险公司的收益了。

　　这样解说是为了让论述更浅显易懂，让大家读起来也容易明白。其实，在实际操作中，会通过会计年度的结算方法，一般每年都会在账面上体现一定的盈利或者亏损，并不是等到钱都还给客户后统一结算，相信有点现代财务知识的人都应该懂了。

　　至于有人说保险公司是骗钱，这个理论不具有说服力，这笔钱在个人手中更多的可能性就是明明准备养老的，但是被子女拿去花了；明明准备看病的，可能一次不明智的投资就亏出去了。其实只要你没有存进去就不取出来的决心，所谓的养老钱、看病钱，根本不可能到了你需要的时候你才取出来用，所以先有保险规划是十分必要的选择。至于纯概率收益，那可能是指财产类吧，如车险，比如去年车祸损失有50亿（只是随意打个比方，数据没有有效性），那么今年保险公司就可能需要收80亿的保费了，免得发生更多就赔不起。这样的收费看起来可能就只有盈利，但这种利润保险存在，其实很多行业都存在，如石油、电信、移动等。

金融中介：供求之间的桥梁

2008年3月美国第五大投资银行贝尔斯登因濒临破产而被摩根大通收购近半年之后，华尔街再次爆出令人吃惊的消息：美国第三大投资银行美林证券被美国银行以近440亿美元收购，美国第四大投资银行雷曼兄弟因为收购谈判"流产"而破产。华尔街五大投行仅剩高盛集团和摩根士丹利公司。美国联邦储备局星期日深夜宣布，批准美国金融危机发生后至今幸存的最后两大投资银行高盛和摩根士丹利"变身"，转为银行控股公司。这个消息也意味着，独立投资银行在华尔街叱咤风云超过20年的黄金时代已宣告结束，美国金融机构正面临20世纪30年代经济大萧条以来最大规模和最彻底的重组。

金融中介机构指一个对资金供给者吸收资金，再将资金对资金需求者融通的媒介机构。通常我们所知道的商业银行、信用社和保险公司等都可以归为金融中介机构。

金融中介机构对资金供给者吸收资金，再将资金对资金需求者融通。它的功能主要有信用创造、清算支付、资源配置、信息提供和风险管理等几个方面。

金融中介机构可以分为三类：存款机构（银行）、契约性储蓄机构与投资中介机构。

1.存款机构（银行）

存款机构是从个人和机构手中吸收存款和发放贷款的金融中介机构。货币银行学的研究往往特别关注这类金融机构。因为，它们是货币供给的一个重要环节——货币创造过程的参与者。这些机构包括商业银行，以及被称为储蓄机构的储蓄和贷款协会、互助储蓄银行和信用社。

2.契约性储蓄机构

例如，保险公司和养老基金，是在契约的基础上定期取得资金的金融中介机构。由于它们能够相当准确地预测未来年度里向受益人支付的金额，因此它们不必像存款机构那样担心资金减少。于是，相对于存款机构而言，资产的流动性对于它们并不那么重要，它们一般将资金主要投资于公司债券、股票和抵押贷款等长期证券方面。

3.投资中介机构

这类金融中介机构包括财务公司、共同基金与货币市场共同基金。财务公司通过销售商业票据（一种短期债务工具）、发行股票或债券的形式筹集资金。它们将资金贷放给那些需要购买家具、汽车或是修缮住房的消费者及小型企业。一些财务公司是母公司为了销售其商品而建立的。例如，福特汽车信贷公司就是向购买福特汽车的消费者提供贷款的。

金融中介实现了资金流、资源、信息三者之间的高效整合。金融中介扩大了资本的流通范围，拓展了信息沟通，减少了投资的盲目性，实现了调节供需失衡的作用。金融中介使资源配置效率化。金融中介在构造和活化金融市场的同时，进而活化整个社会经济，使整个社会的资源配置真正进入了效率化时代。金融中介发展推动了企业组织的合理发展。金融中介的活动，把对企业经营者的监督机制从单一银行体系扩展到了社会的方方面面，使企业的经营机制获得了极大改善，提高了企业应对市场变化的能力。

在进行投资和融资的过程当中，难免会存在风险，限制性契约就是人们用来缓解道德风险的一种方式。但是，尽管限制性契约有助于缓解道德风险问

题，但并不意味着能完全杜绝它的发生。制定一份能排除所有有风险活动的契约几乎是不可能的。另外，借款者可能会十分聪明，他们能发现使得限制性契约无法生效的漏洞。

从20世纪50年代，尤其是70年代以来，金融机构的发展出现了大规模全方位的金融创新，同时，随着跨国公司国际投资的发展，金融中介机构也逐步向海外扩张。在这些条件的促进下，金融中介机构的发展也出现了许多新的变化。这主要表现在：金融机构在业务上不断创新，而且发展方向也趋于综合化。兼并重组成为现代金融机构整合的有效手段，这促使了大规模跨国界金融中介机构的不断涌现，从而加速了金融机构在组织形式上的不断创新。与此同时，金融机构的经营管理也在频繁创新，但是，金融机构的风险性变得更大、技术含量要求也越来越高。

为了达成中介的功能，金融中介机构通常发行各种次级证券，如定期存单、保险单等，以换取资金，而因为各种金融中介机构所发行的次级证券会存在很大差异，因此，经济学家便将这些差异作为对金融中介机构分类的依据。一般而言，发行货币性次级证券如存折、存单等的金融中介机构称为存款货币机构，而这些由存款货币机构发行的次级证券不但占存款货币机构负债的大部分，一般而言，也是属于货币供给的一部分；至于非存款货币机构所发行的次级证券如保险单等，则占非存款货币机构负债的一大部分，而且这些次级证券也不属于货币供给的一部分。

根据定义来看，我们可以了解到金融中介机构其实就是金融产品的设计者和交易者。如我们所知，金融中介机构，特别是银行，只要它们主要提供私人贷款，就有能力避免搭便车问题。私人贷款是不交易的，所以没有人能搭中介机构监督和执行限制性契约的便车。于是，提供私人贷款的中介机构获得了监督和执行契约的收益，它们的工作减少了潜藏于债务合约中的道德风险问题。道德风险概念为我们提供了进一步的解释，说明金融中介机构在沟通资金从储蓄者向借款者流动的过程中发挥的作用比可流通的证券更大。

导致逆向选择和道德风险问题现象的出现，主要是由金融市场当中信息的不对称引发的，这极大地影响了市场的有效运作。解决这些问题的办法主要包括：由私人生产并销售信息、政府加强管理以增加金融市场的信息，在债务合约中规定抵押品和增加借款者的净值，以及进行监管和运用限制性契约，等等。经过分析，我们不难发现：在股票、债券等可流通的证券上存在着搭便车问题，表明了金融中介机构，尤其是银行在企业融资活动中应发挥比证券市场更大的作用。

投资银行："为他人作嫁衣裳"

2008年是华尔街的多事之秋。2008年9月15日至21日是华尔街历史上最黑暗的一周。雷曼兄弟申请破产保护、美林被美洲银行收购、摩根士丹利与高盛宣布转为银行控股公司。再加上2008年3月被摩根大通收购的贝尔斯登，曾经风光无限的华尔街五大投行集体消失。对于熟悉美国金融体系的专业人士来说，如此巨变可谓"天翻地覆"！那么，投资银行在整个金融生态链中处于什么地位？投资银行业的前景又如何呢？

投资银行家是这样一群人：他们的鞋是白色的，"血"是蓝色的，戒指是祖母绿的，皮鞋是意大利定制的；他们每周去圣公会教堂做礼拜，坐在第一排；除了手工制作的深色西装和燕尾服，从不穿别的衣服……他们是金融领域内的贵族，就如同投资银行在金融界的地位一样。

投资银行是主要从事证券发行、承销、交易、企业重组、兼并与收购、投资分析、风险投资、项目融资等业务的非银行金融机构，是资本市场上的主要金融中介。在中国，投资银行的主要代表有中国国际金融有限公司、中信证券、投资银行在线等。

投资银行其实是一个美国词汇，在其他的国家和地区，投资银行有着不同的称谓：在英国被称为"商人银行"，在其他国家和地区则被称为"证券公司"。需要指出的是，虽然都被称为"银行"，商业银行与投资银行其实是两种不同的金融机构。在传统的金融学教科书里，"银行"是经营间接融资业务的，通过储户存款与企业贷款之间的利息差赚取利润；而投资银行却是经营直接融资业务的，一般来说，它既不接受存款也不发放贷款，而是为企业提供发行股票、债券或重组、清算业务，从中抽取佣金。

投资银行是与商业银行相对应的一个概念，是现代金融业适应现代经济发展形成的一个新兴行业。它区别于其他相关行业的显著特点是：其一，它属于金融服务业，这是区别于一般性咨询、中介服务业的标志；其二，它主要服务于资本市场，这是区别于商业银行的标志；其三，它是智力密集型行业，这是区别于其他专业性金融服务机构的标志。

现代意义上的投资银行产生于欧美，主要是由18、19世纪众多销售政府债券和贴现企业票据的金融机构演变而来的。伴随着贸易范围和金额的扩大，客观上要求融资信用，于是一些信誉卓越的大商人便利用其积累的大量财富成为商人银行家，专门从事融资和票据承兑贴现业务，这是投资银行产生的根本原因。证券业与证券交易的飞速发展是投资银行业迅速发展的催化剂，为其提供了广阔的发展天地。投资银行则作为证券承销商和证券经纪人逐步奠定了其在证券市场中的核心地位。

资本主义经济的飞速发展给交通、能源等基础设施造成了巨大的压力，为了缓解这一矛盾，19世纪欧美掀起了基础设施建设的高潮，这一过程中巨大的资金需求使得投资银行在筹资和融资过程中得到了迅猛的发展。而股份制的出现和发展，不仅带来了西方经济体制中一场深刻的革命，也使投资银行作为企业和社会公众之间资金中介的作用得以确立。

让很多投资人感到好奇的是，投资银行是怎样来的呢？在美国，投资银

行往往有两个来源：一是由商业银行分解而来，其中典型的例子就是摩根士丹利；二是由证券经纪人发展而来，典型的例子如美林证券。

追溯起来，美国投资银行与商业银行的分离最早发生在1929年的大股灾之后，当时联邦政府认为投资银行业务有较高的风险，禁止商业银行利用储户的资金参加投行业务，结果一大批综合性银行被迫分解为商业银行和投资银行，其中最典型的例子就是摩根银行分解为从事投资银行业务的摩根士丹利及从事商业银行业务的J.P.摩根。不过这种情况并没有发生在欧洲，欧洲各国政府一直没有这样的限制，投资银行业务一般都是由商业银行来完成的，如德意志银行、荷兰银行、瑞士银行、瑞士信贷银行等。有趣的是，这样做在欧洲不但没有引起金融危机，反而在一定程度上加强了融资效率，降低了金融系统的风险。

近20年来，在国际经济全球化和市场竞争日益激烈的趋势下，投资银行业完全跳开了传统证券承销和证券经纪狭窄的业务框架，跻身于金融业务的国际化、多样化、专业化和集中化之中，努力开拓各种市场空间。这些变化不断改变着投资银行和投资银行业，对世界经济和金融体系产生了深远的影响，并已形成鲜明而强大的发展趋势。

由于投资银行业的发展日新月异，对投资银行的界定也显得十分困难。投资银行是美国和欧洲大陆的称谓，英国称之为商人银行，在日本则指证券公司。国际上对投资银行的定义主要有四种：第一种：任何经营华尔街金融业务的金融机构都可以称为投资银行。第二种：只有经营一部分或全部资本市场业务的金融机构才是投资银行。第三种：把从事证券承销和企业并购的金融机构称为投资银行。第四种：仅把在一级市场上承销证券和二级市场交易证券的金融机构称为投资银行。

投资银行以其强大的盈利能力而为世人所瞩目。以最常见的股票发行业务为例，投资银行一般要抽取7%的佣金，也就是说，如果客户发行价值100亿美元的股票，投资银行就要吃掉7亿美元。

在公司并购业务中，投资银行同样大赚特赚。19世纪80年代以来，美国至少经历了四次公司并购浪潮，这就为投资银行提供了相当可观的收入来源。近年来欧美动辄发生价值几百亿甚至几千亿美元的超级兼并案，如美国在线兼并时代华纳、沃达丰兼并曼内斯曼、惠普兼并康柏等，背后都有投资银行的推波助澜。因为，兼并业务的技术含量很高，利润又很丰厚，一般被认为是投资银行的核心业务，从事这一业务的银行家是整个金融领域最炙手可热的人物。

信托投资公司：受人之托代人理财的机构

1979年10月，以中国国际信托投资公司的成立为标志，揭开了新中国金融信托业发展的序幕。而在经历了推倒重来、整改和起死回生的洗礼后，信托投资公司已经成为我国金融体系中不可或缺的重要力量。但是在我国，信托投资公司的业务范围主要限于信托、投资和其他代理业务，少数确属需要的经中国人民银行批准可以兼营租赁、证券业务和发行一年以上的专项信托受益债券，用于进行有特定对象的贷款和投资，但不准办理银行存款业务。此外，信托投资公司市场准入条件还非常严格，比如信托投资公司的注册资本不得低于人民币3亿元，并且其设立、变更、终止的审批程序都必须按照金融主管部门的规定执行。

信托投资公司都有哪些种类？它们的发展现状又如何呢？

信托投资公司是这样一种金融机构：它以受托人的身份代人理财；它的主要业务：经营资金和财产委托、代理资产保管、金融租赁、经济咨询、证券发行及投资等。信托投资公司与银行信贷、保险并称为现代金融业的三大支柱。

我国信托投资公司主要是根据国务院关于进一步清理和整顿金融性公司的要求建立。信托业务一律采取委托人和受托人签订信托契约的方式进行，信托投资公司受委托管理和运用信托资金、财产，只能收取手续费，费率由中国人民银行会同有关部门制定。

信托投资公司与其他金融机构无论是在其营业范围、经营手段、功能作用等各个方面都有着诸多的联系，同时也存在明显的差异。从我国信托业产生和发展的历程来看，信托投资公司与商业银行有着密切的联系和渊源。在很多西方国家由于实行混业经营的金融体制，其信托业务大都涵盖在银行业之中，同时又严格区分。在此以商业银行为例，与信托投资公司加以比较，其主要区别体现在以下方面：

其一，经济关系不同。信托体现的是委托人、受托人、受益人之间多边的信用关系；银行业务则多属于与存款人或贷款人之间发生的双边信用关系。

其二，基本职能不同。信托的基本职能是财产事务管理职能，侧重于理财；银行业务的基本职能是融通资金。

其三，业务范围不同。信托业务是集"融资"与"融物"于一身，除信托存贷外，还有许多其他业务，范围较广；银行业务则是以吸收存款和发放贷款为主，主要是融通资金，范围较小。

其四，融资方式不同。信托机构作为受托人代替委托人充当直接筹资和融资的主体，起直接融资作用；银行则是信用中介，把社会闲置资金或暂时不用的资金集中起来，转交给贷款人，起间接融资的作用。

其五，承担风险不同。信托一般按委托人的意图经营管理信托财产，在受托人无过失的情况下，一般由委托人承担；银行则是根据国家金融政策、制度办理业务，自主经营，因而银行承担整个存贷资金运营风险。

其六，收益获取方式不同。信托收益是按实绩原则获得，即信托财产的损益根据受托人经营的实际结果来计算；银行的收益则是按银行规定的利率计算利息，按提供的服务手续费来确定的。

其七，收益对象不同。信托的经营收益归信托受益人所有；银行的经营收益归银行本身所有。

其八，意旨的主体不同。信托业务意旨的主体是委托人，在整个信托业务中，委托人占主动地位，受托人受委托人意旨的制约；银行业务的意旨主体是银行自身，银行自主发放贷款，不受存款人和借款人制约。

当我们说起信托投资公司的时候，就不得不提到它的四个类型，或者说四个阶段：

第一种是起步期信托投资公司。顾名思义，起步期信托投资公司就是指信托业务刚刚起步，业务经验积累不足，资产规模较小，信托产品品种不多的信托投资公司。这类信托投资公司刚刚起家，业务上还是以模仿为主。它们的信托产品多为集合资金信托，投资领域也多集中在股东和原来固定客户方向。这类公司需要在模仿中逐渐积累业务经验，挖掘自身优势，培养核心竞争力，形成在某一行业、某一领域的业务优势。

第二种是成长期信托投资公司。从这里开始就算是转入正轨了，这个时期的信托投资公司经过一段时间的发展，积累了一定的经营经验，有一定的客户基础。拥有中等的资产规模，业务模式不断成熟，逐渐形成具有竞争力的优势业务领域。成长期的信托投资公司一般积极探索信托业务创新，能够根据自身优势寻找优质项目资源，设计盈利能力显著的信托产品，而且这类信托投资公司一般注重市场形象，在市场中频频亮相，具有很强的发展前景。信托业务品种不仅限于集合资金信托，尝试涉足其他相关熟悉领域的投资等业务。

第三种是成熟期信托投资公司。成熟期的信托投资公司业务经验丰富，资产规模雄厚，经营效益好，并在某一行业或领域形成自己的优势产品，有自己的核心盈利模式，具有很强的竞争实力。成熟期信托投资公司能为客户提供富有特色的金融产品和服务，具有稳定而忠诚的客户群。这是一种非常理想的状态，但还是要在业务领域继续创新探索，或者支援筹备公司上市，或者寻求与国际著名金融机构的战略合作，谋求更大发展。

第四种是高峰期信托公司。高峰期信托投资公司是指在信托市场中占据主导地位，被公认为市场领袖，占有极大的市场份额，业务领域全面，资金实力和业务能力均很突出。它们在市场上从多个方面表现出资产规模最大、经营

品种最多、信托产品创新迅速，以及业务范围广泛等特点。

信托投资公司的终极目标就是让信托产品覆盖面广，业务门类齐全，把信托投资公司办成一个大型的金融超市。同时整合自身资源，扩大自身实力，使信托投资公司真正成为全能银行。目前我国的信托投资公司还需要扩大自身影响力，要有全球化的国际营销视野，这样才能发展得又快又好！

下 篇

操作篇：打理金融生活

PART 01
怎样让钱生钱——每天读点个人理财知识

存款储蓄：最传统的理财方式

投资理财计划中，一个最重要的环节是储蓄。储蓄这个"积谷防饥"的概念在中国人眼中并不陌生，但在西方国家则不同。以西方国家为例，上一代的人仍知道储蓄的重要，但现在的人只懂得消费，已经忘记了储蓄，美国的人均储蓄率是负数。意思是美国人不单没有储蓄，反倒先使未来钱，利用信用卡大量消费，到月底发工资时才缴付信用卡账单，有些更已欠下信用卡贷款，每个月不是缴费，而是偿还债务。

储蓄是一种习惯，是一种积少成多的"游戏"。每个月开始之前先把预定的金额存起来，这对日常生活没有很大的影响；相反，把钱放在口袋里，最后都是花掉，连花到哪里也忘记了。

很多人错误地认为，只要好好投资，储蓄与否并不重要。实际上，合理储蓄在投资中是很重要的。储蓄是投资之本，尤其是对于一个月薪族来说更是如此。如果一个人下个月的薪水还没有领到，这个月的薪水就已经花光，或是到处向人借钱，那这个人就不具备资格自己经营事业。要成功投资，就必须学会合理的储蓄。

很多人不喜欢储蓄，认为投资可以赚到很多的钱，所以不需要储蓄；有的人认为应该享受当下，而且认为储蓄很难，要受到限制；有的人会认为储蓄的利息没有通货膨胀的速度快，储蓄不合适。然而，事实并不是这样。

首先，不能只通过收入致富，而是要借储蓄致富。有些人往往错误地希望"等我收入够多，一切便能改善"。事实上，我们的生活品质是和收入同步提高的。你赚得愈多，需要也愈多，花费也相应地愈多。不储蓄的人，即使收入很高，也很难拥有一笔属于自己的财富。

其次，储蓄就是付钱给自己。有一些人会付钱给别人，却不会付钱给自己。买了面包，会付钱给面包店老板；贷款时，利息缴给银行，却很难付钱给自己。赚钱是为了今天的生存，储蓄却是为了明天的生活和创业。

我们可以将每个月收入的10%拨到另一个账户上，把这笔钱当作自己的投资资金，然后利用这10%达到致富的目标，利用90%来支付其他费用。也许，你会认为自己每月收入的10%是一个很小的数目，可当你持之以恒地坚持一段时间之后，你将会有意想不到的收获。也正是这些很小的数目成了很多成功人士的投资之源泉。

晓白工作已经有5年的时间，从一名普通的职员，慢慢做到公司的中层，薪水也一直稳中有升，月薪已有近万元，比上虽然不足，比下仍有余地。可是昔日的同窗，收入未必高过自己，可在家庭资产方面已经把自己甩在了后面。

随着晓白的年龄逐步向30岁迈进，可还一直没有成家。父母再也坐不住了，老两口一下子拿出了20万元积蓄，并且让晓白也拿出自

己的积蓄，付了买房首付，早为结婚做打算。可是让晓白开不了口的是，自己所有的银行账户加起来，储蓄也没能超过六位数。

其实，晓白自己也觉得非常困惑。父母是普通职工，收入并不高，现在也早就退休在家。可是他们不仅把家中管理得井井有条，还存下了不少的积蓄。可是自己呢？虽说收入不算少，用钱不算多，可是工作几年下来，竟然与"月光族""白领族"没什么两样。不仅是买房拿不出钱来供首付，前两年周边的朋友投资股票、基金也赚了不少钱，纷纷动员晓白和他们一起投资。晓白表面上装作不以为然，其实让他难以开口的是，自己根本就没有储蓄，又拿什么去投资？

晓白出现这种情况的原因就是缺乏合理的储蓄规划。虽说储蓄是个老话题，然而在年轻人中间却始终是个普遍的问题。很多像晓白这样的人，收入看上去不少，足够应对平时生活中的需要，可是他们就是难以建立起财富的初次积累。原因就在于，他们在日常生活中没有合理的储蓄规划。

随着时代的发展，今天的社会与从前发生了很大的变化，现实中许多人没有看到储蓄的任何好处。因为，现实中利息低、通货膨胀等因素确实都实实在在地存在着。从另一个角度来看，选择合理的储蓄方式，能够让优秀的投资者们成为千万富翁，优秀的投资者们可以轻而易举地在银行存折中多出20%或更多的金钱，通货膨胀甚至还会帮助他们。储蓄并不是件一无是处的事情，相反，它还会给你带来很多好处。下面我们就来详细地剖析优秀的投资者们一定要储蓄的理由：

1.持续的储蓄让你积累更多的投资基金

许多优秀的投资者都有一个错误的观点，他们认为投资会使自己自然而然地变得越来越富有。然而事实上，这是不可能实现的！也许优秀的投资者们并不认同我们的观点，也许他们会问：为什么投资不一定使自己变得富有呢？因为优秀的投资者的投资越多，风险也越大。也有的优秀的投资者会这么说："我同意储蓄，但我的方法是每年储蓄一次，把全年需要储蓄的金额一次放到银行里不就行了！"我们不得不说，这种想法也是很难实现的。

2.储蓄是善待自己的最好方法

说到善待自己，许多优秀的投资者也许都会觉得他们正在这么做，他们会每天吃最好的食物、把自己打扮得美丽动人、享受艺术与娱乐带来的休闲乐趣，但这一切在我们看来不过是表面的浮夸罢了。优秀的投资者们都忽视了一点：他们正在持续地付钱给别人，可从来没有付给过自己。买了最好的食物，他们会付钱给厨师或食品店老板；打扮自己，他们会付钱给美容院和理发师；享受艺术与娱乐带来的乐趣，他们会付钱给电影院和酒吧……

但是优秀的投资者们什么时候付给过自己？在你们的生活中，自己的地位应该不亚于厨师、理发师和电影院老板吧！

优秀的投资者们应该付钱给自己，而这正是通过储蓄来实现的。每个月将收入的固定一部分（可能是10%或者15%）存入自己的账户，这样一来，优秀的投资者们就可以利用这笔钱达到致富的目标。这样做以后，优秀的投资者们将会发现：是用收入的全部还是90%或85%来支付生活所需的费用，而后者让优秀的投资者们还拥有了10%或15%的储蓄。

3.积累原始资本

储蓄还能够帮助优秀的投资者们进行原始资本的积累。优秀的投资者们可以用固定的一部分收入来进行这种资本的投入。假设这部分资本金的固定额度是家庭总收入的10%，那么优秀的投资者们应该如何累计这部分资本呢？首先，优秀的投资者们需要开设一个存储账户，每个月初，将收入的10%存入这个账户；要把持住自己，任何时候都不要轻易动用这个账户里的钱；找到适当的机会，用这个账户里的钱进行投资；当这个账户里的金额越来越多时，优秀的投资者们将得到更多的投资机会和安全感。

债券投资：储蓄的近亲

债券作为一种重要的融资手段和金融工具，以其风险小、信用好等优势赢得了很多投资者的青睐。债券是一种有价证券，是社会各类经济主体为筹措资金而向债券投资者出具的，并且承诺按一定利率定期支付利息和到期偿还本金的债权债务凭证。由于债券的利息通常是事先确定的，所以，债券又被称为固定利息证券。

债券相较于其他的投资产品，是一种较为保守的投资方式，但是其安全性的确吸引了不少人的目光。尤其是对于那些年龄较大、缺乏投资经验、追求稳健的投资者来说，债券就是他们心目中较为理想的投资对象。

美国微软公司董事长比尔·盖茨向大众透露了他的投资理念，他认为，把宝押在一个地方可能会带来巨大的收入，但也会带来同样巨大的亏损。对待股市，他就是持着这样的看法。在股市上投资时，为了能分散甚至是规避这些风险他经常采用的方法就是利用债券市场。

一般，盖茨会在买卖股票的同时，将自己建立的"小瀑布"投资公司控制的资产投入债券市场，特别是购买国库券。当股价下跌时，由于资金从股市流入债券市场，故而债券价格往往表现为稳定上升，这时就可以部分抵消股价下跌所遭受的损失。

从投资效果看，盖茨这样的组合投资已取得相当好的成绩，他的财富几乎总是以较快的速度增长。而在概括投资战略时，盖茨说："你应该有一个均衡的投资组合。投资者，哪怕是再大的超级富豪，都不应当把全部资本压在涨得已经很高的科技股上。"

有人戏称债券是理财的天堂，认为在众多的金融产品中，债券独受宠爱，是投资者眼中较为理想的投资对象，尤其是对那些厌恶风险的投资者来说，债券简直是最好的选择。

对于投资来说，每种投资项目都有其优势，你如果不熟悉地掌握其特

点，就不可能对其加以利用，扬长避短。那么，债券到底有什么优点？

其一，较高的安全性。债券一般是由相关的机构直接向社会发行的，与企业和政府相关机构挂钩，但与它们的业绩没有联系，收益比较稳定。一般政府的债券有绝对的安全性，而对于企业的债券，只要它不违约，就能够保证投资者的利益。

其二，较好的流动性。投资者可以直接进入市场进行交易，买卖自由，变现性颇高，且不会在转让时在价值上出现很大损失。

其三，扩张信用的能力强。由于国债安全性高，投资者用其到银行质押贷款，其信用度远高于股票等高风险性金融资产。投资者可通过此方式，不断扩张信用，从事更大的投资。

其四，收益性略高。对投资者来说，债券属于"比上不足，比下有余"的类型。它的收益高于银行存款，但低于股票投资。可是它又比股票投资稳定，所以，很适合略趋保守的投资者。

正是因为以上这些优点，人们才愿意选择债券作为自己的投资项目。一般情况下，即使经济环境有所变化，债券的收入也大都会很稳定，不会受到太大的影响，投资者大可放心。

基于上述种种优势，许多投资者都把目光聚集到它身上，并且公认其为个人投资理财的首选。

众所周知，在做任何事的时候，你若能在事前了解其原则，抓住其规律，就必能在行动时事半功倍。同理，在决定投资债券之前，投资者须先清楚一下债券投资的原则，这样就能在投资时取得更好的效果。

债券投资的基本原则主要有三个：安全性原则、流动性原则、收益性原则，经常被人称为债券投资原则之"三足鼎立"。这三个原则是债券投资中必须要遵守的内容，是最基本的原则。

第一足：安全性原则

说债券是安全的投资方式，也只是相对而言。比起股票、基金等，它的确安全很多。但实际上，除了国债，其他债券也都是有风险的。因为，债券根据发行的主体不同，可主要分为企业债券、国债、金融债券三类。国债暂且不论，仅从企业债券看，如果企业运营的安全性降低或因经营不善而倒闭，就会有违约的危险。因此，本着安全第一的原则，你最好在投资债券的时候，利用组合理论，分别投资多种债券，以分散风险。

第二足：流动性原则

流动性原则是指收回债券本金的速度快慢。债券的流动性强，就越能以较快的速度转化成货币，也就越减少在这个过程中的无形损失；反之，则可能影响甚至大大削弱资产的价值。一般而言，债券的期限越长，流动性越差，由于外界各种因素的变化，容易造成无形损失，相对也就不适合投资；而期限越短则相反。债券根据不同的类型，流通性不同。一般政府发行的债券流通性较高，在市场上交易方便。而企业发行的债券则根据具体企业的情况而有所不同，比较之下，大企业的债券流动性更好些。

第三足：收益性原则

任何一个投资者进行投资的目的都是获取利润，债券也不例外。因此，投资者都非常关心债券的收益率。而仅从收益上来说，短期收益率要受市场即期利率、资金供求的影响，而长期收益率要受未来经济的增长状况、通货膨胀因素等不确定性因素的影响，所以收益也可能会有所波动。

在众多债券中，国债因其是依靠政府的财政，有充分的安全保障，所以没什么风险；而企业发行的债券则存在是否能按时偿付本息的风险。不过，大多数情况下，企业发行的债券收益比国债要高，如果投资者选择的企业是大企业，就会略有保障。

以上便是投资债券的原则。对于刚开始进行投资的投资者，在选择债券的时候，应当在考虑自身整体资产与负债状况的基础上，遵守投资原则的要求，只有这样才可能避免血本无归，空忙一场。

保险：以小博大的保险理财

说起保险，经常会有人说："好好的，买什么保险！即使生病了，我不每月都有工资吗？几年下来存的钱也够应付'飞来横祸'了，所以我根本用不着买保险！"

事实是这样吗？是的，你工作了5年，努力攒下了50万元，可是你能保证这50万元能够支付你或者家人的突发疾病？你能保证这50万元能够让你应对事业上的进退维谷？……退一万步来讲，即使利用这50万元能够应对一切难料之事，然而，当这50万元花完之后，你还拿什么来养活自己和家人，保证生活品质的一如既往？

实际上，世界上只有一种人是可以不用买保险的，就是一生之中永远有体力、有精力赚钱，同时不生病、不失业的人。当然，还得家里人都不生病，房子不会遭水、遭贼，不开车，或是车不会被剐蹭、被盗抢，等等。

你是这种人吗？如果不是，那就赶紧加入保险投资的大军中来吧！

如果我们把理财的过程看成是建造财富金字塔的过程，那么买保险就是为金字塔筑底的关键一步。很多人在提起理财的时候往往想到的是投资、炒股，其实这些都是金字塔顶端的部分，如果你没有合理的保险做后盾，那么一旦自身出了问题，比如失业，比如大病，我们的财富金字塔就会轰然倒塌。没有保险，一人得病，全家致贫。如果能够未雨绸缪，一年花上千八百块钱，真到有意外的时候可能就有一份十几万、几十万的保单来解困，何乐而不为呢？

如今买保险也像进超市一样，品种五花八门，有的似乎还看不懂。你买保险了吗？随着人们保险意识的提升，这句问候语逐渐流行，保险已经不仅仅是一个消费品，品种更加多元化，集投资与保障于一身。不同的人对于保险的观念与需求是大不相同的。

1.60多岁的人群：增强买保险的意识

人生步入了老年，风险承受能力开始逐步降低。在这个阶段里，购买保险是非常必要的，它可以为老年的生活降低风险的侵袭。因此，在这个阶段里，增强买保险的意识尤为重要。

李老伯和刘阿姨是国企退休职工，现在住在工作单位

分的职工家属楼，如今他们二人都已经退休了，每个月工资总共也有五六千元，子女都已经成家立业，而且生活上没有什么经济压力。二老决定跟儿子一起住，于是将老城区那套房出租，另外买了一套新房，与儿子住隔壁。李老伯说自己既享受公费医疗，又有退休金，现在和老伴每个人一个月退休金有两三千元，并且夫妻俩身体都很硬朗，他们觉得每年花上千元的钱来购买保险完全没有必要。还不如把钱花在平时，吃得好一点，保养身体比什么都重要。

不过，相比城市退休老人来说，农村老人就更加不会有买保险的意识，住在花都区某农村的王阿姨说，自己一辈子在家务农，儿女在外地工作，近几年才有了农村社保。王阿姨说，以前什么保障都没有，大家不也都安度晚年了吗？况且，本来经济就不宽裕，又怎么舍得花钱买保险？花钱来买保险哪里有养儿防老靠得住？

2.30～40岁：没保险自己也要买保险

20世纪70～80年代出生的人正是当前社会的中流砥柱。赵先生是70年代生人，经营了一家医疗机械制药厂，生意在国内做得十分红火。早在5年前，赵先生不仅为自己和太太购买了寿险和重大疾病险，还为自己4岁的儿子买了一份教育金保险。

赵先生说，自己做生意的不同于在企事业单位工作的，没有社保，只能自己买保险，再说做生意风险大，也不敢打包票说工厂能一直维持下去，一旦将来有什么意外，有份保险还是踏实一些，即便将来退休了，也有个保障。

除了做生意的人之外，就是单位福利待遇较好，社保齐全的情况下，一些人也开始未雨绸缪。有位事业单位的职员说："医疗费用太高，一旦生了大病，社保可能不够，所以我额外买了重大疾病保险。"

3.20几岁的"90后"：各类费用高，主动买保险

"90后"们刚刚步入社会不久，或正处于事业起步阶段，因此经济条件普遍不算宽裕。"尽管我们刚大学毕业，但工资也有5000元，这在北京属于中等水平。"小黄每年花1000元为自己购买了健康保险。

"90后"普遍受到了科学的理财观念的影响，并且一般受到了比较好的教育。因此，对于投资保险来说，观念还是比较跟得上时代发展的。他们认为，小的投入可以为自己增添一份保障，保险是非常必要的。

如果你和家人的健康能够得到很好的保障，你们的财产能够得到充分的保护，生活也就轻松很多了。保险，就是这样一个理财工具，它为你的生活提供更多安全，带来更大改变。

PART 02
资金管理是企业经济管理的命脉——每天读点公司理财知识

公司金融：为什么要了解公司金融

所谓金融，简单地讲就是资金的融通，再简单点儿讲就是研究钱与钱之间的关系。金融是货币流通和信用活动，以及与之相联系的经济活动的总称。

企业是金融市场的一个重要组成部分。因此，对企业来说，了解公司金融显得至关重要。公司金融是考察公司如何有效地利用各种融资渠道，获得最低成本的资金来源，并形成合适的资本结构，研究如何有效地配置公司金融资源以实现公司的经营目标。它会涉及现代公司制度中的一些诸如委托——代理结构的财务安排、企业制度和性质等深层次的问题。

随着市场竞争越来越激烈，企业面临的生存环境也变得越来越复杂，对于企业现金流的管理水平要求越来越高，只有合理控制营运风险，提升企业整体资金利用效率，才能不断加快企业自身的发展。

在经济学中，企业是指追求"利润最大化"的经济组织，即企业经营的目标是实现"利润最大化"，那么企业理财的目标是否也是"利润最大化"呢？公司理财的目标不仅是要达到利润最大化，还要做到收入最大化、管理目标的实现、社会福利的获得及股东财富最大化。目前，我国的企业现状是：有些企业虽然账面盈利颇丰，却因为现金流量不充沛而倒闭；有些企业虽然长期处于亏损当中，却能够依赖着自身拥有的现金流得以长期生存。所以，对于企业的持续性发展经营来说，靠的不是高利润，而是良好的资金管理。

假如你想出售你的房子，你是否希望获得可能的最高价格？

你是否认为想买你房子的人希望支付尽可能低的价格？

假如你想投资一笔钱，你是否愿意在下一年成为原来的三倍？但是你是否愿意冒失去你所有钱的风险？

如果我欠你100美元，你是愿意今天收回呢，还是半年以后？

以上这些问题都属于公司金融的范畴，相信掌握好公司金融，它一定能够很好地帮助你解决这些问题。在认识公司金融的同时，我们也必须认识一下公司金融的原则，它主要有以下几点：

第一，风险与收益相权衡的原则。对额外的风险需要有额外的收益进行补偿。

第二，货币的时间价值原则。合理利用公司的每一分钱，要认识到今天的一元钱价值要高于未来的一元钱。

第三，价值的衡量要考虑的是现金而不是利润。现金流是企业所收到的并可以用于再投资的现金；而按权责发生制核算的会计利润是赚得收益而不是手头可用的现金。

第四，增量现金流量原则。在确定现金流量时，只有增量现金流与项目的决策相关，它是作为一项结果发生的现金流量与没有该项决策时原现金流的差。

第五，在竞争市场上没有利润特别高的项目。寻找有利可图投资机会的第一个要素是理解它们在竞争市场上是如何存在的；其次，公司要着眼于创造并利用竞争市场上的不完善之处，而不是去考察那些看起来利润很大的新兴市场和行业。

第六，资本市场效率原则。市场是灵敏的，价格是合理的。在资本市场上频繁交易的金融资产的市场价格反映了所有可获得的信息，而且面对"新"信息能完全迅速地做出调整。

第七，代理问题。代理问题的产生源自所有权和经营权的分离，尽管公司的目标是使股东财富最大化，但在现实中，代理问题会阻碍这一目标的实现，人们往往花费很多时间来监督管理者的行为，并试图使他们的利益与股东的利益相一致。

第八，纳税影响业务决策。股价过程中相关的现金流应该是税后的增量现金流。评价新项目时必须考虑所得税，投资收益要在税后的基础上衡量。否则，公司就不能正确地把握项目的增量现金流。

第九，风险分为不同的类别。人们常说"不要把所有的鸡蛋放到一个篮子里"。分散化是好的事件与不好的事件相互抵消，从而在不影响预期收益的情况下降低整体的不确定性。当我们观察所有的项目和资产时，会发现有一些风险可以通过分散化消除，有一些则不能。

第十，道德行为就是要做正确的事情，而在金融业中处处存在着道德困惑。

正因如此，当中国的金融市场化进程为部分企业提供了发展机遇时，我们应该发挥各自的竞争优势，管理好公司金融。

公司金融是围绕资金运动展开的，资金运动是企业生产经营主要过程和主要方面的综合体现，具有很强的综合性。掌握了资金运动，犹如牵住了企业生产经营的"牛鼻子"，做到"牵一发而动全身"。

任何一个企业都和每一个人是一样的，没有随随便便成功的，除了员工的拼命工作，产品质量的安全可靠，企业管理的合理有效，还有一个很重要的因素，那就是了解公司金融。如果你打算自己创业，那么你就要考虑，摆在你面前的几个项目，该如何做出最优的选择以获得最大的利润？外部的金融资源该如何利用？是否应该开展企业并购……了解公司金融就是要培养你解决这些问题的思路和方法，帮助你的企业获得更大的成功。

事实上，公司金融的理论非常丰富，绝不是一两千字就能够很好地诠释的。因此，在接下来的论述中，我们将会从多个方面来和大家一同认识公司金融，希望大家在以后的实践过程中，能够合理运用公司金融，以帮助企业更快更好地发展。

资金管理：聪明的人能够更好地解决问题

假如将一个正常经营的企业交给你接管，相信短期内你一定也会管理得有条不紊。可是，如果让你自己创业，管理一个新企业，这就要难很多了。因为，创立一家新企业，远比管理一家现成的企业困难得多。因此，那些成功的企业家不但是经营管理的能手，同时更是融资的能手。

资本管理是指将现有财富，即资金、资产等不具生命的物质，转换成生产所需的资本，也就是以人为本，使知识、才能、理想及策略融合而成的有机体，透过管理来因应社会环境的需要，以创造源源不绝的长期价值。因此，资本管理不但是返璞归真，更在格局及眼界上加以提升，为人类经济、社会、环境各方面，有形及无形财富的创造，奠定长久的基础。

中小企业银行贷款难的问题一直是社会普遍关心的经济问题之一。某服装公司是服装加工出口型企业，规模属小型（其品牌开发和竞争能力相对有限），主导产品为混纺针织服装，外销市场主要为欧洲地区。

一直以来，纺织业是我国在国际市场竞争力较强的产业之一，但也是与欧美国家发生贸易摩擦最大的行业。借款人从事商贸业务18年，开展服装生产经营3年，与国外客户建立较为良好稳定的合作关系，购销渠道畅通。

借款人新成立企业3年，便能在较短时间内、较大幅度地扩大产品的销售和实现企业的盈利，可见借款人的个人行业资源积累已成为企业发展的重要支撑和保证。同

时，借款人购入生产设备和对自行研制纺织机械的投入，以及陆续对企业投入个人资金（列入其他应付款项），这在一定程度上反映了借款人立足该行业发展并积极发展该企业的信心和能力。

成功的融资案例揭示着融资双方共同努力及良好沟通的结果，他们在具体的经济活动中进行有效融资申请和保证高效率的审批和风险评估。

在企业发展中，贯穿全过程的是资金，缺乏资金企业将丧失最基本的生存权利，更谈不上企业发展和获利。因此，推行以资金管理为核心的财务管理工作更有利于实现企业管理目标。资金是企业经济活动的第一推动力，也是一个持续推动力。对企业的经营和发展来说，能否获得稳定的资金、能否筹集到生产过程中所需要的足够的资金，都是至关重要的。而民营企业在发展中遇到的最大障碍就是融资困境，大约80%的被调查民营企业认为融资难是一般的或主要的制约因素。

聪明的人总是能够很好地解决问题，而愚昧的人总是被问题解决。智慧的作用就是解决现实中的矛盾，但是如果需要智慧真正地发挥作用，必须要具备一些基本的条件，也就是说，智慧的真正作用是如何正确地利用有限的条件、资源，以及如何更好地利用有限的条件重新组合成某种竞争优势，这种组合就是再创造。这种再创造是需要一系列有关的基本条件作基础，而并非如何无中生有或凭空设想。

在竞争日益激烈的今天，资金是企业生存发展的物质基础，也是企业生产经营的血液和命脉，更是企业管理的主题。很好的管理资金是取得胜利的根本，这不是个别言辞的吹嘘，也不是一两个聪明的脑袋就能够实现的，而是由市场规律的本质所决定的。不过，聪明的脑袋的确可以将资金或资源的利用率降到最低或者是最合理的程度，也可以想到很多融资的办法，但是并不意味在竞争中可以空手套白狼。即使有这种可能，那也是在某些特殊环境下、特殊条件下的偶然事件。如果只是坐等这种机遇的降临，那么无异是在期望着"天上掉馅饼"的事情发生。

北京建工四建工程建设有限公司是国内一家大型的建筑企业，下设水电设备安装、装饰、市政、钢结构、房地产开发、物业管理等多个专业公司和15个土建施工项目经理部，组织机构庞杂，管理方式较为粗放，致使公司总部资金管理能力较弱，企业核算难度较大。

　　认识到这一问题后，企业采取了一系列措施来改善企业状况。公司通过NC系统客户化对会计科目、客商档案、项目档案等基础数据的管控及系统参数配置，确保了公司制定统一的会计核算制度、政策在下属单位的贯彻执行；财务数据集中管理，将全公司财务数据共享、方便查询与实时监控下属单位财务情况；通过NC系统的协同凭证功能，解决内部对账难及三角债问题；通过资金计划系统，加强了资金管理，公司及时掌握各单位及全公司未来一段时间的资金流入流出情况，统筹安排资金；并通过资金结算平台，统一办理对内及对外支付业务，实时掌控各项资金支付情况。通过内部信贷及资金计息，强化下属单位加强日常资金管理，提高资金使用效率；快速准确地编制公司报表及报表分析。

　　自2007年11月四建公司财务信息化项目启动以来，现已建立公司统一的财务管理系统平台，实现了对下属单位财务状况进行实时监控管理。建立统一的报表管理系统，满足了公司及下属单位各项报表的要求，进行及时、准确的汇总合并。建立资金管理系统，满足公司集中的资金管理要求，掌控下属单位资金的流入和流出情况。与用友的合作已经基本取得预期的公司财务集中管理目标。公司的财务信息化进程已经进入了新的阶段。

　　资金管理是企业管控的重中之重，企业管理以财务管理为核心，而财务管理则以资金管理为核心。有了充足的资金，企业才有做事情的底气，才能够

真正地做到干什么都可以得心应手，而资金不足就会让企业在机会面前畏首畏尾，不但束缚了管理者的思维方式，还会极大地破坏管理者的投资心态，想做的事情不敢做，可以想的事情却又不敢想。在竞争过程中，很多的成功都必须依靠充足的资金来实现，如果因资金不足，退而求其次，则很可能会变主动为被动，从而丧失了大好的获胜机会。

此外，资金不足还可能导致部分企业领导者偏激的投资心态，不是之前的畏首畏尾，便是倾向于孤注一掷，不能顾全大局，做不到全面地思考问题，以至于盲目乐观、自信，甚至一厢情愿地幻想着事情不会那么糟糕，最终走向惨败。

社会主义市场经济不断发展的今天，强化企业资金管理，对加强内部管理、提高经济效益、贯彻落实企业战略方针，以及实现企业经营目标任务都具有重大的战略意义。抓住资金管理，一切问题就会迎刃而解。

资金配备：让资金问题绊倒的企业数不胜数

资金是企业进行生产、经营等一系列经济活动中最基本的要素，资金管理贯穿于企业整个生产经营的始末，具有举足轻重的作用，资金管理是财务管理的集中表现，只有抓住资金管理这个中心，采取行之有效的管理和控制措施，疏通资金流转环节，才能提高企业经济效益。因此，加强资金的管理及控制具有十分重要的意义。

"现金为王"一直以来都被视为企业资金管理的中心理念。传统意义上的现金管理主要涉及企业资金的流入流出。广义上的现金管理，其所涉及的范围就要广得多，通常包括企业账户及交易管理、流动性管理、投资管理、融资管理和风险管理等。

经过几代人努力而编织出"中国羊毛衫名镇"神话的东莞大朗镇，几乎家家户户都与毛织业有关。以大朗为中心、涵盖周边地区的整个毛织产业集群内，有近万家毛织行业企业，仅大朗就有3000多家（其中规模以上100多家）。整个产业集群市场年销售额超过12亿件，在大朗集散的就有8亿件。

大朗的毛衣60%出口到意大利、美国等80多个国家和地区，吸引了POLO、袋鼠、金利来等10多个世界顶级品牌和鄂尔多斯、杉杉等20多个国内名牌在大朗设厂生产。

大朗业已成为国际毛织产品的研发生产、流通集散、价格发现、质量认证、时尚展示、信息发布中心之一，成为重要的毛织产品外贸采购基地。

但随着劳动力成本的上涨、原料价格上升，许多大厂生存艰难，靠大厂订单生存的中小毛织厂更是频频倒闭，有企业因为资金短缺，开张两个月就不得不关门。

达尔文说："能够生存下来的不是最强壮的物种，而是那些最能适应变化的物种。"在竞争激烈的商场上，企业想获得最后的胜利，除了要提高适应能力和竞争能力，也要锻炼企业资金配备的能力，实时适应这种危机四伏的恶劣环境，才能生存与发展下去。对于企业来说，资金是生存的最终源泉，巧妇难为无米之炊，只有加强资金配备的能力，才能够帮助企业更快更好地发展。

众所周知，在企业经营中需要钱的地方比比皆是，可以说每个部门每天都在不停地消耗资金，尤其是投入的前期，任何一个部门缺少了资金都会导致效率下降，甚至出现经营危机。如果此时企业只有产出而没有收入，那么相信用不了多久，管理者就会尝到资金危机带来的苦果。

近年来，国内的企业却接二连三的爆发财务危机，有关珠三角企业的负面新闻也不绝于耳，南方高科、熊猫音响、东洋空调等也纷纷倒闭或衰退。直到今天，企业倒闭的消息仍是不时传出，此起彼落。有人惊呼：中国企业的"寿命"如此短暂！

福州的一家房地产商在某年年底开发一个楼盘中资金链断裂，全高18层的楼已经盖到12层，并且拿到了预售许可证，当时报给房管局和物价局的价格是8300元/平米，在市场上出售的打折价格为7800元/平米。要建设剩下的6层楼，开发商面临巨大的资金压力。当时找到杨少锋的北京联达四方房地产经纪公司，报出了6200元/平米的代理价格。

"这个楼盘一平米的价格只卖5500元，如果按照开发商的地价和成本来算的话，加上税收和管理成本，成本大概在5800元/平米，给我们的条件是6200的底价，这等于开发商并没有赚取多少利润。如此低价格的转让条件是我们一次性支付给开发商3000万，也就是将近20%的预付款。如果不是因为他的资金链紧张得快断了，那他会痛苦地做出这样的决定吗？这个时候，开发商考虑的不是赚钱，而是怎么在短时间回流，不会导致破产。"杨少锋对《中国经济周刊》说。

所以，一个管理者或创业者不但要有经营管理能力、决策规划能力，还必须知道如何解决资金问题，因为只有资金充足，你的宏伟蓝图才有可能变成现实。如果你没有足够的资金，所有的投入就很可能会打水漂。比如做饭，本来做一锅饭两捆柴就够了，而你只用了一捆柴或者更少的柴，那么不但做不好饭，连先前的所有投入都白费了。

著名的滑铁卢之战，拿破仑之所以败北，其中很重要的一个原因就是在交战双方筋疲力尽的时候，敌方来了一支生力军而己方的援军因情报未能及时送达而没有赶来增援！

第二次世界大战中的苏德会战也是如此，在双方僵持阶段，德军已无援兵，而苏联从远东调集的几十个师的援军，正是这批后备力量的出现才使得战局扭转。

为了加强资金管理，提高资金使用效益，企业应注重以下几个方面：

一是加强现金流量分析预测。严把现金流出关，保证支付能力和偿债能力。有的企业树立了"钱流到哪里，管理就紧跟到哪里"的观念，将现金流量管理贯穿于企业管理的各个环节，高度重视企业的支付风险和资产流动性风险；严把现金流量的出入关口，对经营活动、投资活动和筹资活动产生的现金流量进行严格管理。

二是建立健全结算中心制度。建立结算中心制度，杜绝多头开户和资金账外循环，保证资金管理的集中统一。下属单位除保留日常必备的费用账户外，统一在结算中心开设结算账户，充分发挥结算中心汇集内部资金的"蓄水池"作用，并使下属单位资金的出入处于集团的严密监管之下，减少银行风险，营造新型的银企关系。

三是推行全面预算管理，严格控制事前、事中资金支出，减少支出的随意性，保证资金的有序流动。建立预算编制、审批、监督的全面预算控制系统。预算范围由过去单一的经营资金计划扩大到生产经营、基建、投资等全面资金预算，由主业的资金预算扩大到包括多种经营、二级核算单位在内的全方位资金预算。计算机网络技术的广泛运用，也为资金的全面预算和及时结算提供了可能，从而使资金的集中管理成为可能。

产业模式：资金是经济发展的第一推动力

随着市场经济的进一步发展，我国经济环境发生了根本性变化，企业经济增长方式由粗放型逐步转向集约型，如何提高经济效益已成为企业一项迫在眉睫的任务。在企业的财务活动中，资金始终是一项值得高度重视的、高流动性的资产。因此，资金管理是企业财务管理的核心内容。

对企业而言，面对不同的社会经济环境，其主导经营手段、发展战略也会有所不同。对于那些已经具有相当规模的企业而言，即使处于不同的发展阶段，资金早已经成为企业竞争的利器和创造利润的源泉。

中国的修船行业，在产业结构上，由中远、中船总南公司和北公司、中海等几家国企集团构成行业"四大"，其余则有多达700多家的中小修船厂，它们共同组成中国修船业"散、乱、差、弱"的总体格局。综合分析，中国修船的深层症结是产业结构问题。任何试图承接世界产业转移机会、做强做大这一产业的业者，首先必须致力于产业结构的改良，而后才可指望经营盈利上的好转。结论就这样出来了：产业整合是这个行业志存高远者的首选战略！

截至2005年初，中远修船产业的发展态势发生了根本性的变化。目前，中远船务工程集团已经由最初的三家修船厂通过并购重组发展成13家子公司，中远船务工程集团是我国最大的修船企业集团，被誉为中国修船业的"航母"。

总结原因，中远投资（新加坡）有限公司在国内拥有的修船厂由3家增至13家，由资本强势带来产业强势，中远船务工程集团初步确立在国内市场领袖地位，全面的产业整合才刚刚拉开序幕，在世界修船产业转移过程中，一个强势民族船务工业正在悄然崛起。

如果一个企业没有资金，或者是资金不足，那么再好的计划、再好的项目，都是空想，再好的投资活动都有可能半途而废。因为，充足的资金是企业经营活动顺利进行的重要保障之一，起着根本性的作用。企业的启动和发展必须靠足够的资金来解决，而不是项目。企业之所以在运转，完全是因为资金在不停地流动。

没有融资能力的计划者，与其说是思想家，倒不如说是空想家、幻想家。因为，任何性质的投资都是用金钱来落实自己的计划，没有资金一切都是痴人说梦。这就是为什么在现实当中那些拥有优秀项目或发展方案的管理者或创业者到最后仍然两手空空的主要原因之一。

充足的资金是企业竞争的最大优势，它不但代表企业实力的雄厚，还代表企业随时有可能完成一个大的动作。何况现实中，企业的竞争在很多同等情况下往往是资金实力决定胜负，而不是管理能力决定胜负，更有甚者，有时候这种情况会直接演变到看哪一方的资金充足而不是哪一方的管理更好，事实难道不是这样吗？

珠海恒通置业是以国有法人股为主的股份公司，主营业务为房地产、航运、高科技、商贸、文化、旅游，公司发展迅速，实力雄厚，意欲在上海选择较大的投资项目。棱光实业是由国营上海石英玻璃厂改制而成的上市公司，它的最大控股股东为上海建材集团，主业为半导体用多晶硅而非建材产品，受整个行业不景气的影响，主营业务利润甚微，经营艰难，其国家股为1879.9万股，占总股本的55.6%，上市流通股数为1100万股，占总股本的32.6%，属沪市中小盘三线股。

1994年4月28日，三家公司协商达成协议，由恒通以每股4.3元的价格受让棱光国有股1200万股，成为棱光实业的第一大股东，占棱光总股本的35.5%。

该项协议收购使恒通获得一条低成本进行资本市场的有效通道，若要在二级市场完成，恒通至少需要花费约2亿元资金，而通过协议受让国有股的方式，只花了1/4的资金。

收购完成后，恒通将通过棱光重点发展电子式电能表，有利于扩大生产规模、提高市场占有率，为其未来的发展打下了良好的基础。建材集团获得5000多万元资金进行资本运营，取得了巨大的效益。恒通与建材集团作为棱光的两大股东，发挥各自的优势和影响力，有利于改善棱光的公司素质、投资结构、产品结构。因此，这种善意收购对于各方均有利。

恒通之所以能够整合成功，是因为他们有很好的战略意识，合理运用控股式兼并，而不是整体式购买，这种兼并使被兼并企业作为经济实体仍然存在，具有法人资格。兼并企业作为被兼并企业的新股东，对被兼并企业的原有债务不负连带责任，其风险仅以控股出资的股金为限。

恒通产业整合取得的成功，简单地说，就是以资本运作为纽带，通过企业控股制兼并、整合企业，增强其核心竞争力；同时，在全球范围内积极寻求战略合作，提高产品的市场占有率和市场份额，增加市场资金流动，最终达到超常规发展的目的。

在产业整合过程中，我们要特别注重资金充裕性，宁可走得慢一些，也要扎实一点。德隆公司的主要问题就在这里，它每年都有超过5亿元人民币以上的资金缺口需要用银行贷款弥补。当然，除此以外，民营企业在

宏观政策面上把握不够的天然局限性，也是一个重要原因。

产业整合在结构上要能取长补短，尤其是在投资节奏的长中短期方面达到平衡。如果长期投资比重过高，就必定会影响资产流动性。因此，充足的资金是企业竞争最大的优势。在现实社会的竞争中，假设企业与企业之间其他情况基本相同，资金实力往往决定了竞争胜负。作为企业的领导层，我们必须要认识到，资金是经济发展的第一推动力。

啄食顺序原则：资金结构安排大有讲究

20世纪八九十年代，一个创业者只要有聪明的头脑和微薄的资金就可以很好地创业，并且在1~3年内就可以收回成本，转向获利。而那些拥有雄厚资金，却不是聪明的人，甚至靠着胡乱地使用资金也同样可以创造丰厚的利润。但是在目前这个完全经济化的社会中，仅仅靠白手起家或小本经营来谋求较大的发展，这样的机会将会越来越少。在现代社会中，只有将能力、技术、知识核算成贡献价值参股到企业中或创业股份，合理的资金结构才能够促进企业更好更快地发展。

在一些发展中国家，支持小资金创业是提高人民平均收入、提高社会就业率、推动社会经济发展的重要力量，很多成熟的大型企业都是由小本创业发展起来的。小资金创业是一个国家整个社会经济发展的春天。然而，过度地采取强制性管制措施、政策手段对小资金创业的发展极为不利，既抑制了小资金创业者的创造成果，也抑制了社会经济的健康发展，这种将许多未来的大企业扼杀在襁褓之中的做法令人痛惜。

金融学上有一个啄食顺序原则，它是基于非对称信息情况下对公司新项目融资决策的研究，讲的就是资金结构的安排艺术。

啄食顺序原则是20世纪60年代初美国哈佛大学教授戈顿·唐纳森最早发现的。他在对企业如何建立资本结构进行的一项广泛调查后，发现企业在安排资本结构时会按照以下次序来进行：

第一，企业内部产生的资金，如留存收益、折旧基金等。

第二，如果有剩余留存收益，会用于购买证券或偿还债务；如果没有足够的剩余留存收益来支持不可取消的投资项目，会出售部分有价证券。

第三，如果需要外部筹资，会首先选择发行债券，然后才是发行股票。

第四，企业留存收益加上折旧，如果能适应资本性支出，那么就会根据未来的投资机会和预期未来现金流，来确定目标股利的发放率。

第五，企业一般会保持现金股利的刚性，尤其是不愿意削减股利让股东感到不满意。

这表明，企业筹资一般都会遵循先内源融资，后银行贷款，然后发行债券，最后才是发行股票这样一种融资顺序，这就是戈顿·唐纳森教授所称的筹资"啄食顺序"。

资金结构安排是资金管理一项重要又容易忽视的内容。《中国证券报》的相关数据统计显示：1997年我国上市公司累计筹资958.86亿元，其中，股权筹资额就占72.5％，1998年、1999年这个比例分别为72.6％和72.3％，而这两年债权融资额的比例则分别为17.8％和24.9％。截至2003年底，上海证券交易所有19家企业债券和13家可转换债券，市价总值为218.64亿元；深交所有9只公司债券和10只可转换债券，市值206.39亿元，占全年证券总市值的1％。研究结果显示：约3/4的企业偏好股权融资，在债务融资中偏好短期债务融资。对比国内外上市公司在这方面的差异，能够更清楚地看出我国企业中存在的问题，我国企业现在的融资顺序偏好与啄食顺序原则不同。

中国企业融资的啄食顺序是：外源融资、内源融资、直接融资、间接融资、股票融资、债券融资。即在内源融资和外源融资中首选外源融资；在外源融资中的直接融资和间接融资中首选直接融资；在直接融资中的债券融资和股票融资中首选股票融资。中国企业融资的啄食顺序正好与西方国家企业的融资啄食顺序相反：内源融资比例低，而外源融资比例高，在外源融资中，股权融资比例高，债券融资比例低。

PART 03
企业缺钱怎么办——每天读点企业融资知识

融资技巧：如何摆脱融资之"难"

近年来，融资难已经成为广受关注的问题。您是否觉得融资对您来说仍毫无关系？如果说您觉得自己根本不需要融资，那您又是否遇到过缺钱急用、需要周转的时候？

其实对"融资"最浅显地解释，就是找钱用。随着经济的发展，利用自己和社会已有的金融资源为自己办事，解决我们所面对的一时之需，已经成为社会规律。无论个人还是企业，在需要用钱或者资金周转时，就要进行融资了。无论是自己的企业面临资金周转问题，还是准备创业却缺少起步资金，您都需要学会如何融资。

在商场中，无论哪类企业，在初始资本金注入以后，后期的资金投入都是相对巨大的。当企业创立以后，马上就会需要有足够的资金来应对支出和业务费用。除非公司股东实力雄厚，否则长时间的生产运营，肯定会需要不少的资金，特别是高新技术类项目，会非常耗费资金。其次，即使产品生产出来了，完成生产和销售也需要很多的现金投入。对于商业服务类企业，且不说服务平台和网络的建设需要一定的先期固定投资，吸引客户、提供服务、完成业务等都需要后续现金投入。特别是在初创阶段，对市场营销的投入将会有非常大的现金消耗。而对于科技型企业来说，大多数企业创始人都不具备雄厚的资金资源，因此向外寻求资金的注入，特别是机构投资人大额资金的注入，是非常关键和必要的。

一次演讲，成就融资百万：

从小在苏北农村长大的王丹玲从小家境贫寒，在亲戚的周济下，王丹玲勉勉强强读到高二，就再也无力读下去了。辍学后的王丹玲随表姐外出打工，她们先后在皮鞋厂当过工人，倒卖过大白菜，而正是这次本该赔本的卖白菜的经历启发了王丹玲，也成了她生意的开始。

由于贫穷，王丹玲对经济有着特殊的敏感，她一直在自学经济学方面的课程，读了许多财富方面的书籍。她的知识积累这次派上了用场。在暂时租借的一家学校的礼堂演讲那天，前来听讲的人爆满整个礼堂。王丹玲激动异常，她讲得声情并茂，台下不时爆发热烈的掌声。

演讲结束后，王丹玲向所有听讲者发了自己的名片，希望能够寻找到合作者。第二天，就有几位有投资意向的人给她打来电话，约她详谈。几经筛选，王丹玲最终选择了一位在市场上倒卖鸡蛋的暴发户。

几个月后，王丹玲有着自己独特创意的"亮脸"公司营业了。

企业既然有融资的需求和必要，融资的时机就成了非常关键的问题。因为，如果融资早了，可能不会有非常显著的效果；而如果融资晚了，资金链随时有断裂的危险，对公司正常的经营会有严重的威胁。在公司不同发展阶段，企业的估值水平也是随时变化的。所以，企业应该选择在能体现最大价值的状态下进行融资。

在确定融资的必要和选定时机后，企业还需要选择融资的方式。目前，通常的融资渠道有股权融资、金融租赁、银行贷款及风险投资等。面对变化的经济形势和行业状态，企业在不同的发展阶

段，对资金有着不同的诉求。因为企业融资不是简单的需要多少钱的问题，成功的企业都是懂得在何时用何种方式达到何种目的的"聪明"企业。

妙计擦鞋收拢巨额投资：

"亮脸"公司开业后蒸蒸日上，王丹玲自是喜上眉梢，"倒蛋大王"更是心花怒放。但是，时隔不久，王丹玲就觉得市场需要如此巨大，而自己的"道场"又实在太小了。她敏锐地意识到必须乘大好时机，扩大规模，走规模经营的道路。

王丹玲把自己的想法告诉"倒蛋大王"，"倒蛋大王"却颇感为难，因为他又玩股票又炒房子，摊子铺得太大，实在无力再出资，他让王丹玲再等等，等手上资金充裕了再作打算，不急在一时。

王丹玲心想："等面包被别人拿光了，你就只能捡一些面包屑吃了。做生意有时候也必须与时间赛跑，与时间赛跑就是与财富赛跑，谁跑得快，谁掘得的金子就越多。"

就在王丹玲一筹莫展的时候，韩国一家公司的中国市场部经理杨经理来南京考察市场，王丹玲闻风而动，决定前往游说。

杨经理是一位久经沙场的老生意人，即使王丹玲侃侃而谈，杨经理仍不为所动。王丹玲有些心灰意冷。临走的时候，王丹玲执意要为杨经理擦一次皮鞋，并笑着说："我在皮鞋厂打过工，跟一位老师傅学了一手擦鞋的手艺。我招进来的每一位员工，我都会为他们擦一次鞋。"

杨经理还是不解："可我不是你们公司的员工。"

王丹玲说："对待合作伙伴和可以成为合作伙伴的朋友，我都会为他擦一次鞋，只一次。生意归生意，朋友归朋友，想真正在一起合伙捡金子，首先要成为真诚的朋友。为朋友擦一次鞋，就算是一片诚意和见面礼了，没什么丢颜面的？"

其实，王丹玲当时也只是死马当活马医，一时突发奇想，想出擦鞋这一令她自己也有些哭笑不得的一招。没想到这次临场发挥，拉近了她与杨经理的距离。

半个月以后，杨经理陪同公司总部的老总登门"拜访"，王丹玲喜出望外，向这位老总捧出了自己的计划书。

时隔不久，杨经理带来好消息，韩国总部认为王丹玲是一位有能力有潜力并且值得信赖的合作伙伴，决定投资1500万元。

现在，王丹玲的"亮脸"公司正在呈遍地开花之势奋力发展。昔日的农家女早已脱胎换骨，成了远近闻名的"金凤凰"。

融资除了能解决资金问题外，还有一个功能就是引进战略投资人，优化企业的股权结构和治理结构。对于大部分企业来说，机构投资人能够带给企业的不仅会是强大的资金资源，更会在公司治理、行业整合、业务拓展等方面有全方位的支持。

在正常情况下，一个人有个好主意，大家都可以来投资，结果就是大家都可以发一笔财。但是如果"各人自扫门前雪，不问他人瓦上霜"的思想太过于浓厚的话，富裕的很可能只是一小部分人。在融资过程中，企业要放开，要懂得融资，个人也要放开，要敢于投资。而这里面存在一个很大的问题，那就是信任。可以说，信任也是融资中的一个制胜技巧。因为，如果大家对张三和李四这个人都信不过，那无论他开的是餐馆还是物流公司，他的想法多么新颖，也不会有人敢向他们的公司投资。

制定融资策略：找钱之前必修课

金融市场就是一片广阔的大海，它不可能始终风平浪静，它总是变幻莫测，暗潮汹涌。但是它最大的优势就在于，可以实现资金需求者与资金供给者的直接交流、沟通、交易，也就是金融学上所说的直接融资；而如果资金需求者与资金供给者是通过银行类金融机构来间接发生联系的话，那就叫作间接融资。

在进入金融市场前，你就必须认清一个事实，那就是：投资有风险，入市需谨慎。这句看似简单的话却有着无穷的含义，如果你不愿意承担风险，却还幻想着能够得到高收益，那你就可能是守着乌托邦的幸福，只能无功而返。

在进行融资之前，我们必须了解融资，根据企业自身的特点，制定自己的融资策略，帮助企业早日融资成功，促进企业发展。

1.无形资产资本化策略

企业进行资本运营，不仅要重视有形资产，而且要善于对企业的无形资产进行价值化、资本化运作。一般来说，名牌优势企业利用无形资产进行资本化运作的主要方式是，以名牌为龙头发展企业集团，依靠一批名牌产品和企业集团的规模联动，达到对市场覆盖之目标。

2.特许经营中小企业融资策略

现代特许经营的意义已超越这一特殊投资方式本身，并对人们经济和文化生活产生重大的影响。特许经营实际上是在常见的资本纽带之外又加上一条契约纽带。特许人和受许人保持各自的独立性，经过特许合作共同获利。特许人可以以较少的投资获得较大的市场，受许人则可以低成本地参与分享他人的投资，尤其是无形资产带来的利益。

3.交钥匙工程策略

交钥匙工程是指跨国公司为东道国建造工厂或其他工程项目，当设计与建造完成并初步运转后，将该工厂或工程项目的所有权和管理权的"钥匙"，依照合同完整地"交"给对方，由对方开始经营。

交钥匙工程是在发达国家的跨国公司向发展中国家投资受阻后发展起来的一种非股权投资方式。另外，当它们拥有某种市场所需的尖端技术，希望能快速地大面积覆盖市场，所能使用的资本等要素又不足时，也会考虑采用交钥匙工程策略。

4.回购式契约策略

国际回购式契约经营，实质上是技术授权、国外投资、委托加工，以及目前仍颇为流行的补偿贸易的综合体，也被称为"补偿投资额"或"对等投资"。

这种经济合作方式，一般说来是发达国家的跨国公司向发展中国家的企业输出整厂设备或有专利权的制造技术，跨国公司得到该企业投产后所生产的适当比例的产品，作为付款方式。投资者也可以从生产中获得多种利益，如机器、设备、零部件及其他产品的提供等。

5.BOT中小企业融资策略

BOT（建设——运营——移交）是一种比较新的契约型直接投资方式。BOT中的移交，是BOT投资方式与其他投资方式相区别的关键所在。契约式或契约加股权式的合营，指投资方大都在经营期满以前，通过固定资产折旧及分利方式收回投资，契约中规定，合营期满，该企业全部财产无条件归东道国所有，不另行清算。而在股权合资经营的BOT方式中，经营期满后，原有企业有条件地移交给东道国，条件如何，由参与各方在合资前期谈判中商定。独资经营的移交也采用这种有条件的移交。

6.项目中小企业融资策略

项目中小企业融资是为某一特定工程项目而发放的一种国际中长期贷款，项目贷款的主要担保是该工程项目预期的经济收益和其他参与人对工程修建不能营运、收益不足，以及还债等风险所承担的义务，而不是主办单位的财力与信誉。

项目中小企业融资主要有两种类型：一是无追索权项目中小企业融资，贷款人的风险很大，一般较少采用；二是目前国际上普遍采用的有追索权的项目中小企业融资，即贷款人除依赖项目收益作为偿债来源，并可在项目单位的资产上设定担保物权外，还要求与项目完工有利害关系的第三方当事人提供各种担保。

7.DEG中小企业融资策略

德国投资与开发有限公司（DEG）是一家直属于德国联邦政府的金融机构，其主要目标是为亚洲、非洲和拉丁美洲发展中国家及中、东欧体制转型国家私营经济的发展提供帮助。DEG的投资项目必须是可盈利的，符合环保的要求，属于非政治敏感性行业，并能为该

国的发展产生积极的影响。

8.申请世界银行IFC无担保抵押中小企业融资策略

世界银行国际金融公司（IFC），采用商业银行的国际惯例进行操作，投资于有稳定经济回报的具体项目。现在主要通过三种方式开展工作，即向企业提供项目中小企业融资、帮助发展中国家的企业在国际金融市场上筹集资金及向企业和政府提供咨询和技术援助。IFC通过有限追索权项目中小企业融资的方式，帮助项目融通资金。IFC通过与外国投资者直接进行项目合作、协助进行项目设计及帮助筹资来促进外国在华投资。

9.中小企业融资租赁策略

中小企业融资租赁是指：出租人根据承租人的请求及提供的规格，与第三方（供货商）订立一项供货合同，出租人按照承租人在与其利益有关的范围内所同意的条款，取得工厂、资本货物或其他设备（以下简称设备），并且出租人与承租人订立一项租赁合同，以承租人支付租金为条件授予承租人使用设备的权利。

10.成立财务公司策略

根据我国现行金融政策法规，有实力的企业可以组建财务公司，企业集团财务公司作为非银行金融机构的一种，可以发起成立商业银行和有关证券投资基金、产业投资基金。申请设立财务公司，申请人必须是具备一系列具体条件的企业集团。

财务公司可以经营：吸收成员单位的本、外币存款，经批准发行财务公司债券，对成员单位发放本、外币贷款，对成员单位产品的购买者提供买方信贷等，中国人民银行根据财务公司具体条件，决定和批准的业务。

11.产业投资基金策略

投资基金是现在市场经济中一种重要的中小企业融资方式，最早产生于英国，发展于美国。目前，全球基金市场总值达3万亿美元，与全球商品贸易总额相当。进入20世纪90年代以来，利用境外投资基金已成为我国利用外资的一种新的有效手段。

投资基金的流通方式主要有两种：一种是由基金本身随时赎回（封闭型基金）；另一种是在二级市场上竞价转让（开放型基金）。

12.重组改造不良资产商业银行策略

银行在我国可以算是特殊的政策性资源，企业完全可以抓住机会以银行资产重组的形式控股、兼并、收购地方性商业银行。银行资产重组，根据组织方式和重组模式的不同，可分为政府强制重组、银行自主重组；重组的措施可以是资产形态置换和现金购买。总之是力求控股银行，对控股银行进行股份制再改造，申请上市和开设国内外分行，筹措巨额资金以支持业内企业的发展，形成实质上的产业银行。

13.行业资产重组策略

资产重组是通过收购、兼并、注资控股、合资、债权转移、联合经营等多种方式，对同行业及关联行业实现优势企业经营规模的低成本快速扩张，并迅速扩大生产能力和市场营销网络。

14.资产证券化中小企业融资策略

资产证券化是传统中小企业融资方法以外的最新现代化中小企业融资工具，能在有效地保护国家对国有企业和基础设施所有权利益和保持企业稳定的基础上，解决国有大中型企业在管理体制改革中面临的资金需求和所有制形式之间的矛盾。

15.员工持股策略

目前，我国股份公司发行新股，为了反映职工以往的经营成果，可以向职工发行职工股。该公司职工股的数额不能超过发行社会公众股额度（A股）的10%，且人均不得超过5000股；这部分公司职工股从新股上市之日起，期满半年后可上市流通。在公司上报申请公开发行股票材料时，必须报送经当地劳动部门核准的职工人数和职工预约认购股份的清单，中国证券监督管理委员会将进行核查，以后企业公开发行股票时有可能不再安排公司职工股份额。

融资成本：融资不能病急乱投医

融资是一种技术，更是一种艺术。对于融资企业而言，最重要的两件事：第一，是要认清自己，明确自己的定位；第二，就是结合自己的定位，找到合适的金融工具或者金融工具的组合。而在融资之前，企业不得不考虑一个重要的因素，那就是融资成本。

2011年，多家银行公布了赴香港发行人民币债的计划，累计赴港发债的规模达到800亿左右。赴港发行人民币债券是指境内金融机构依法在香港特别行政区内发行的、以人民币计价的、期限在1年以上按约定还本付息的有价证券。

从近几年赴港发债的几家银行来看，数量并不大，频率也不高；截至目前，境内银行累计在香港发行人民币债券，总融资额为460亿元人民币。

业内人士认为，"低成本发行的环境是多家银行选择赴港发债的重要原因"。根据北京银行发布的公告称，根据以往发行情况，在港发行人民币债券的利率较同期境内金融债券的利率低平均约65bps。其中2008年8月进出口银行发行的香港人民币债券和境内金融债券的发行利差更是达到了130bps，融资成本优势明显。

融资成本是资金所有权与资金使用权分离的产物，其实质是资金使用者支付给资金所有者的报酬。由于企业融资是一种市场交易行为，有交易就会有交易费用，资金使用者为了能够获得资金使用权，就必须支付相关的费用。例如，委托金融机构代理发行股票、债券而支付的注册费和代理费，向银行借款支付的手续费等。企业融资成本实际上包括两部分，即融资费用和资金使用费。融资费用是企业在资金筹资过程中发生的各种费用；资金使用费是指企业因使用资金而向其提供者支付的报酬，如股票融资向股东支付股息、红利，发行债券和借款支付的利息，借用资产支付的租金等。

2011年上半年，上海中小企业利润增长趋缓，部分企业利润持平或下滑，甚至面临亏损停产。国家统计局上海调查总队发布对部分区县中小企业当前经营状况的调查报告。调查显示，奉贤区半数以上的受访企业利润总额同比下降或亏损；青浦区受访的29家企业中，有18家企业表示盈利空间受一定程度挤压。

融资

融资资本计算

债务融资成本计算

股权融资成本计算

　　大部分企业反映，今年央行三次加息，银行资金管制力度加大，进一步推高了中小企业融资成本和贷款难度。青浦区有部分企业表示今年融资成本明显上升。闵行区也有一些企业表示从银行贷款比较困难。浦东新区张江高科技园区的企业反映，目前银行贷款利率上升，企业贷款成本已达贷款额的11%以上，即使部分企业有贴息项目（贴息2%）也要9%以上。

　　在融资成本的构成中，除了财务成本外，企业融资还存在着机会成本或称隐性成本。此外，另一个重要的因素是企业外在环境的变化和内在业务发展的状况都会影响企业融资的成本。

　　融资成本不仅对中小企业至关重要，它也是上市公司进行再融资方式选择时考虑的重要方面，公司的融资偏好在很大程度上取决于债券融资和银行贷款、股权融资成本的对比。下面我们就来看一看不同融资成本是如何计算的。

　　在公司资本成本的计量方面，从20世纪90年代以来，西方公司财务研究基本上认可了资本资产定价模型（CAPM）在确定经过风险调整之后的所有者权益成本中的主流地位。在借鉴相关研究的基础上，顾银宽等（2004）建立了中国上市公司的债务融资成本、股权融资成本和融资总成本的计量模型或公式。

1.融资资本的计算

　　融资资本包括债务融资资本和股权融资资本，DK代表债务融资资本，EK代表股权融资资本，则分别有：

　　DK=SD1+SD2+LD

　　其中：SD1代表短期借款，SD2代表一年内到期的长期借款，LD代表长期负债合计。

　　EK=EK1+EK2+EK3+EK4+EK5+ER1+ER2

　　其中：EK1代表股东权益合计，EK2代表少数股东权益，EK3代表坏账准备，EK4代表存货跌价准备，EK5代表累计税后营业外支出，ER1代表累计税后营业外收入，ER2代表累计税后补贴收入。

2.债务融资成本的计算

　　对上市公司来说，债务融资应该是一种通过银行或其他金融机构进行的长期债券融资，而股权融资则更应属长期融资。根据大多数上市公司募集资金所投资项目的承诺完成期限为3年左右。因此，可以将债务融资和股权融资的评估期限定为3年。以DC代表债务融资成本，则DC可直接按照3~5年中长期银行贷款基准利率计算。

3.股权融资成本的计算

股权融资成本Ec必须根据资本资产定价模型（CAPM）来计算。CAPM模型就是：

$$ri=rf+\beta i（rm·rf）$$

其中：ri为股票i的收益率，rf为无风险资产的收益率，rm为市场组合的收益率，βi代表股票i收益率相对于股市大盘的收益率。

4.融资总成本的计算

上市公司的总成本是债务融资与股权融资成本的加权平均，即有：

$$C=DC*（DK/V）*（1-T）+EC*（EK/V）$$

其中：C代表融资总成本，T代表所得税率，V代表上市公司总价值，并且有：

$$V=E+Ds+DL$$

其中：E代表上市公司股票总市值，Ds代表上市公司短期债务账面价值，DL代表上市公司长期债务账面价值。

通常情况下，企业所处行业的景气程度提高，同行业领头企业的成功融资，或者同行业上市企业的优异表现等，都会对提升企业的价值有着或多或少的作用。而企业内部业务的发展、技术的突破、产品的试制成功等也都可以实质性提升企业的价值。融资对企业来讲是生存的基础，也是持续发展的基础，但融资确实也给企业带来风险。企业能否获得稳定的资金来源、及时足额筹集到生产要素组合所需要的资金，对经营和发展都是至关重要的。因此，企业方应该审时度势，未雨绸缪，更好地帮助企业发展。

债券融资：拿别人的钱为自己办事

债券融资，又叫债务融资，是指企业通过借钱的方式进行融资，债权融资所获得的资金，企业首先要承担资金的利息，另外在借款到期后要向债权人偿还资金的本金。债权融资的特点决定了其用途主要是解决企业营运资金短缺的问题，而不是用于资本项下的开支。

债券是企业直接向社会筹措资金时，向投资者发行、承诺按既定利率支付利息并按约定条件偿还本金的具有法律效力的债权债务凭证。

债券发行人就是债务人，投资者为债权人，二者之间是一种债务债权关系。企业通过发行公司债券达到融资目的，这是直接融资的一种有效形式。发行债券所融得的资金期限较长，资金使用自由，购买债券的投资者无权干涉企业的经营决策，现有股东对公司的所有权不变，债券的利息还可以在税前支付，并计入成本，具有"税盾"的优势。因此，发行债券是许多企业愿意选择的融资方式。

某房地产开发企业，项目总投资1亿元，自有资金3000万元，银行未偿还贷款5000万元，以企业名下物业（评估值1亿元）作抵押。尚需要借款1亿元，勇于偿还银行到期贷款并完成项目建设工程（因为银行借款未还，且已经展期，因此，不能从银行再贷款，只能寻求其他融资渠道）。最后，这家房地产开发企业从一个金融公司融资，金融公司先偿还了5000万元银行借款，同时物业重新作抵押登记，再借出5000万元为其完成项目后期施工。

目前，我国债券市场规模偏小，品种单一，有待于进一步完善。

债券融资具有一定的风险性，企业要规避风险，就必须寻求一个有利于债券发行的时机。

企业确定债券发行的时机需要考虑企业负债水平、融资预期收益，以及国家的宏观经济环境等因素。

国际对企业资产负债率的考察标准为最高不

超过50%。因为，企业负债一旦超过了这一界线，就容易发生财务危机。因此，企业应选择在负债率较低的时机发行债券，并进行融资收益预期，如果预测收益前景乐观，发行债券融资就是企业的最优方案；反之，企业就没有必要发行债券了。债权融资，相对股权融资面对的风险较简单，主要有担保风险和财务风险。作为债权融资主要渠道的银行贷款一般有三种方式：信用贷款、抵押贷款和担保贷款，为了减少风险，担保贷款是银行最常采用的形式。

企业应根据自己的经营状况、资金状况及所具备的条件，决定本企业的举债结构，并随时间及企业经营状况的变化随时调整这一举债结构。

大冶有色金属集团控股有限公司（下称公司）于2010年经国家发改委批准发行7亿元、8年期的公司债，简称"10大冶有色债"。在2009年国家有色金属行业振兴规划出台的背景下，公司作为中国五大铜原料基地之一，通过发行公司债券募集资金，将资金主要投入国家产业政策鼓励的铜冶炼节能减排改造和矿山深部开采等关系公司发展后劲的项目上，有利于公司贯彻执行国家产业政策，及时筹措资金满足公司重点项目建设需求。

要了解债券融资方式，我们先来看看债券融资的特点：

其一，发行债券的期限长短不限，由债务人自行确定。

其二，购买企业债券的投资者不得过问企业生产经营决策。这意味着企业所有权不受任何影响，不像股票那样分散股东对公司的控制权，它有利于保持企业的控制权。

其三，债券利息也是固定的，企业可从税前利润支付。当企业举债经营所获得的投资报酬率高于债券利率时，举债越多，对企业越有利。

由于公司企业信誉一般要比商业银行信誉低，因此，与银行贷款相比，发行债券融资成本较高，发行债券融资的风险性较大，到期还本付息会对企业构成较重的财务负担。一旦违约，企业就有遭遇倒闭破产的可能。但是企业发行债券融资也能够在一定程度上弥补股票融资和向银行借贷的不足。

然而，公司债券不是能够随随便便发行的，企业必须符合一定的条件才能够发行。企业要发行债券融资，必须有良好的生产经营状况，有连续3年的盈利记录，而不能因为生产经营发生亏损才想起发行债券融资。

债券的发行并非多多益善，受资金的限制，债券的发行是有数量限制的，企业需计算成本，融集资金如果不用就意味着浪费。

企业发行债券必须有担保，这是发行的重要条件之一。企业用自己的固定资产作抵押，或者让一家有一定资金实力的公司作为第三方保证担保。对于投资者而言，担保可以增加投资安全性，减少投资风险，使债券更具吸引力。当然，并不是说具有担保的债券就一定安全，只是相较于无担保债券风险要小一些。

企业如何选择发行价格，这不是由企业管理层单方面决定的，而是要根据市场情况来决定。债券发行价格主要有平价发行、溢价发行、折价发行三种。一般而言，公司根据自身的情况来选择贷款的种类，对于资金量需求大的、市场利率趋高、债市发达的企业来说，适合发行中、长期债券；反之，则应以短期债券为主。在偿还时，偿还期限越长，公司需支付的利息就越多。因此，公司应从资金需要的各个阶段、未来市场利率的趋势、证券市场流通程度等各方面因素进行综合分析，确定债券偿还期限。

债券融资因为自身的特点，使得企业在使用这笔通过发行债券融到的资金时，仍有一些限制。例如，不得用于弥补生产经营亏损和非生产性支出，不得用于炒作股票、房地产，以及进行高风险的期货交易等与企业生产经营无关的风险性投资。

目前，中小企业普遍反映融资难，债券融资作为融资的一种金融工具和渠道，现行发行债券的法律法规和政策的夹击下仍面临着不利的局面，中小企业只有深入研究掌握债券发行的知识，才能充分利用这一自主便捷的融资工具为自身服务。

股权融资：上市公司以权力换资金

股权融资一直是企业融资的主要方式之一，也是证券公司投资银行业务最重要的收入来源之一。

股权融资是指企业的股东愿意让出部分企业所有权，通过企业增资的方式引进新的股东的融资方式。股权融资所获得的资金，企业无须还本付息，但新股东将与老股东同样分享企业的盈利与增长。

投资银行的股权融资业务主要是帮助融资方公开或非公开发行股票筹集

资金，并为其提供发行前的股份制改造，以及证券产品设计、定价、寻找投资者、路演及承销等方面的服务。

股权融资按融资的渠道来划分，主要有两大类，公开市场发售和私募发售。所谓公开市场发售就是通过股票市场向公众投资者发行企业的股票来募集资金，包括我们常说的企业的上市、上市企业的增发和配股，都是利用公开市场进行股权融资的具体形式。所谓私募发售，是指企业自行寻找特定的投资人，吸引其通过投资人入股企业的融资方式。因为，绝大多数股票市场对于申请发行股票的企业都有一定的条件要求。例如，我国对公司上市除了要求连续3年盈利之外，还要企业有5000万的资产规模。因此，对大多数中小企业来说，较难达到上市发行股票的门槛。私募成为民营中小企业进行股权融资的主要方式。

某民营企业是由国企改制而成的，改制后有超过两年完整的经营记录，发展也比较顺利。2004年该企业的净利润超过人民币2000万元，2005年净利润超过3000万元。2005年净资产约7500万元人民币。企业产品销售市场稳定，其中60％的产品出口国外。后来该企业为了提升生产能力，降低生产成本，从而增强盈利能力，计划购入约5000万元生产设备，并确定引进策略投资者以股权投资方式解决购买设备所需资金。

这家企业联系了一个大型金融公司，经过一轮接洽，最终确定操作性最可行的香港某投资机构，投资者先后对企业进行了多次实地考察，并进行市场等多方面的分析后，最终签订了投资意向书。随后投资者对该公司进行投资前的尽职调查，包括财务方面及法律方面的尽职调查，这方面的工作，投资者聘请了境外的会计师及律师来完成。由于该公司前期进行了充分的准备，尽职调查工作进展顺利，结果满意。在专业机构调查报告结果正确的基础上，投资者很快决定了对该公司的股权投资，以5000万元港币投资占该公司约30%的股权。在投资完成后，该公司正在为下一步申请直接上市作准备。

这是一次完整的股权融资过程，这样的案例并不少见，股权融资已经成为很多企业的融资选择。如果没有股权融资，四川长虹集团不可能发展成为中国的彩电大王；如果没有股权融资，青岛海尔也不可能成为海内外享有盛誉的特大型、多元化、国际化企业集团。这就是股权融资的神奇之处，从全国投资者手中汇集大量资金，扶植企业更好更快地发展。

然而，在股权融资的过程中，也有很多企业管理者，因为忙于融入资本，就没有过多地考虑企业的控股权，结果最后被人扫地出门。例如，点击科技的王志东在创办点击科技前，曾创办新浪网，由于在中小企业融资过程中，股权释放过快，导致由创始人变成小股东，最后在与投资方意见不合时，又被投资方一脚踢出了新浪网，给王志东的心灵造成了很大的伤害。之后中国企业网创始人张冀光又是另一个例子，1998年，张冀光创办中国企业网，1999年9月被当时中国数码收购80%的股份。中小企业融资后，张冀光担任总经理，对方另派一人担任董事长。结果，张冀光后来还是不得不离开了自己一手创办的中国企业网。但是，在争夺创业控制权方面，也有一个非常成功的例子，那就是当当网的李国庆及其团队，利用奇妙的战术，达成了自己绝对控股当当网51%的心愿。

当当网成立于1999年底，在国内互联网公司大多还处于泡沫破火，大赔其钱，投资者看不到胜利希望的时候，李国庆及其团队异常团结，大家同进同退，取得了最后胜利。

2003年6月，当公司全面盈利已经成为现实的时候，李国庆向当当网的三大原始股东IDG（美国数据集团）、卢森堡剑桥、日本软银提出要股东奖励创业股份的要求，希望将增值部分的50%分给管理团队作为奖励，但是这一计划遭到了三大原始股东的强烈反对，认为李国庆要价太高。李国庆当即采取了一个措施，马上宣布将另起炉灶，做一个与当当网竞争的公司，并随即将这一消息广泛传播，让对方觉得"此事已定，没有商量"。

2003年10月28日，所有当当网的员工、IDG投资及中国国内一些企业高层都收到了一封题为《我的感谢以及任期》的电子邮件。由于当当网系由李国庆与其创业团队一手做起来的，三大原始股东一直并未插手经营，对网上书店不熟悉，李国庆突然宣布辞职，三大原始股东来不及安排人接班，也没有时间来学习。首先在意志上打击和动摇了对手。其次，当时正有美国的老虎基金也看好当当网的前景，准备加入。老虎基金也不希望李国庆带领团队离开当当另起炉灶，与当当展开竞争。李国庆就是利用了这一有利形势，推动老虎基金出面与当当网的三大原始股东谈判，最后达成协议，由老虎科技基金出面，向三大原始股东购买一部分当当网的股份，转而赠给李国庆及其管理团队。

2003年12月31日，协议正式签署，三方各自获利，李国庆以当当网的核心竞争力（团队）为筹码，并通过巧妙地运作，终于赢得了这场与资本方的博弈，实现了其"视王志东为榜样却坚决不愿成为王志东第二"的誓言。

1602年，第一个股票交易所在阿姆斯特丹建立。之后，无数的公司经过投资银行这个"接生婆"登陆证交所，成为公众持股的上市公司。截至2009年，纽约证交所上市公司达到4000余家，纳斯达克交易所上市公司约5000家，伦敦证交所上市公司约3200家，我国上海交易所和深圳交易所上市公司近1900家。这些公司在各个行业内都处于领军地位，它们都是以权力换资金，而投资银行在这些公司的上市过程中起到了关键性的作用。合理运用股权融资，可以帮助企业取得良好的发展，但是如果忽略了企业的控股权，后果也将不可估量。

金融租赁：借鸡下蛋，卖蛋买鸡

曾经看过这样一首称赞金融租赁的诗：
租赁业务万花筒，法规定义各不同。
概念混淆捆手脚，吃透概念显神通。
知识密集有挑战，实践经验炼真功。

现代租赁大发展，经济腾飞攀高峰。

租赁并不是一个新兴行业，它是一个较为古老的行业。金融租赁是指由出租人根据承租人的请求，按双方的事先合同约定，向承租人指定的出卖人购买承租人指定的固定资产。在出租人拥有该固定资产所有权的前提下，以承租人支付所有租金为条件，将一个时期的该固定资产的占有、使用和收益权让渡给承租人。

150年前的伦敦东部地区，煤矿已经采用租赁的方式从制造商处获得烧煤的机车，当时人们普遍采用的方式是签订以星期为单位的租赁，并将其展期至数年。实际上，这已经初步具备了现代融资租赁的雏形。

但是，真正现代意义上的融资租赁产生于美国。在大西洋彼岸的美国，租赁业务从19世纪中后期开始也有很大的进步，1877年美国贝尔电话公司向企业和个人出租电话机。电话租赁业务得到普及；19世纪末，美国联合制鞋公司向制鞋商出租制鞋机等。

第二次世界大战以后，世界经济开始复苏，由于国际竞争加剧，制造商降低成本的要求非常迫切。而当时的美国经济也面临着从战时的军工生产向民用工业转变。但是美国政府的金融紧缩政策，使大多数企业很难筹措到资金。在这种情况下，出现一种不依靠自有资金和借款即可引进设备的机制也就变得顺理成章了。

1952年，美国加利福尼亚州一家小型食品加工厂的经理亨利·斯克费尔德，因没有资金更新陈旧的带小型升降机的卡车，便考虑以每月125美元的代价租用卡车，并和经纪人达成了协议。

据此，亨利·斯克费尔德产生了建立租赁公司的设想，并向一家商会的负责人提出了建议。正好该商会当时正准备引进价值50万美元的新设备，但又不想为此一次性支付全部购买款项。于是，双方动员了一些支持者，共同努力提出了租赁方案，并成功地从美国银行获得了约50万美元的贷款，作为出租给该商会设备的购入资金。

由于此次交易非常成功，1952年，亨利·斯克费尔德创建了美国租赁公司，其主营业务是根据顾客的需要从其他制造商处购进设备，再租赁给顾客。这样，既解决了顾客尽早利用机器设备的问题，也解决了顾客资金不足、难以一次性付款的难题。亨利的公司被公认为是世界上第一家现代意义的融资租赁公司。

金融租赁实质是依附于传统租赁上的金融交易，是一种特殊的金融工具。一般分为三类，分别是直接融资租赁、经营租赁和出售回租。在金融租赁过程中，由于租赁物件的所有权只是出租人为了控制承租人偿还租金的风险而采取的一种形式所有权，在合同结束时仍需要转移给承租人，因此，租赁物件的购买由承租人选择，维修保养也由承租人负责，出租人只提供金融服务。

租金计算原则是：出租人以租赁物件的购买价格为基础，按承租人占用出租人资金的时间为计算依据，根据双方商定的利率计算租金。

在整个过程中，金融租赁的完成需要几个关键要素，它们分别为：承租方主体、出租方主体、期限、租赁标的。而随着市场的发展和需求的多样性，金融租赁的表现形式已经丰富多样，出现了许多新式的租赁服务，比如回租、委托租赁、转租赁、合成租赁、风险租赁等。但总体来讲，不外乎两种基本的模式，一种是出租方将标的物购买后移交承租方使用；另一种则是将购买标的物的资金以类似于委托贷款的方式交给承租方，由租赁方购买既定的标的物。而通过金融租赁实现融资的基本特征在于承租方的最终目的是取得标的物的所有权。

因此，金融租赁的期限一般也是有限制的，通常会接近标的物的使用寿命。在相对成熟的金融租赁市场中，这个期限一般界定为设备使用寿命的

75％，而从租金的总额度上来看，也会接近标的物的购买价格，通常界定为购买价格的90％，或者双方约定在期满后承租人某种方式获取标的物的所有权。

2004年4月初，在沪上金融租赁公司新世纪金融租赁有限责任公司的成功运作下，全国首个房地产"售后回租+保理"融资项目正式签约——沪上一家大型房地产公司将其拥有的海南一家著名大酒店出售给金融租赁公司，并签订了5年的"售后回租"合同；金融租赁公司又与一家股份制商业银行签订"国内保理业务"合同，将房地产售后回租形成的租金应收款卖给银行，房地产公司一次性完成融资金额高达6亿元。

金融租赁在融资过程中的重要作用，正体现了这样几个特征：第一，可以获得全额融资；第二，可以节省资本性投入；第三，无须额外的抵押和担保品；第四，可以降低企业现金流量的压力；第五，可以起到一定的避税作用；第六，从某种意义上来说，可以用作长期贷款的一个替代品。

融资租赁将金融与产业更有效地结合起来，在金融日益产业化和产业日益金融化的今天，融资租赁不应该仅仅是一种可有可无的修饰和点缀，而应该承担更大的责任。金融租赁适用的范围也非常广，对于企业来说，从厂房、设备、运输工具，甚至软件、信息系统都可以适用，无论是大型的国有企业、医院，还是中小型的企业，都可以采用金融租赁的方式。

目前全球近1/3的投资是通过金融租赁的方式完成的。在美国，固定资产投资额度的31.1％由租赁的方式实现，加拿大的比例是20.2％，英国为15.3％。下面就让我们来看一看金融租赁对于企业发展到底具有哪些好处：

其一，经营租赁融资，可以实现表外融资，保持合理负债。收入支出匹配，均衡企业利税。租赁融资不是"高利贷"，是企业均衡税负，持续发展的新型融资机制。

其二，多种渠道融资，改善财务结构。减少支付压力，改善现金流量。

其三，设备租赁管理，集中扣税资源。减少机会成本，追求服务便利。

其四，资产变现筹资，企业滚动发展。实现税前还贷，避免资产损失。

员工持股制：让员工做企业的主人

ESOP（Employee Stock Ownership Plans，ESOP），又称公司职工持股计划，是指由企业内部员工出资认购本企业部分股权，委托一个专门机构（如职工持股会、信托基金会等）以社团法人身份托管运作，集中管理，并参与董事会管理，按股份分享红利的一种新型股权安排方式。

ESOP是一种由企业员工拥有本企业产权的股份制形式，包括两种方式：非杠杆型ESOP和杠杆型ESOP。非杠杆型ESOP指实行员工持股计划的过程中，不依赖于外部资金的支持，主要采取股票奖金或者是股票奖金与购买基金相结合的方法予以解决。杠杆型ESOP（LESOP），通常由公司出面以LESOP所要购买的股票作为抵押，向商业银行或其他金融机构融资，所得款项用于购买股票，只有在LESOP定期利用公司的捐赠偿还本金和利息时才能逐步、按比例将这部分股票划入员工的私人账户。

改革开放以来，随着我国经济体制的改革，我国也有一部分企业开始学习欧美地区关于成熟员工持股（ESOP）的经验，将部分股权转让给内部企业员工。员工持股不仅仅是将企业财富分配给企业员工，也是将员工的命运与企业的市场竞争力捆绑在一起。我们都知道，工资和奖金是激励员工的一项最基本手段。通过员工持股的形式来增加企业的凝聚力，让员工做企业的主人，以达到企业发展的最佳效果。

上海浦东大众出租汽车股份有限公司是全国出租汽车行业的第一家股份制企业，是由上海大众出

一起走向未来发展

租汽车公司（后改制为股份有限公司）、上海煤气销售有限公司、交通银行上海浦东分行等单位共同发起，公开募集股本组建的，公司于1991年12月24日成立，于1993年3月4日正式挂牌在上海证券交易所上市。

上海浦东大众出租汽车股份有限公司的总股本为25896.78万股，其中有流通股11509万股，占总股本的44.44%。总资产7.1亿元，没有对外负债。年营业收入1.90亿元，年总利润为1.09亿元（1997年的财务数据）。公司目前拥有出租汽车1000多辆，是浦东新区客运行业的骨干企业之一。公司主营业务有汽车客运、汽车配件销售、房地产开发、商务咨询等。下属企业有上海浦东大众出租汽车配件公司、上海浦东房地产发展有限公司、上海浦东大众公共交通有限责任公司、上海久企贸易交通有限责任公司、上海久企贸易实业公司、上海发发出租汽车公司、上海浦东大众长途客运公司、上海浦东大众快餐公司。

1997年9月18日，上海浦东大众出租汽车股份有限公司职工持股会暨首次会员大会召开，标志着浦东大众职工持股的正式运作。

职工持股会会员2800余人，持有上海大众企业管理有限公司90%的股份，股份总额为6800万股，每股1元。而上海大众企业管理有限公司通过股权转让方式受让浦东大众法人股2600万股，每股受让价格为4.30元，持有浦东大众总股本20.08%股权，成为浦东大众的最大股东，拥有了浦东大众的管理权。因此，浦东大众职工持股会直接持有上海大众企业管理有限公司90%的股权，间接持有浦东大众20.08%的股权。持股会通过上海大众企业管理有限公司对浦东大众具有间接影响。

在浦东大众，股东大会是最高权力机构。但由于上海大众企业管理有限公司掌握了企业的控制权，而职工持股会又是上海大众企业管理有限公司的最高权力机构，因此，职工持股会相当于浦东大众的第二个法人治理机构。职工持股会的代表要进入董事会、监事会，参与决策、决算和监督，以从根本上改变决策者不负经济责任的状况。

上海浦东大众出租汽车股份有限公司之所以建立职工持股会，也是有自己的考虑的。让劳动者成为有产者，确立职工的主人翁地位，使企业与员工真正成为利益的共同体，减少企业与员工之间的利益矛盾，强化了企业内部的监督机制，改变企业的治理结构。

在我国竞争激烈的严峻形势下，中小企业面临着生存困难的问题。大型企业的低价排挤，使得中小企业往往坚持不了多久就面临倒闭的绝境。但是如果通过内部融资，以入股的形式进行融资，这样，公司流动资金自然就会增加，无形中增加了公司设备的投入，厂房也扩大了。

唐村实业有限责任公司的前身是唐村煤矿，始建于1958年，是兖州矿业（集团）有限责任公司建矿最早和第一家进入衰老期的矿井，1991年经政府批准注销了生产能力。同所有的资源型企业一样，在结束了鼎盛期后，矿区陷入了困境，企业连续6年严重亏损，人心思走，以煤矿生产维系的小社会难以为继。为摆脱困境，寻找衰老矿区重新振兴的新路子，1993年，集团公司把唐村矿列为"内部特区"试点，并于1997年按照建立现代企业制度的要求，进行资产重组，通过吸收社会法人股、职工持股，建立唐村实业有限责任公司。经过5年多的转机改制和产业调整，使矿区初步摆脱困境，基本解决了企业生存自立问题，形成以非煤产业为主导的经济实体，生产经营呈现出良好的发展势头。唐村实业公司以唐村矿改制时的经营性资产，经评估后作为注册资本，集团公司控股56%，其余的44%产权出售变现，其中社会法人股以现金购买14%股本，唐村矿内部职工通过职工持股会购买30%股本。公司设立股东会、执行董事、经理层和监事会。股东会由出资人按出资比例推举股东代表组成，公司不设董事会。

在职工持股的运作方面，一般情况下，职工股是由职工直接出资获得的。职工持股会章程规定，职工所持有的股份，没有特殊情况，一不能转让，二不能抛售，一直到退休。会员出资认购的股票，可以在公司职工间转让。职工和会员离开企业，如调离、被公司辞退、除名、死亡，其所持股票必须全部由持股会收购。员工持股制在中国企业中的实践证明，效果的确是卓有成效的。

PART 04
"看不见的手"——每天读点金融调控与政策知识

金融调控：当亚当·斯密遇见凯恩斯

几个世纪以来，围绕着政府与市场间的界限问题，很多经济学家和政治家、企业家都争议不断，甚至到了今天，自由派和保守派都还在为政府是否应在教育、医疗、扶贫等方面进行干预而进行讨论。实际上，政府逐渐侵占了市场的地盘，为什么呢？

"冬去春花次第开，莺飞燕舞各徘徊。疾风骤雨旦夕至，高唱低吟有去来。"这首古诗说的是自然界自有其生杀消长、生生不息的规律，市场经济也同样有其运作的规律。但同时，市场经济在运作中也会出现种种问题，比如资源配置不协调等矛盾，这就需要政府发挥宏观调控的作用。在宏观调控中，金融调控是必不可少的一环。

金融调控是指国家综合运用经济、法律和行政手段，调节金融市场，保证金融体系稳定运行，实现物价稳定和国际收支平衡。金融调控是宏观经济调控的重要组成部分。在现代经济生活中，金融调控职能主要由中央银行来履行。中央银行通过货币政策调控货币总量及其结构，通过保持货币供求总量和结构的平衡来促进社会总需求与总供给的均衡。1993～1999年，我国执行的是适度从紧的货币政策，1999～2007年我国执行的是稳健的货币政策，从2008年起，我国开始执行从紧的货币政策。从紧货币政策是为防止经济增长过热和通货膨胀所采取的宏观调控政策，其内涵包括两方面：一是人民银行通过货币政策工具减少货币供应量，控制信贷规模过快增长；二是严格限制对高耗能、高污染和产能过剩行业中落后企业贷款投放，加大对"三农"、中小企业、节能环保和自主创新等薄弱环节的支持。

在现代市场经济的发展中，市场是"看不见的手"，而政府的引导被称为"看得见的手"。为了克服"市场失灵"和"政府失灵"，人们普遍寄希望于"两只手"的配合运用，以实现在社会主义市场经济条件下政府职能的转变。可见宏观调控在经济活动中的作用。

宏观调控亦称国家干预，就是国家运用计划、法规、政策等手段，对经济运行状态和经济关系进行干预和调整，把微观经济活动纳入国民经济宏观发展轨道，及时纠正经济运行中偏离宏观目标的倾向，以保证国民经济持续、快速、协调、健康发展。而在多种调控手段中，金融调控往往是最为关键的环节。

通常，中国的金融调控手段主要从以下五个方面入手：一是央行将着力于正确处理内需和外需的关系，进一步扩大国内需求，适当降低经济增长对外需、投资的依赖，加强财政、货币、贸易、产业、投资等宏观政策的相互协调配合，扩大消费内需，降低储蓄率，增加进口，开放市场来推动经济结构调整，促进国际收支趋于平衡。

二是改善货币政策传导机制和环境，增强货币政策的有效性，促进金融市场的发育和完善，催化金融企业和国有企业改革，进一步转换政府经营管理，完善间接调控机制，维护和促进金融体系稳健运行。

三是积极稳妥地推进利率市场化改革，建立健全由市场供求决定的、央行通过运用货币政策工具调控的利率形成机制，有效利用和顺应市场预期，增强货币政策透明度和可信度。

四是加强货币政策与其他经济政策间的协调配合，加强货币政策与金融监管的协调配合，根据各自分工，着眼于金融市场体系建设的长期发展，努力促进金融业全面协调可持续发展，加强货币政策与产业政策的协调，以国民经济发展规划为指导，引导金融机构认真贯彻落实国家产业政策的要求，进一步优化信贷结构，改进金融服务。

五是进一步提高金融资金，主动、大力拓展债券市场，鼓励债券产品创新，推动机构投资者发展，加大对交易主体和中介组织的培育，加快债券市场基础制度的建设，进一步推进金融市场协调发展。

金融调控是宏观调控的重要组成部分，它与战略引导、财税调控一起构成宏观调控的主要手段，互相联系，互相配合，共同的目标是促进经济增长，增加就业，稳定物价，保持国际收支平衡。相对而言，金融调控侧重于国民经济的总量和近期目标，但是为宏观经济内在的规律所决定，其作用也必然影响到长远目标。

金融学家"看不见的大手"理论已经深入人心，只是，人们对它的理解还要更深一层。在市场经济的发展中，市场是"看不见的手"，而政府的调控被称为"看得见的手"。"看不见的手"促进大多数国家的市场发展，"看得见的手"为市场搭建法律和管理框架，两者完美结合，才会让市场更完善，经济发展更迅速，缺了任何一个，都会像小儿麻痹患者一样，走路不稳，容易摔倒。因此，为了克服"市场失灵"和"政府失灵"，人们希望"两只手"配合运用，实现在社会主义市场经济条件下政府职能的重要转变。

宏观调控：看得见的物价，看不见的手

英国经济学家凯恩斯在其著名的《就业、信息和货币通论》一书中记述了这样一则寓言：

乌托邦国处于一片混乱之中，整个社会的经济处于完全瘫痪的境地，工厂倒闭，工人失业，人们无家可归，饿殍遍野，人们束手无策。这个时候，政府采用了一个经济学家的建议，雇用200人挖了一个很大很大的大坑。这200人开始购买200把铁锹，于是，生产铁锹的企业、生产钢铁的企业、生产锹把的企业相继开工了，接下来工人开始上班、吃饭、穿衣……于是，交通部门、食品企业、服装企业也相继开工了，大坑终于挖好了；然后，政府又雇用200人把这个大坑再填埋上，这样又需要200把铁锹……萧条的市场就这样一点点复苏了，启动起来了。经济恢复之后，政府通过税收，偿还了挖坑时发行的债券，一切又恢复如常了，人们在灿烂的阳光下过着幸福的生活……

这则寓言说明了一个深刻的道理：国家的经济陷入危机的时候，国家要担当起自己的责任，应该采用宏观调控的办法干预经济生活，使经济走上正常的轨道。

在斯密那只"看不见的手"的指引下，英国的经济首先呈现出高速的发展，然后美国、欧洲的经济都获得了空前的发展。但是到了1929年，形势急转直下，世界范围内爆发了一场空前的经济危机。这个时候人们才发现，斯密的那只"看不见的手"失灵了，这就是人们常说的"市场失灵"。与此同时，在经济生活中，人们意外地发现了另外一只手，发现有一只让人们"看得见的手"在挥舞，它开始频繁地进入人们的经济生活，这只"看得见的手"指什么呢？其实这只"看得见的手"就是指"国家对经济生活的干预"。对市场的失灵，政府并不是无所作为的，不能坐而视之，而应该通过适当干预，刺激市

场、启动市场，解决社会存在的经济问题。就像寓言中那样，在整个社会经济不好的时候，国家积极地进入了角色，开始干预经济生活，稳定社会的经济。

这只"看得见的手"曾一度使整个资本主义经济从危机的泥沼中走出来，并使资本主义社会的经济在世界范围内蓬勃发展。那么，国家是通过什么办法来调控整个社会经济的呢？

国家主要是通过财政政策和货币政策在宏观上对经济进行调控的。财政政策主要依靠消费、投资、出口这三辆马车；货币有汇率的变动、利息率的变动、货币发行量的变动、发行国债等，都会对一国的经济走势起到宏观调控的作用。

也就是从凯恩斯那个时候开始，各国分析和预测经济问题的视角发生了彻底的转变。过去人们重视微观经济问题，也就是个人、家庭、企业对社会经济的影响；而现在人们更看重宏观经济的问题了。一个经济学家这样比喻：比如在剧场里看戏，当一两个人站起来的时候，这相当于微观经济，我们自己说了算；当全场的人都站起来的时候，这就是宏观经济了，这个时候每一个个人都无法左右全场的局面，他只能想办法去适应这个局面。

在亚当·斯密发现"看不见的手"之后，市场规律指导资本主义经济繁荣了有150多年；凯恩斯倡导的宏观调控，又让资本主义经济蓬勃发展了近50年。然而，事实证明，宏观调控并不是万能的。

例如，20世纪80年代的日本，由于国际贸易顺差较大，在美国等的压力下于1985年签署了《广场协议》，此后，日元开始迅速升值，兑美元汇率从1985年9月的240∶1一直上升至1988年的120∶1，整整升值了一倍。由于担心出口下滑、经济减速，日本采取了扩张性政策，放松银根，利率从5%降到2.5%、货币供应增幅是名义GDP增速的2倍，出现了流动性过剩，资金大量涌入股票和房地产市场，形成了市场泡沫。

1985～1990年，日本的土地资产总值增长了24倍，达到15万亿美元，相当于同期GDP的5倍，比美国土地总值多4倍。同期日经指数从12000点上升到39000点，股票总价值增加了47倍，市盈率1989年达到70.6倍（但日本股票收益率仅为0.4%～0.7%，只有同期欧美企业的1/6左右）。1986～1989年，日本国民资产总额增加了2330万亿日元，其中60%以上为地价、股价上涨所带来的增值收益。

等到经济泡沫破灭后，股价从1989年最高时的39000点下跌到1992年的14000点，2004年达到最低的7600点，跌幅高达80%；房价跌幅也高达70%。股票和地价造成的资产损失相当于GDP的90%，达5万亿～6万亿美元。虽然此后政府采取了刺激经济的措施，不断降低利率，但又陷入"流动性陷阱"，零利率政策不起作用；加之扩大内需政策缺乏连续性，致使经济陷入十多年的大萧条，出现了银行坏账、设备、人员三大过剩，日本经济长期处于滞涨状态。

同样，在当前世界金融危机的威胁下，虽然各国的经济刺激方案纷纷出台，但并没有取得预期的效果，宏观调控显得越来越力不从心。

这是因为以信息技术为基础的全球化经济打破了传统工业社会中的主权经济、主权社会和主权政治的统一性，正成为当今世界发展中的基本矛盾。主权经济、主权社会和主权政治的重合缺失增加了主权国家宏观经济调控和社会管理的难度。

也就是说，全世界的经济依然成为全球互相依赖的基础，但是各个国家依然是主权国家。进一步说，在国际经济中，关税、出口配额、汇率、统计口径、生产要素等是一个主权国家可以控制和管理的，但又不完全取决于一个国家的选择。在这样的情况下，主权国家的经济社会政策会造成出乎政策制定者们预料的结果，有时甚至会造成相反的效果。这犹如在传统的工业社会中，企业是市场的主体，不同企业之间进行竞争和博弈，采取各自的策略，有时会造成市场不公平竞争，最后不得不由政府出面进行宏观调控，保持经济的稳定增长和社会秩序。在经济全球化下，全球市场的失灵会造成不公平竞争和主权国家宏观调控政策的失灵。

财政调控：国家履行经济职能的基础

财政，也称国家财政、政府财政或公共财政，是指以国家为主体，通过政府税收、预算等收支活动，用于履行政府职能和满足社会公共需要的经济活动。

财政在整个国民经济运行中具有重要地位。因为，全社会的最终需求有不同性质的两类：一类是食品、衣物等个人消费品，以及企业生产经营所需要的生产资料，通称"私人物品或服务"；另一类是行政管理、国家安全、环保等"公共物品或服务"。由于私人物品或服务的获得具有排他性和竞争性，其交易活动要求双方利益边界清楚，并通过市场实现；而公共物品或服务的需要和消费是公共的和集合的，市场对这些物品的提供是失效的，只能由政府并通过财政的物质支撑加以满足。

市场经济条件下，财政发挥着市场不可替代的关键作用。其主要作用：一是为国家履行其职能提供经济基础，并为国家通过直接配置公共资源来间接引导全社会资源的市场配置创造前提条件。二是财政政策与货币政策、收入政策、产业政策一起构成国家宏观调控的重要政策手段。三是财政具有再分配功能，是国家调节收入分配的重要工具。

财政调控的手段主要有：国家预算、税收、财政支出和国债等。

国家预算。国家预算是国家为实现其职能需要、有计划地筹集资金，使用由国家集中掌握的财政资金的重要政策工具，是国家的基本财政收支计划。国家预算包括中央预算和政府预算。中央预算是我国财政政策的主要工具，它对经济总量、经济结构和各经济层面都发挥着调节作用。其调节功能主要在年度财政收支规模、收支差额和收支结构中预先制定，并通过预算执行中的收支追加追减，以及收支结构变化等实现。

税收。税收是国家为实现其职能需要，凭借其政治权力，按照预定标准，无偿地取得的一种强制性的财政收入，也是国家进行宏观调控的工具之一。其调节作用的实现形式主要是确定税率、分配税负，以及税收优惠和惩罚。

税收对经济的调节作用主要有：一是影响社会总供求。这种影响因税种不同而不同。流转税的征税效应侧重于总供给，提高流转税率可以限制供给；反之会增加供给。所得税的征税效应侧重于总需求。政府可以根据税收的自动稳定器作用，制定相机抉择的增减税措施，减缓经济波动。二是通过调整税率影响产业结构，限制或促进某些产业发展。三是通过征收累进所得税和社会保险税等有效调节收入分配，维护社会稳定，实现社会公平。

财政支出。财政支出是政府为履行其职能，将由其集中掌握的社会资源（或资金）按照一定的政治经济原则，分配、运用于满足社会公共需要各种用途的过程和耗费资金的总和，是宏观经济调控工具之一。

国债。国债是中央政府通过中央财政，按照信用原则，以债务人身份在国内外发行债券或向外国政府和银行借款所形成的债务。债券或借款要还本付息。国债以国家信誉为担保，比其他信用形式可靠和稳定，因而又称其为"金边债券"。国债政策是国家根据宏观经济发展要求，通过制定相关政策对国债发行、流通等过程实施有效管理，实现对宏观经济有效调控的目的。国债产生的主要动因是弥补财政赤字。但随着社会经济的不断发展，信用制度的日臻完善，国债政策已经成为一项较为成熟的财政政策工具，在平衡财政收支、调节经济运行和影响货币政策等方面发挥着日益重要的作用。

中央银行通过买卖国债的公开市场业务操作，吞吐基础货币，调节货币供应量，为货币政策服务，国债又成为连接财政和货币两大政策手段的桥梁。

财政的基本功能主要有以下几个方面：一是资源配置功能。通过财政再分配，将国民总收入的一部分集中起来，形成财政收入；通过财政支出活动，引导社会资金流向，为社会公共需要提供资金保障。二是收入分配功能。通过税收、转移支付、补贴等财政手段调整社会成员间、地区间的收入分配格局，实现社会公平的目标。三是稳定经济功能。通过实施财政政策，对宏观经济运行进行调节，促使总供求基本平衡，调整优化经济结构，实现社会经济的可持续发展。

我国社会主义市场经济体制下的财政职能，除具有上述财政的一般基本功能外，还具有社会主义基本制度内在要求的特殊性，即监督管理功能。通过对宏观和微观经济运行、对国有资产保值增值等营运、对财政管理工作自身等方面的监督管理，保证国家政令统一，提高财政支出效率，维护国家和人民的根本利益。

我国财政调控的范围很广，既有总量调控，又有结构调整；既包括对财政收入的组织，又包括对财政支出的规范。随着改革的逐步深化，财政调控方式也日臻完善。计划经济体制的高度集中、统收统支的直接调控模式已经被打破，直接调控、间接调控和法律规范相结合的调节格局基本形成，国民经济运行逐步走向规范化、法制化和市场化与必要的行政管理相结合的稳步发展轨道。

一方面，通过财政收支实现国家预算对供求总量的影响。财政收入一般反映财政参与国民收入分配过程的活动；财政支出是通过改变政府支出规模和方向，实现财政的资源配置、收入分配和稳定经济功能，体现政府宏观调控的意图。预算对经济调节的具体形态主要有三种，即赤字预算、盈余预算和平衡预算，分别反映财政政策的扩张性、紧缩性和中性政策取向。为了实现财政平衡或节余，政府主要采取偏紧的政策选择，即增加收入或减少政府公共工程等支出。因此，盈余政策可以对总需求膨胀起到有效抑制作用。平衡预算在总供求相适应时可以维持总需求的稳定增长。财政出现赤字时主要通过发行国债方式弥补，但为应对经济紧缩趋势，政府主要通过扩大预算赤字、直接增加政府支出方式，带动经济增长，实现供求平衡。因此，赤字预算政策在有效需求不足时作用明显。

另一方面，通过实施财政结构政策实现国家预算对经济结构调整的影响。在财政收支差额既定情况下，调整财政收支结构（主要是财政支出结构），调节宏观经济运行。一是通过降低（或提高）短线产品（长线或高利产品）的税率，引导社会资金投向"瓶颈"产业，缓解结构失衡；二是在供需结构失衡时，通过增加（或减少）财政投资，扩大（或抑制）社会有效供给（或需求），实现产业或产品结构调整的目的。

个人所得税：收入分配的调节器

埃及总统穆巴拉克，只知道穷人没有饭吃会造反，所以大饼便宜得很，保证人人能够吃饱肚皮。埃及有一种肚皮舞，跳得很美，它告诉你，肚皮吃饱了。但穆巴拉克不懂得贫富差距太大，人们吃饱了也还是要造反。最后，现代埃及法老穆巴拉克只好选择逊位，并且献出自家几亿美元资产，以求破财免灾。

从经济学角度来说，不管人均GDP是高是低，只要贫富差距扩大化，就会引发社会革命。我国改革开放以来，分配体制改革不断深化，市场机制在国民收入初次分配中日益发挥基础性调节作用。但随着经济的不断发展，呈现出扩大的趋势，我国居民的收入差距在不断拉大，各国通过基尼系数来衡量财富分配是否平均，而我国的基尼系数已经超过了国际警戒线。过大的收入分配差距会导致一些矛盾，与建设社会主义和谐社会显得很不协调。

个人所得税是调整征税机关与自然人（居民、非居民人）之间在个人所得税征纳与管理过程中所发生的社会关系的法律规范的总称。自1798年在英国创立至今，已有200多年历史。很多国家都把它作为调节收入差距的重要税种。我国法律规定：凡在中国境内有住所，或者无住所而在中国境内居住满一年的个人，从中国境内和境外取得所得的，以及在中国境内无住所又不居住或者无住所而在境内居住不满一年的个人，从中国境内取得所得的，均为个人所得税的纳税人。

新税改以前，我国个人所得税存在较多问题。我国的个人所得税制度采用分类课征的方式，这种税制不利于调节高收入，缓解个人收入差距悬殊的矛盾。在公平性上存在缺陷，容易造成不同项目、不同纳税人之间的税负不公平。两种超额累进税率的施行，税率级别划分过多，税率计算烦琐，程序复杂，而且在一定程度上造成了税负不公，与国际上减少税率档次的趋势不相吻合，不利于征收与管理。全国使用统一的费用扣除标准，不能有效调节收入差距。我国不同地区的人均收入水平有一定差距，居民收入差距导致消费支出水平的不同。基于财税一般原理，税收起征点的定位在很大程度上体现着该种税收的功能指向，而"个税"起征点设计未能体现其基本功能。中国是一

个发展中的大国，生产力发展水平与社会保障条件与发达国家相比存在很大差距，在收入分配差距不断拉大的背景下，"个税"功能指向理当定位于"富人税"。而且，税收征管不到位。缺乏记录个人取得收入的制度、纳税人编码制度、财富实名制等相关配套制度；税源控制不力，代扣代缴不到位。企业对不固定发放的其他形式的奖金、实物等不扣缴税款，导致代扣代缴难以全面落实到位；基础性配套制度不健全，影响了税收检查工作的开展；违反税法的行为惩罚力度不够。

2011年6月30日，十一届全国人大常委会通过了修改个人所得税法的决定，将个税起征点提高到3500元，将超额累进税率中第1级由5%降低到3%。修改后的个税法于2011年9月1日起施行。

税收作为国民收入再分配的重要手段，在调节社会成员收入差距方面有一定作用。开征个人收入所得税，实行累进税率（包括其他财产税、遗产税等），目的就是调节并缩小贫富差距，缓和阶级矛盾，维持社会的长治久安。

1.加大了高收入者的征收力度

个人所得税是我国目前所得税种中最能体现调节收入分配差距的税种。在降低低收入者税收负担的同时，争取最大限度地发挥利用个人所得税调整收入差距扩大的作用，加大对高收入者的调节力度。在征管方面研究新措施、引进新手段，是个人所得税征管的关键。

本次修订的个人所得税法，提出了对富人进行重点征管的内容。《中华人民共和国个人所得税法实施条例》中提出了加强对高收入者的税收征管，将以前的单项申报改为双项申报，即将原来由纳税人所在单位代为扣缴个人所得税，改为高收入者的工作单位和其本人都要向税务机关进行申报，否则视为违法。条例规定，扣缴义务人都必须办理全员全额扣缴申报，这就形成了对高收入者双重申报、交叉稽核的监管制度，有利于强化对高收入者的税收征管，堵塞税收征管漏洞。实施条例中，高收入者也有了明确的定义："年收入超过12万元以上的个人"。

2.缩小收入差距，降低基尼系数

我国区域经济发展水平不平衡，各地居民收入、生活水平存在一定差距，全国统一工薪所得费用扣除标准，有利于促进地区间的公平。如果对高收入地区实行高费用扣除标准，低收入地区实行低费用扣除标准，反而将加剧地区间的不平衡，这将与个税本来的调节意义背道而驰。目前，各地实行统一的纳税标准，对收入较低的西部地区将产生很大益处，西部相当部分中低收入阶层将不必缴纳个人所得税，该地区纳税人的税收负担将会减轻，有利于鼓励消费，促进落后地区经济的发展。

个人所得税在所有税种里最能调节收入分配差距，对收入进行二次平衡。富人和穷人是财富分配链中的两端，要缩小贫富差距，就是要从富人那里分割一定的财富，用来补贴穷人。而在我国近十多年来个人收入分配差距不断加大，基尼系数达到0.45。按照国际惯例，基尼系数达到或者超过0.4，说明贫富差距过大。贫富差距凸显与个人所得税制度失效是因果相生的。统计数字显示，工薪阶层是目前中国个人所得税的主要纳税群体。2004年个人所得税收入中65%来源于工薪阶层，违背了大家公认的"二八定律"。而中国的富人约占总人口的20%。占收入或消费总额的50%，但是，这20%的富人，对个人所得税的贡献，竟然只有10%。这充分说明，个税不但没有实现从富人到穷人的"调节"；相反，这种财富的二次分配还处于一种"倒流"状态中。长期"倒流"下，只能是富人越富，穷人越穷，社会贫富差距仍将继续加大。有人称，中国富人的税收负担在世界上是最轻的。只有通过政府的税收强制手段才是完成"调节"的最有效方式。

中国公众缩小贫富差距、实现"共同富裕"的期待，很大程度上寄托在个税制度的归位中。税收制度对广大中等收入群体有重要的导向作用，作用原理是"限高，促中，提低"。加大对高收入者的征收力度，对降低基尼系数有明显的作用。

货币政策：扩张好还是紧缩好

由人民出版社出版的《朱镕基答记者问》一书正式面世后，即受到海内外读者的热捧，其中收录了前国务院总理朱镕基兼任央行行长时期的几篇专访。朱镕基和他任央行行长短短两年的经历，再次成为媒体关注的焦点。

1993年7月2日，全国人大八届二次会议做出决定，时年65岁的朱镕基被任命为中国人民银行行长。在任命前的当年3月，朱镕基在八届一次会议上刚被任命为国务院副总理。

当年6月，中央采取严格控制货币发行等十六条措施，旨在抑制日益严重的通货膨胀。此时由副总理兼任央行行长。

1993年8月到10月间，面对由于经济发展过热引起的通货膨胀问题，刚刚履新中国人民银行行长不久的朱镕基，先后主持召开了8次会议，集中讨论了宏观调控措施实施的程度及货币投放量控制的程度。

会上，朱镕基以中国人民银行行长身份，命令属下的行长们在40天内收回计划外的全部贷款和拆借资金。"逾期收不回来，就要公布姓名，仍然收不回来，就要严惩不贷。"

截至当年7月底，拆借的资金收回来332亿元，还增加了405亿元的储蓄。以此为储备，银行又可以发行几百亿元去收购夏粮，国库券又有人买了，财政部不再找银行借钱发工资了，股市也止跌企稳了，"宏观调控初见成效"。

"通过这种办法和我们的努力，我们基本上成功实现了经济增长的缓慢减速，没有发生经济增长率的急剧下跌，也没有发生大规模的价格波动。"在《朱镕基答记者问》一书中如此评价上任初的货币政策。

货币政策是指政府或中央银行为影响经济活动所采取的措施，尤指控制货币供给及调控利率的各项措施，用以达到特定或维持政策目标——比如，抑制通胀、实现完全就业或经济增长。直接地或间接地通过公开市场操作和设置银行最低准备金（最低储备金）。

货币政策通过政府对国家的货币、信贷及银行体制的管理来实施。一国政府拥有多种政策工具可用来实现其宏观经济目标。货币政策工具是指中央银行为调控货币政策中介目标而采取的政策手段。根据央行定义，货币政策工具库主要包括公开市场业务、存款准备金、再贷款或贴现，以及利率政策和汇率政策等。从学术角度来讲，它大体可以分为数量工具和价格工具。价格工具集中体现在利率或汇率水平的调整上。数量工具则更加丰富，如公开市场业务的央行票据、准备金率调整等，它聚焦于货币供应量的调整。

货币政策工具主要包括：一是由政府支出和税收所组成的财政政策。财政政策的主要用途是通过影响国民储蓄，以及对工作和储蓄的激励，从而影响长期经济增长。二是货币政策由中央银行执行，它影响货币供给。通过中央银行调节货币供应量，影响利息率及经济中的信贷供应程度来间接影响总需求，以达到总需求与总供给趋于理想的均衡的一系列措施。

货币政策可以分为扩张性的和紧缩性的两种：

扩张性的货币政策是通过提高货币供应增长速度来刺激总需求，在这种政策下，取得信贷更为容易，利息率会降低。因此，当总需求与经济的生产能力相比很低时，使用扩张性的货币政策最合适。

紧缩性的货币政策是通过削减货币供应的增长率来降低总需求水平，在这种政策下，取得信贷较为困难，利息率也随之提高。因此，在通货膨胀较严重时，采用紧缩性的货币政策较合适。

2011年3月18日早，日本央行行长白川方明在七国集团同意联手干预日元后表示，日本仍将保持超宽松的货币政策。"日本央行将会推行强有力的宽松货币政策，并继续提供充足的流动性，以保持市场稳定。"央行当天的声明表示。3月18日早，七国集团财长决定联手干预日元汇率，随后日本央行又向金融系统注资3万亿日元（合370亿美元）。此前产经新闻报道，日本政府可能发

行超过10万亿日元（约合1268亿美元）的紧急债券，而日本央行会全部买下这些债券。

地震、海啸和核危机给日本经济造成的损失超过20万亿日元。他还表示，重建需要的预算肯定会超过1995年阪神大地震后3.3万亿的重建费用。日本央行继续向金融系统注入资金，数量超过银行能够消化的数额，以保持较低市场利率。而回顾过去，2001年至2006年间，在通货紧缩的长期困扰下，日本中央银行曾将政策利率降至零并定量购买中长期国债的政策就是一种典型方式。这些政策的最终意图是通过扩大中央银行自身的资产负债表，进一步增加货币供给，降低中长期市场利率，避免通货紧缩预期加剧，以促进信贷市场恢复，防止经济持续恶化。

量化宽松有利于抑制通货紧缩预期的恶化，但对降低市场利率及促进信贷市场恢复的作用并不明显，并且或将给后期全球经济发展带来一定风险。中国国际经济研究会副会长张其佐认为："毫无疑问，主要央行量化宽松货币政策的开启，将带来全球通胀的风险。"实施量化宽松的货币政策，将形成日元走软、商品价格上涨的局面。

在通货膨胀较严重时，采用消极的货币政策较合适。货币政策调节的对象是货币供应量，即全社会总的购买力，具体表现形式为：流通中的现金和个人、企事业单位在银行的存款。流通中的现金与消费物价水平变动密切相关，是最活跃的货币，一直是中央银行关注和调节的重要目标。

PART 05
汇率上升，影响我们的生活——每天读点国际贸易知识

汇率：天下也有免费的"午餐"

故事发生在美国和墨西哥边界的小镇上。有一个单身汉在墨西哥一边的小镇上，他付了1比索买了一杯啤酒，啤酒的价格是0.1比索，找回0.9比索。转而他来到美国一边的小镇上，发现美元和比索的汇率是1美元：0.9比索。他把剩下的0.9比索换了1美元，用0.1美元买了一杯啤酒，找回0.9美元。回到墨西哥的小镇上，他发现比索和美元的汇率是1比索：0.9美元。

于是，他把0.9美元换为1比索，又买啤酒喝。

这样他在两个小镇上喝来喝去，总还是有1美元或1比索。换言之，他一直在喝免费啤酒，这可真是个快乐的单身汉。

这个快乐的单身汉为什么能喝到免费的啤酒呢？这跟

汇率有关系，在美国，美元与比索的汇率是1：0.9，但在墨西哥，美元和比索的汇率约为1：1.1。那么，什么才是汇率呢？

汇率亦称"外汇行市或汇价"，是一国货币兑换另一国货币的比率，是以一种货币表示另一种货币的价格。由于世界各国货币的名称不同，币值不一，所以一国货币对其他国家的货币要规定一个兑换率，即汇率。从短期来看，一国的汇率由对该国货币兑换外币的需求和供给所决定。外国人购买本国商品、在本国投资，以及利用本国货币进行投机会影响本国货币的需求。本国居民想购买外国产品、向外国投资，以及外汇投机影响本国货币供给。在长期中，影响汇率的主要因素有：相对价格水平、关税和限额、对本国商品相对于外国商品的偏好及生产率。

各国货币之所以可以进行对比，能够形成相互之间的比价关系，原因在于它们都代表着一定的价值量，这是汇率的决定基础。

例如，一件价值100元人民币的商品，如果人民币对美元的汇率为0.1502，则这件商品在美国的价格就是15.02美元。如果人民币对美元汇率降到0.1429，也就是说美元升值，人民币贬值，用更少的美元可买此商品，这件商品在美国的价格就是14.29美元，所以该商品在美国市场上的价格会变低。商品的价格降低，竞争力就变高，便宜好卖；反之，如果人民币对美元汇率升到0.1667，也就是说美元贬值，人民币升值，则这件商品在美国市场上的价格就是16.67美元，此商品的美元价格变贵，买的就少了。

简要地说，就是用一个单位的一种货币兑换等值的另一种货币。

在纸币制度下，各国发行纸币作为金属货币的代表，并且参照过去的做法，以法令规定纸币的含金量，称为金平价，金平价的对比是两国汇率的决定基础。但是纸币不能兑换成黄金。因此，纸币的法定含金量往往形同虚设。所以在实行官方汇率的国家，由国家货币当局规定汇率，一切外汇交易都必须按照这一汇率进行。在实行市场汇率的国家，汇率随外汇市场上货币的供求关系变化而变化。

随着经济全球化的发展，世界各国之间的经济往来越来越紧密，汇率作为各国之间联系的重要桥梁，发挥着重要作用。

汇率与进出口。一般来说，本币汇率下降，即本币对外的币值贬低，能起到促进出口、抑制进口的作用；若本币汇率上升，即本币对外的比值上升，则有利于进口，不利于出口。汇率是国际贸易中最重要的调节杠杆。因为，一个国家生产的商品都是按本国货币来计算成本的，要拿到国际市场上竞争，其商品成本一定会与汇率相关。汇率的高低也就直接影响该商品在国际市场上的成本和价格，直接影响商品的国际竞争力。

汇率与物价。从进口消费品和原材料来看，汇率的下降要引起进口商品在国内的价格上涨。至于它对物价总指数影响的程度则取决于进口商品和原材料在国民生产总值中所占的比重；反之，本币升值，其他条件不变，进口品的价格有可能降低，从而可以起抑制物价总水平的作用。

汇率与资本流出入。短期资本流动常常受到汇率的较大影响。当存在本币对外贬值的趋势下，本国投资者和外国投资者就不愿意持有以本币计值的各种金融资产，并会将其转兑成外汇，发生资本外流现象。同时，由于纷纷转兑外汇，加剧外汇供求紧张，会促使本币汇率进一步下跌；反之，当存在本币对外升值的趋势下，本国投资者和外国投资者就力求持有以本币计值的各种金融资产，并引发资本内流。同时，由于外汇纷纷转兑本币，外汇供过于求，会促使本币汇率进一步上升。

汇率是两种不同货币之间的比价，因此汇率多少，必须先要确定用哪个国家的货币作为标准。由于确定的标准不同，于是便产生了几种不同的外汇汇率标价方法。

第一，直接标价法。

直接标价法，又叫应付标价法，是以一定单位（1、100、1000、10000）的外国货币为标准来计算应付出多少单位本国货币。就相当于计算购买一定单位外币所应付多少本币，所以又叫应付标价法。在国际外汇市场上，包括中国在内的世界上绝大多数国家目前都采用直接标价法，如日元兑美元汇率为119.05即1美元兑119.05日元。

在直接标价法下，若一定单位的外币折合的本币数额多于前期，则说明外币币值上升或本币币值下跌，叫作外汇汇率上升；反之，如果要用比原来较少的本币即能兑换到同一数额的外币，这说明外币币值下跌或本币币值上升，叫作外汇汇率下跌，即外币的价值与汇率的涨跌成正比。

第二，间接标价法。

间接标价法又称应收标价法。它是以一定单位（如1个单位）的本国货币为标准，来计算应收若干单位的外汇货币。在国际外汇市场上，欧元、英镑、澳元等均为间接标价法。如欧元兑美元汇率为0.9705，即1欧元兑0.9705美元。在间接标价法中，本国货币的数额保持不变，外国货币的数额随着本国货币币值的变化而变化。如果一定数额的本币能兑换的外币数额比前期少，这表明外币币值上升，本币币值下降，即外汇汇率下跌；反之，如果一定数额的本币能兑换的外币数额比前期多，则说明外币币值下降，本币币值上升，即外汇汇率上升，这说明外汇的价值和汇率的升跌成反比。因此，间接标价法与直接标价法相反。

由于直接标价法和间接标价法所表示的汇率涨跌的含义正好相反，所以在引用某种货币的汇率和说明其汇率高低涨跌时，必须明确采用哪种标价方法，以免混淆。

世界上没有完美无缺的事物，对于任何一个国家来说，汇率都是一把"双刃剑"。汇率变动究竟会带来怎样的好处与坏处，要视一个国家的具体情况而定。

汇率指标：不同国家的适用程度不同

汇率作为国家间配置资源的重要工具，其水平的决定与作用机制非常复杂，同时汇率作为交易国家货币兑换的标准，发挥着在国家间配置资源的重要作用。为了解释与汇率相关的复杂经济现象，经济学理论提出了一系列汇率指标。在目前经济研究中，通过给出的汇率指标的统计来界定得到的相关汇率的数据。

1994年墨西哥货币贬值之前，汇率指标使墨西哥将通货膨胀率从1988年的100%以上降到了1994年的10%以下。在工业化国家，汇率指标的最大成本，是无法实施独立的货币政策以对付国内事务。如果中央银行可以认真负责地实施独立的国内货币政策，通过比较1992年后法国和英国的经历，可以发现，这实在是一个很大的成本。不过，要么由于中央银行缺少独立性，要么由于对中央银行的政治压力导致通货膨胀型的货币政策，不是所有的工业化国家都能够成功实施自己的货币政策。在这样的情况下，放弃对国内货币政策的独立控制权，可能不是很大的损失，而让货币政策由核心国的更有效运作的中央银行来决定，所带来的收益可能是相当大的。

意大利就是典型的案例。在所有的欧洲国家中，意大利公众是最赞成欧洲货币联盟的，这并非偶然。意大利货币政策的历史记录并不好，意大利公众意识到，让货币政策由更负责任的外人来控制，其收益会远远大于失去采用货币政策解决国内事务的能力所带来的成本。

工业化国家会发现以汇率为指标非常有用的第二个原因是，它促进了本国经济和邻国经济的融合。这可由一些国家如奥地利和荷兰长期将汇率钉住德国马克，以及先于欧洲货币联盟的汇率钉住的例子所证实。

除非在以下两种情况下，以汇率为指标可能不是工业化国家控制整体经济的最好的货币政策策略，即一是国内货币和政治机构不能做出良好的货币政策决策；二是存在其他重大的和货币政策无关的汇率指标利益。

以汇率为指标有以下几个优点：

其一，国际贸易商品的国外价格是由世界市场决定的，而这些商品的国内价格由汇率指标得以固定。汇率指标的名义锚将国际贸易商品的通货膨胀率和核心国相挂钩，从而有助于控制通货膨胀。例如，2002年之前，阿根廷比索对美元的汇率恰好是1∶1，因此国际贸易中5美元/蒲式耳小麦的价格就被确定为5阿根廷比索。如果汇率指标是可信的（也就是预计能够固定住），那么汇率指

标的另一个好处就是，将通货膨胀预期和核心国的通货膨胀率固定在一起。

其二，汇率指标为货币政策的实施提供了自动规则，从而缓解了时间一致性问题。当本国货币有贬值趋势时，汇率指标会促使推行紧缩的货币政策；当本国货币有升值的趋势时，汇率指标会促使推行宽松的货币政策。因此，就不大可能选择自由放任的一致性的货币政策。

其三，汇率指标具有简单和明晰的优点，使得公众容易理解。"稳定的货币"是货币政策易于理解的追求目标。过去，这一点在法国非常重要，建立"法郎堡垒"（坚挺的法郎）的要求经常被用来支持紧缩的货币政策。

尽管汇率指标有内在的优点，但针对这个策略还是有一些严厉的指责。问题在于，追求汇率指标的国家，由于资本的流动，钉住国不能再实施独立的货币政策，丧失了利用货币政策应付国内突发事件的能力。而且，汇率指标意味着核心国遭受的突发冲击会被直接传递到钉住国，因为核心国利率的变动会导致钉住国利率的相应变动。

汇率指标引起的第二个问题是，钉住国向冲击它们货币的投机者敞开了大门。实际上，德国统一的一个后果就是1992年9月的外汇危机。德国统一后的紧缩性货币政策意味着ERM国家会遭受需求的负面冲击，这种冲击会导致经济增长下滑和失业率提高。对这些国家的政府来说，在这样的情况下维持汇率相对于德国马克固定不变，当然是可行的，但是，投机者开始琢磨，这些国家钉住汇率的承诺是否会削弱？投机者断定，这些国家要抵挡对其货币的冲击，必须保持相当高的利率，由此所引起的失业率上升是这些国家政府难以容忍的。

在新兴市场国家，汇率指标也是迅速降低通货膨胀率的有效手段。许多新兴市场国家的政治和货币机构特别薄弱，因而这些国家遭受了持续的恶性通货膨胀，对于这些国家，以汇率为指标可能是打破通货膨胀心理、稳定经济的唯一途径。另一方面，新兴市场国家对外汇市场信号效应的需求可能更为强烈。因为，中央银行的资产负债表和行为不像工业化国家那样透明。以汇率为指标可能使得人们更难判断中央银行的政策举动，1997年7月货币危机之前的泰国就是如此。汇率指标是最后的稳定政策，公众不能监控中央银行，以及政治家对中央银行施加的压力，使货币政策很容易变得过于扩张。然而，如果新兴市场国家以汇率为指标的制度没有一直保持透明，这些制度更有可能崩溃，通常导致灾难性的金融危机。

法国和英国通过将它们货币的价值钉住德国马克，成功地使用了汇率指标来降低通货膨胀率。1987年，当法国首次将汇率钉住德国马克，它的通货膨胀率是3%，高于德国通货膨胀率2个百分点。到1992年，它的通货膨胀率降到2%，该水平可以被认为是与物价稳定相一致的，甚至低于德国的通货膨胀率。到1996年，法国和德国的通货膨胀率十分相近，达到略低于2%的水平。类似地，英国在1990年钉住德国马克之后，到1992年被迫退出汇率机制之时，已经将通货膨胀率从10%降到3%。工业化国家已经成功地利用汇率指标控制了通货膨胀。

钉住汇率的货币政策策略由来已久。它的形式可以是，将本国货币的价值固定于黄金等商品，即前面所介绍的金本位制度的关键特征。近年来，固定汇率制度已经发展为，将本国货币的价值同美国、德国等通货膨胀率较低的大国货币固定在一起。另一种方式是采用爬行指标或钉住指标，即允许货币以稳定的速率贬值，以使钉住国的通货膨胀率能够高于核心国的通货膨胀率。

经济规模小和经济实力较弱的发展中国家倾向于选择钉住汇率制，这主要是由于它们承受外汇风险的能力较差。目前的固定汇率制主要表现为钉住汇率制。这种钉住不同于布雷顿森林体系下钉住美元的做法。因为，那时美元是与黄金相挂钩的，而美元的金平价又是固定的。而布雷顿森林体系瓦解后，一些国家所钉住的货币本身的汇率却是浮动的。因此，目前的固定汇率制本质上应该是浮动汇率制。

"巨无霸"指数——货币的实际购买力

1986年9月，英国著名的杂志《经济学人》推出了有趣的"巨无霸指数"，将世界各国麦当劳里的巨无霸汉堡包价格，根据当时汇率折合成美元，再对比美国麦当劳里的售价，来测量两种货币在理论上的合理汇率。巨无霸指数是一个非正式的经济指数，用以测量两种货币的汇率理论上是否合理，从而得出这种货币被"高估"或"低估"的结论。在一些西方经济学家眼中，麦当劳的巨无霸已经成为评估一种货币真实价值的指数，这个指数风靡全球。

两国巨无霸的购买力平价汇率的计算法，是以一个国家的巨无霸以当地货币的价格，除以另一个国家的巨无霸以当地货币的价格。该商数用来跟实际的汇率比较，要是商数比汇率为低，就表示第一国货币的汇价被低估了；相反，要是商数比汇率为高，则第一国货币的汇价被高估了。

举例而言，假设一个巨无霸在美国的价格是4美元，而在英国是3英镑，那么经济学家认为美元与英镑的购买力平价汇率就是3英镑等于4美元。而如果在美国一个麦当劳巨无霸的价格是2.54美元，在英国是1.99英镑、在欧元区是2.54欧元，而在中国只要9.9元的话，那么经济学家由此推断，人民币是世界上币值被低估最多的货币。巨无霸指数是一个非正式的经济指数，用以测量两种货币的汇率理论上是否合理。这种测量方法假定购买力平价理论成立。

有关汇率决定的最著名的一个理论就是购买力平价理论。购买力平价理论最早是由20世纪初瑞典经济学家古斯塔夫·卡塞尔提出的。该理论指出，在对外贸易平衡的情况下，两国之间的汇率将会趋向于靠拢购买力平价。一般来讲，这个指标要根据相对于经济的重要性考察许多货物才能得出。简单地说，购买力平价是国家间综合价格之比，即两种或多种货币在不同国家购买相同数量和质量的商品和服务时的价格比率，用来衡量对比国之间价格水平的差异。

例如，购买相同数量和质量的一篮子商品，在中国用了80元人民币，在美国用了20美元，对于这篮子商品来说，人民币对美元的购买力平价是4∶1，也就是说，在这些商品上，4元人民币购买力相当于1美元。如果当一国物价水平相对于另一国上升，其货币应当贬值（另一国货币应当升值）。假定相对于美国钢材的价格（仍然为100美元），日本钢材的日元价格上升了10%（1.1万日元）。如果日本的物价水平相对于美国上涨了10%，美

元必须升值10%。

这一理论在长期实践中得到了证实。从1973年至2002年底，英国物价水平相对于美国上涨了99%，按照购买力平价理论，美元应当相对于英镑升值，实际情况正是如此，尽管美元只升值了73%，小于购买力平价理论计算的结果。

例如，如果有代表性的一组货物在美国值2美元，在法国值10法郎，汇率就应该是1美元等于5法郎。因此，购买力平价理论认为：一个平衡的汇率是使所比较的两种通货在各自国内购买力相等的汇率，偏离于使国内购买力相等的汇率是不可能长期存在的。如果一件货物在美国所值的美元价格相当于法国所值的法郎价格的1/5，而汇率却是1美元等于1法郎，那么，每个持有法郎的人就会把法郎换成同数的美元，而能够在美国购买5倍的货物。但市场上对美元的需求会使汇率上涨，一直达到1美元等于5法郎为止，也就是达到它的货币购买力的比率与各国货币所表示价格水平的比率相等为止。

购买力平价理论认为，人们对外国货币的需求是由于用它可以购买外国的商品和劳务，外国人需要其本国货币也是因为用它可以购买其国内的商品和劳务。因此，本国货币与外国货币相交换，就等于本国与外国购买力的交换。所以，用本国货币表示的外国货币的价格也就是汇率，决定于两种货币的购买力比率。由于购买力实际上是一般物价水平的倒数，因此，两国之间的货币汇率可由两国物价水平之比表示。这就是购买力平价说。从表现形式上来看，购买力平价说有两种定义，即绝对购买力平价和相对购买力平价。

购买力平价决定了汇率的长期趋势。不考虑短期内影响汇率波动的各种短期因素，从长期来看，汇率的走势与购买力平价的趋势基本上是一致的。因此，购买力平价为长期汇率走势的预测提供了一个较好的方法。

购买力平价的大前提为两种货币的汇率会自然调整至同一水平，使一篮子货物在该两种货币的售价相同（一价定律）。在巨无霸指数，该一"篮子"货品就是一个在麦当劳连锁快餐店里售卖的巨无霸汉堡包。选择巨无霸的原因是，巨无霸在多个国家均有供应，而它在各地的制作规格相同，由当地麦当劳的经销商负责为材料议价。这些因素使该指数能有意义地比较各国货币。

现行的货币汇率对于比较各国人民的生活水平将会产生误导。例如，如果墨西哥比索相对于美元贬值一半，那么以美元为单位的国内生产总值也将减半。可是，这并不表明墨西哥人变穷了。如果以比索为单位的收入和价格水平保持不变，而且进口货物在对墨西哥人的生活水平并不重要（因为这样进口货物的价格将会翻倍），那么货币贬值并不会带来墨西哥人的生活质量的恶化。如果采用购买力平价就可以避免这个问题。

汇率制度：固定汇率好还是浮动汇率好

　　自2005年7月21日起，我国开始实行以市场供求为基础、参考一篮子货币进行调节、有管理的浮动汇率制度。人民币汇率不再钉住单一美元，形成更富弹性的人民币汇率机制。

　　2005年7月21日，美元对人民币交易价格调整为1美元兑8.11元人民币，作为次日银行间外汇市场上外汇指定银行之间交易的中间价，外汇指定银行可自此时起调整对客户的挂牌汇价。此后，每日银行间外汇市场美元对人民币的交易价仍在人民银行公布的美元交易中间价上下千分之三的幅度内浮动，非美元货币对人民币的交易价在人民银行公布的该货币交易中间价上下

一定幅度内浮动。

中国人民银行将根据市场发育状况和经济金融形势，适时调整汇率浮动区间。同时，中国人民银行负责根据国内外经济金融形势，以市场供求为基础，参考一篮子货币汇率变动，对人民币汇率进行管理和调节，维护人民币汇率的正常浮动，保持人民币汇率在合理、均衡水平上的基本稳定，促进国际收支基本平衡，维护宏观经济和金融市场的稳定。至此，人民币汇率改革首次破冰，引发市场活跃。

人民币为什么要放弃固定汇率制度而改为浮动的汇率制度？为什么这一改革道路进行得颇为艰难？

固定汇率是将一国货币与另一国家货币的兑换比率基本固定的汇率，固定汇率并非汇率完全固定不动，而是围绕一个相对固定的平价的上下限范围波动，该范围最高点叫"上限"，最低点叫"下限"。当汇价涨或跌到上限或下限时，政府的中央银行要采取措施，使汇率维持不变。在19世纪初到20世纪30年代的金本位制时期、第二次世界大战后到20世纪70年代初以美元为中心的国际货币体系，都实行固定汇率制。

固定汇率的优点有以下两点：一是有利于经济稳定发展；二是有利于国际贸易、国际信贷和国际投资的经济主体进行成本利润的核算，避免了汇率波动风险。

缺点包括以下三点：一是汇率基本不能发挥调节国际收支的经济杠杆作用。二是为维护固定汇率制将破坏内部经济平衡。比如一国国际收支逆差时，本币汇率将下跌，成为软币，为不使本币贬值，就需要采取紧缩性货币政策或财政政策，但这种政策会使国内经济增长受到抑制、失业增加。三是引起国际汇率制度的动荡和混乱。东南亚货币金融危机就是一例。

浮动汇率是固定汇率的对称。根据市场供求关系而自由涨跌，货币当局不进行干涉的汇率。在浮动汇率下，金平价已失去实际意义，官方汇率也只起某种参考作用。就浮动形式而言，如果政府对汇率波动不加干预，完全听任供求关系决定汇率，称为自由浮动或清洁浮动。但是，各国政府为了维持汇率的稳定，或出于某种政治及经济目的，要使汇率上升或下降，都或多或少地对汇率的波动采取干预措施。这种浮动汇率在国际上通称为管理浮动或肮脏浮动。1973年固定汇率制瓦解后，西方国家普遍实行浮动汇率制。

　　浮动汇率制度的主要长处是防止国际游资冲击，避免爆发货币危机；有利于促进国际贸易的增长和生产的发展；有利于促进资本流动等。缺点是经常导致外汇市场波动，不利于长期国际贸易和国际投资的进行；不利于金融市场的稳定；基金组织对汇率的监督难以奏效，国际收支不平衡状况依然得不到解决；对发展中国家更为不利。

　　浮动汇率制度形式多样化，包括自由浮动、管理浮动、钉住浮动、单一浮动、联合浮动等。在浮动汇率制度下，汇率并不是纯粹的自由浮动，政府在必要的时候会对汇率进行或明或暗的干预。由于汇率的变化是由市场的供求状况决定的，因此，浮动汇率比固定汇率波动要频繁，而且波幅大。特别提款权的一篮子汇价成为汇率制度的组成部分。有管理的浮动汇率制是指一国货币当局按照本国经济利益的需要，不时地干预外汇市场，以使本国货币汇率升降朝着有利于本国的方向发展的汇率制度。在有管理的浮动汇率制下，汇率在货币当局确定的区间内波动。在区间内浮动有助于消除短期因素的影响，当区间内的汇率波动仍无法消除短期因素对汇率的影响时，中央银行再进行外汇市场干预以消除短期因素的影响。

　　在现行的国际货币制度下，大部分国家实行的都是有管理的浮动汇率制度。有管理的浮动汇率是以外汇市场供求为基础的，是浮动的，不是固定的。它与自由浮动汇率的区别在于它受到宏观调控的管理，即货币当局根据外汇市场形成的价格来公布汇率，允许其在规定的浮动幅度内上下浮动。一旦汇率浮动超过规定的幅度，货币当局就会进入市场买卖外汇，维持汇率的合理和相对稳定。

　　2005年以来，中国开始了一篮子货币的浮动汇率制度，自此以后人民币汇率问题一直是国内外舆论关注的热点。2006年人民币加速了升值的速度，随着2007、2008两年经济的快速发展，人民币在一路"高升"之后渐趋于平稳。这让央行大大松了一口气。对央行来说，保持人民币汇率内外均衡一直是央行政策中的重点。但什么样的汇率水平才是均衡的？这一问题值得探讨。

　　在1944年，经济学家努克斯给均衡汇率下了一个更为简洁的定义，即"均衡汇率是这样一种汇率，它在一定时期内，使国际收支维持均衡，而不引起国际储备净额的变动"。1945年，他又进一步对均衡汇率的概念进行修正：均衡汇率是在三年左右的时间内，维持一国国际收支均衡状态而不致造成大量失业或求助于贸易管制时的汇率。自此以后，凯恩斯主义者们就以就业作为判断汇率是否均衡的标准。

均衡汇率理论实际上并不是关于解释汇率决定和汇率变动的理论，而是从一个国家的国内经济状况、国际收支的变动等诸方面来考虑汇率水平是否合理，判断汇率是高估还是低估，并决定汇率水平是否应当变动。因此，均衡汇率理论实际上是一种政策性工具。它未能回答汇率的决定政策问题，却在汇率理论和汇率政策之间架起了桥梁，因而也具有非常重要的意义。但是，均衡汇率理论的一些基本内容是建立在诸如"其他一切都不变化"的前提下，而这个条件在现实中是几乎不存在的，这个缺陷限制了均衡汇率理论作为一种政策工具的"可操作性"，因而降低了它的实际应用意义。

固定汇率制度和浮动汇率制度是两种不同的汇率制度，某个国家在某个经济周期，结合本国的经济结构，固定汇率制度可能优于浮动汇率制度，而另一个阶段，另一种经济结构下，浮动汇率制度又有可能优于固定汇率制度。所以，权衡固定汇率制度好还是浮动汇率制度好，一定要结合本国的具体国情和经济发展状况，才能做出客观理性的分析。

外汇交易：两种货币之间是怎样交易的

自从外汇市场诞生以来，外汇市场的汇率波幅越来越大。1985年9月，1美元兑换220日元，而1986年5月，1美元只能兑换160日元，在8个月里，日元升值了27%。近几年，外汇市场的波幅就更大了，1992年9月8日，1英镑兑换2.0100美元，11月10日，1英镑兑换1.5080美元，在短短大约两个月里，英镑兑美元的汇价就下跌了5000多点，贬值25%。不仅如此，目前，外汇市场每天的汇率波幅也不断加大，一日涨跌2%至3%已是司空见惯。1992年9月16日，英镑兑美元从1.8755跌至1.7850，英镑日下挫5%。正因为外汇市场波动频繁且波幅巨大，给投资者创造了更多的机会，吸引了越来越多的投资者加入这一行列。

外汇交易就是一国货币与另一国货币进行交换。与其他金融市场不同，外汇市场没有具体地点，也没有中央交易所，而是以电子交易的方式进行。

"外汇交易"是同时买入一对货币组合中的一种货币而卖出另外一种货币，即以货币对形式交易，例如欧元/美元（EUR/USD）或美元/日元（USD/JPY）。

外汇交易中大约每日的交易周转的5%是由于公司和政府部门在国外买入或销售他们的产品和服务，或者必须将他们在国外赚取的利润转换成本国货币；而另外95%的交易是为了赚取盈利或者投机。对于投机者来说，最好的交易机会总是交易那些最通常交易的（并且因此是流动量最大的）货币，叫作"主要货币"。今天，大约每日交易的85%是这些主要货币，它包括美元、日元、欧元、英镑、瑞士法郎、加拿大元和澳大利亚元。这是一个即时的24小时交易市场，外汇交易每天从悉尼开始，并且随着地球的转动，全球每个金融中心的营业日将依次开始，首先是东京，然后是伦敦和纽约。不像其他的金融市场一样，外汇交易投资者可以对无论是白天或者晚上发生的经济、社会和政治事件而导致的外汇波动而随时反应。外汇交易市场是一个超柜台（OTC）或"银行内部"交易市场，因为事实上外汇交易是交易双方通过电话或者一个电子交易网络而达成的，外汇交易不像股票和期货交易市场那样，不是集中在某一个交易所里进行的。

从交易的本质和实现的类型来看，外汇买卖可分为以下两大类：一是为满足客户真实的贸易、资本交易需求进行的基础外汇交易；二是在基础外汇交易之上，为规避和防范汇率风险或出于外汇投资、投机需求进行的外汇衍生工具交易。属于第一类的基础外汇交易的主要是即期外汇交易，而外汇衍生工具交易则包括远期外汇交易，以及外汇择期交易、掉期交易、互换交易等。

外汇交易主要可分为现钞、现货外汇交易、合约现货外汇交易（按金交易）、外汇期货交易、外汇期权交易、远期外汇交易、掉期交易等。

1.现钞交易

现钞交易是旅游者，以及由于其他各种目的需要外汇现钞者之间进行的买卖，包括现金、外汇旅行支票等。

2.现货外汇交易

现货外汇交易是大银行之间，以及大银行代理大客户的交易，买卖约定成交后，最迟在两个营业日之内完成资金收付交割。下面主要介绍国内银行面向个人推出的、适于大众投资者参与的个人外汇交易。个人外汇交易，又称外汇宝，是指个人委托银行，参照国际外汇市场实时汇率，把一种外币买卖成另一种外币的交易行为。由于投资者必须持有足额的要卖出的外币才能进行交易，较国际上流行的外汇保证金交易缺少保证金交易的卖空机制和融资杠杆机制，因此也被称为实盘交易。国内的投资者，凭手中的外汇，到工、农、中、建、交、招等六家银行办理开户手续，存入资金，即可透过互联网、电话或柜台方式进行外汇买卖。

3.合约现货外汇交易（按金交易）

合约现货外汇交易，又称外汇保证金交易、按金交易、虚盘交易，指投资者和专业从事外汇买卖的金融公司（银行、交易商或经纪商），签订委托买卖外汇的合同，缴付一定比率（一般不超过10%）的交易保证金，便可按一定融资倍数买卖10万、几十万甚至上百万美元的外汇。

以合约形式买卖外汇，投资额一般不高于合约金额的5%，而得到的利润或付出的亏损却是按整个合约的金额计算的。外汇合约的金额是根据外币的种类来确定的。具体来说，每一个合约的金额分别是12500000日元、62500英镑、125000欧元、125000瑞士法郎，每张合约的价值约为10万美元。每种货币的每个合约的金额是不能根据投资者的要求改变的。投资者可以根据自己定金或保证金的多少，买卖几个或几十个合约。一般情况下，投资者利用1000美元的保证金就可以买卖一个合约，当外币上升或下降，投资者的盈利与亏损是按合约的金额即10万美元来计算的。

这种合约形式的买卖只是对某种外汇的某个价格做出书面或口头的承诺，然后等待价格上升或下跌时，再做买卖的结算，从变化的价差中获取利润，当然也承担了亏损的风险。外汇投资以合约的形式出现，主要的优点在于节省投资金额。由于这种投资所需的资金可多可少，所以，近年来吸引了许多投资者的参与。

4.外汇期货交易

外汇期货交易是指在约定的日期，按照已经确定的汇率，用美元买卖一定数量的另一种货币。期货市场至少要包括两个部分：一是交易市场，另一个是清算中心。期货的买方或卖方在交易所成交后，清算中心就成为其交易对方，直至期货合同实际交割为止。

期货外汇和合约外汇交易既有一定的联系，也有一定的区别。合约现货外汇的买卖是通过银行或外汇交易公司来进行的，外汇期货的买卖是在专门的期货市场进行的。外汇期货的交易数量和合约现货外汇交易是完全一样的。外汇期货买卖最少是一个合同，每一个合同的金额，不同的货币有不同的规定，如一个英镑的合同也为62500英镑、日元为1250000日元、欧元为125000欧元。外汇期货买卖与合约现货买卖有共同点亦有不同点。

目前，全世界的期货市场主要有：芝加哥期货交易所、纽约商品交易所、悉尼期货交易所、新加坡期货交易所、伦敦期货交易所。

PART 06
谁也逃不掉的金融危机——每天读点金融危机知识

金融危机是如何爆发的

仿佛就在一夜之间，拥有85年历史的华尔街第五大投行贝尔斯登贱价出售给摩根大通；拥有94年历史的美林被综合银行美国银行收购；历史最悠久的投行——有158年历史的雷曼宣布破产；有139年历史的高盛和73年历史的摩根士丹利同时改旗易帜转为银行控股公司。拥有悠久历史的华尔街五大投行就这样轰然倒塌，从此便成了历史。华尔街对金融衍生产品的滥用就是导致此次"百年一遇"的金融灾难的罪魁祸首。

金融衍生品是由原生资产派生出来的金融工具，金融衍生品一般独立于现实资本运动之外，却能给持有者带来收益，它本身没有价值，具有虚拟性。最初进入这个市场的商业银行与投资银行获得暴利，因此吸引越来越多的参与者介入衍生产品市场。

参与者越来越多，金融产品种类的开发越来越多，包括次贷、商业性抵押债券、信用违约掉期等，业务规模也就越来越庞大，直到商业银行与投资银行之间的业务深入渗透。业务的相互渗透意味着高风险的相互渗透，造成了"我中有你，你中有我"的局面，这是金融危机影响深远的主要原因之一。

当1999年时，美国允许商业银行进行混业经营，之后美国政府对银行业的监管逐渐放松。金融行业开始迅速扩张，金融业利润占全部上市公司利润的份额从20年前的5%上升到当前的40%，扩张明显大于其所服务的实体经济，并成为整个经济的支柱。2000年以后，随着房地产行业的逐渐繁荣，与之相关的金融衍生产品开始迅速发展，商业银行也越来越多地介入到衍生品的开发与推广中，并为今天的金融危机埋下隐患。

我们可以简单地演示一下金融危机是如何爆发的。

1.杠杆

许多投资银行为赚取暴利，采用杠杆操作。杠杆是一柄双刃剑，在牛市中，利用杠杆借款可以获得暴利；相反，熊市来临，地产行业出现危机并导致市场转折的时候，杠杆就变成自杀工具。

2.CDS

把杠杆投资拿去做"保险"，这种保险就叫CDS。比如，银行A为了逃避杠杆风险就找到了机构B。A对B约定，B帮A的贷款作为违约保险，A每年付B保险费5000万，连续10年，总共5亿，假如A银行的投资没有违约，那么这笔保险费就直接归B。假如违约，B要为A赔偿，为A承担风险。对于A来说，如果不违约，就可以赚45亿，这里面拿出5亿用来做保险，还能净赚40亿。如果有违约，反正由B来赔付。所以对A而言既规避了风险，还能赚到钱。B经过认真的统计分析，发现违约的情况不到1%。如果做100家的生意，总计可以拿到500亿的保险金，如果其中一家违约，赔偿额最多不过50亿，即使两家违约，还能赚400亿。

A、B双方都认为这笔买卖对自己有利，因此双方成交并皆大欢喜。

3.CDS市场

B做了这笔保险生意并且赚到钱后，C也想分一杯羹，就跑到B处说，只要B将100个CDS卖给他，C可以将每个合同以2亿成交，总共200亿。对于B来说，400亿要10年才能拿到，现在一转手就有200亿，而且没有风险，因此B和C马上就成交了。这样一来，CDS就像股票一样流到了金融市场之上，可以交易和买卖。当C拿到这批CDS之后，并不想等上10年再收取200亿，而是把它挂牌出售，每个CDS标价2.20亿；D看到这个产品，算了一下，认为自己还是有赚头，立即买了下来。一转手，C赚了20亿。从此以后，这些CDS就在市场上反复地炒，以至于CDS的市场总值炒到了何种程度已经没人知道。

4.次贷

A、B、C、D、E、F……所有的人都在赚大钱，那么这些钱到底是从哪里冒出来的呢？从根本上说，这些钱来自A，以及同A相仿的投资人的盈利。而他们的盈利大半来自美国的次级贷款。享受次级贷款的这些人经济实力本来不够买自己的一套住房，但次贷为他们解决了这个问题。越来越多的人参与到房地产市场中，房价持续上涨，尽管次级贷款的利息一般比较高，但是享受次级贷款的人们在此时并不担心贷款利息的问题，只要房子处于升值的过程中，穷人还是赚钱的。此时A很高兴，他的投资在为他赚钱；B也很高兴，市场违约率很低，保险生意可以继续做；后面的C、D、E、F等都跟着赚钱。

5.次贷危机

有涨必定有跌，房价涨到一定的程度就涨不上去了。当房价往下跌的时候，原先享受次贷的高额利息要不停地付，终于到了走投无路的一天，把房子甩给了银行。此时违约就发生了。此时A并不感到担心，反正有B做保险。B也不担心，反正保险已经卖给了C。那么现在这份CDS保险在哪里呢，在G手里。G刚从F手里花了300亿买下了100个CDS，还没来得及转手，突然接到消息，这批CDS被降级，其中有20个违约，大大超出原先估计的不到1%的违约率。每个违约要支付50亿的保险金，总共支出达1000亿。加上300亿CDS收购费，G的亏损总计达1300亿。虽然G是一个大的金融机构，也经不起如此巨大的亏损，因此G濒临倒闭。

6.金融危机

如果G倒闭，那么A花费5亿美元买的保险就泡了汤，更糟糕的是，由于A采用了杠杆原理投资，根据前面的分析，A赔光全部资产也不够还债。这样，从A到G的所有人都会从这连锁危机中损失惨重。

现实中的金融危机远比上述模型要复杂得多，不过，我们也能从模型当中看出金融危机的产生及发展历程。

可以说这次金融危机，是五个因素共同发生作用的结果，如果缺一个都不会发生金融危机，或者金融危机不会这么严重。这五个因素，第一个，次贷衍生产品，包括CDU、CTS等产品。第二个，美国过去十几年都是低利率，特别是"9·11"以后这个政策。第三个，金融机构特别是投资银行杠杆率的监管。第四个，金融机构的风险控制，对资本监管的放松，包括让所有的投资银行业务在过去的五六年之中通过特别是2001年、2002年都陆续进入次贷，追求高风险业务。我们知道次贷是没有信誉保障的人，他的贷款利率高于优质贷款，所以投资银行做这个业务收益大、风险就大。第五个，信贷机制的监管。

真正的金融危机是五个因素共同作用的结果，危机从发生以后，美国、英国包括行业组织都在进行检讨，都在完善监管。通过金融危以后，这个监管机制的完善，资本市场作用，包括在经济中作用，华尔街还有很多的力量。衍生产品纳入监管以后，规避风险、价格信号的功能还会正常发挥。这次危机是多方面的，不仅仅与衍生产品有关。但是，应该说不是衍生产品惹的祸，也是对衍生产品使用不当，是衍生产品基础产品产生了问题。如果金融衍生产品没有受到投资者疯狂的追捧，恐怕也不会有金融危机的局面。

华尔街打着金融创新的旗号，推出各种高风险的金融产品，不断扩张市场，造成泡沫越来越大。当泡沫破灭的那一刻，危机便爆发了。曾经令人瞩目的"华尔街模式"一夜坍塌，令无数财富荡然无存。普通百姓也已经切身感受到金融危机的冲击。因此，对我们来说，要了解金融危机在美国的演变历程，并牢记历史的教训。

狂热的投机：金融危机顽疾难医

一位法国金融家说道："法国人热爱金钱，并不是因为它给人们带来了行动的机会，而是因为它可以保证收入。"让我们看看虚构的法国人与英国人的不同观点，它们产生于1981年哈佛与耶鲁的一场争论：

威廉·伯蒂尼恩：英格兰是股票热衷者的圣诞树。贵族只要花几英镑就可以买到一个席位，进入任何一家公司的董事会。而公众不是疯子就是傻子，上帝啊，我从未听说过这种人，除非是比萨拉比亚的农民，或是喀麦隆的黑鬼，他们才真正相信他们的信仰。只要有任何一种听起来完全不可能的业务，他们都会为之尝试。

斯图尔特：英格兰是银行家的世界。还从来没有失败过，她遵守了她的诺言。这就是为什么这些投机——这些投机你在美国股票市场上是找不到的——每一个汤姆、狄克和哈利都试图大赚一笔——就像在法国一样。

确实，这是不同的。不同国家的人，投机本性可能迥然相异。对某一个国家而言，投机本性在不同的时间里也会有所不同，即在该国情绪高昂时期与压抑时期，投机的程度均不相通。但是，各种形式的投机，都具备的共性就是，它们都会为金融危机的爆发带来巨大的隐患。

金融危机远因是投机行为和信用扩张，近因则是某些不起眼的偶然事件。如一次银行破产、某个人的自杀、一次无关主旨的争吵、一件意想不到的事情的暴露或是拒绝为某些人贷款，以及仅仅是看法的改变。这些事情使市场参与者丧失了信心，认为危机即将来临，从而抛出一切可转换为现金的东西，诸如股票、债券、房地产、外汇和商业票据。当所有需要货币的人都找不到货币了，金融领域中的崩溃便会传导到经济中的各个方面，导致总体经济的下降，金融危机的来临。

投机要成为一种"热"，一般都要在货币和信贷扩张的助长下才能加速发展。有时候，正是货币和信贷的最初扩张，才促成了投机的狂潮。远的如举世皆知的郁金香投机，就是当时的银行通过发放私人信贷形成的；近的如19世纪30年代大萧条之前，纽约短期拆借市场扩张所促成的股票市场繁荣。事实上，在所有从繁荣到危机的过程中，都有货币或者是银行信贷的影子。而且，货币的扩张也不是随机的意外事件，而是一种系统的、内在的扩张。

19世纪50年代，全球经济繁荣的出现源于以下多重因素的影响。第一，新金矿被发现；第二，英国、法国、德国和美国新设立了大量的银行；第三，多家银行在纽约和费城设立清算所，伦敦票据清算所也开始大规模扩张。清算所的出现使得票据清算更加便捷，也使得其成员银行更愿意在交易结算中选择票据作为结算方式。成员银行间的支付差额通过所签发的证明进行结算，又创造了一种新形式的货币。1866年，英国新成立了股份合作制的票据贴现所，通过票据贴现的方式发放了大量贷款，这也带来了英国当时的信贷扩张。而为了用黄金支付法兰西——普鲁士战争赔款，德国新设立大量掮客银行，这种掮客银行后来拓展至奥地利及奥地利新设立的建设银行，奥地利的建设银行后来也发展至德国，共同导致了19世纪70年代中欧的信贷繁荣即信用膨胀。

那么，问题就出来了：一旦启动了信贷扩张，规定一个停止扩张的时点是否现实呢？通常当大的金融危机出现，一国的中央银行就会扮演危机中的最后贷款人，来挽救金融危机。

但是，金融危机中的最后贷款人的角色并不好把握。长期来看，货币供应量应该固定不变，但在危机期间它应当是富有弹性的，因为良好的货币政策可以缓解经济过热和市场恐慌，也应该可以消除某些危机。其依据主要是对1720年、1873年和1882年的法国危机，以及1890年、1921年和1929年的危机的研究。这几次危机中都没有最后贷款人出现，而危机后的萧条持续久远。

但是，将这种观点简单理解为设立一个最后贷款人也是肤浅的。如果市场知道它会得到最后贷款人的支持，就会在下一轮经济高涨时期，较少甚至不愿承担保障货币与资本市场有效运作的责任，最后贷款人的公共产品性会导致市场延迟采取基本的纠正措施、弱化激励作用、丧失自我依赖性。因此，应该由一个"中央银行"提供有弹性的货币。但是，责任究竟落在谁的肩上还不确定。这种不确定性如果不使市场迷失方向的话是有好处的。因为，它向市场传递了一个不确定的信息，使市场在这个问题上不得不更多地依靠自救。适度的不确定性，但不能太多，有利于市场建立自我独立性。

众所周知，在经济过热与市场恐慌中，货币因素十分重要。芝加哥学派认为，当局总是愚蠢的，而市场总是聪明的，只有当货币供应量稳定在固定水平或以固定增长率增加时，才能避免经济过热和市场恐慌。然而，现实的悖论是，银行家只把钱借给不想借钱的人。当发生经济崩溃时，银行体系必然受到冲击，除了货币数量的变动外，将导致银行对信贷进行配额控制，这势必造成某些资本运行环节当中的信用骤停和流动性衰竭。

泡沫经济：最绚丽的泡沫也还是泡沫

正常情况下，资金的运动应当反映实体资本和实业部门的运动状况。只要金融存在，金融投机必然存在。但如果金融投机交易过度膨胀，同实体资本和实业部门的成长脱离得越来越远，便会造成社会经济的虚假繁荣，形成泡沫经济。

泡沫经济是指虚拟资本过度增长与相关交易持续膨胀日益脱离实物资本的增长和实业部门的成长，金融证券、地产价格飞涨，投机交易极为活跃的经济现象。泡沫经济寓于金融投机，造成社会经济的虚假繁荣，最后必定泡沫破灭，导致社会震荡，甚至经济崩溃。历史上发生过许多次的泡沫经济事件，它们给经济的发展带来了巨大的损害。

17世纪　荷兰发生郁金香泡沫经济。

18世纪　英国的南海公司泡沫经济（南海泡沫事件）。这次事件成为泡沫经济的语源。

20世纪20年代　受到第一次世界大战的影响，大量欧洲资金流入美国，导致美国股价飞涨。之后黑色星期二爆发，美国泡沫经济破裂，导致世界性恐慌。

1980年　日本泡沫经济。

1994年　墨西哥为主的中南美洲泡沫经济。

1997年　东南亚金融危机。

1999～2000年　美国因特网泡沫经济。

2003年　美国为主的全球房地产泡沫经济。

由于没有实体经济的支持，经过一段时间，泡沫经济都会犹如泡沫那样迅速膨胀又迅速破灭。那么泡沫经济又是如何形成的呢？主要有以下方面的重要原因：

其一，宏观环境宽松，有炒作的资金来源。泡沫经济都是发生在国家对银根放得比较松，经济发展速度比较快的阶段，社会经济表面上呈现一片繁荣，给泡沫经济提供了炒作的资金来源。一些手中握有资金的企业和个人首先想到的是把这些资金投到有保值增值潜力的资源上，这就是泡沫经济成长的社会基础。

其二，社会对泡沫经济的形成和发展缺乏约束机制。对泡沫经济的形成和发展进行约束，关键是对促进经济泡沫成长的各种投机活动进行监督和控制，但到目前为止，社会还缺乏这种监控的手段。这种投机活动是发生在投机当事人之间的两两交易活动，没有一个中介机构能去监控它。作为投机过程中最关键的一步——货款支付活动，更没有一个监控机制。

其三，金融系统对房地产领域的过度放纵。过度宽松的财政货币政策加剧资金过剩，助长泡沫膨胀；大批公共工程马上增加了对土地的需求，进一步刺激地价上涨，各种因素叠加共振，使地价房价飞涨。宽松的房贷条件和政府失察，最终成为压垮这些"诞生经济奇迹"国家的最后一根稻草。

一本反映日本泡沫经济的书中，讲了一件真实的事。唱红了《北国之春》的日本男歌星千昌夫，准备操办婚事时，银行职员上门了。当时，富裕的日本人都流行到夏威夷结婚，但那里还没有专门面向日本人的酒店。银行的人对千昌夫说："你应该去夏威夷投资建个酒店。"千昌夫问："你能借多少？"银行说："1000亿（日元）。"千昌夫傻了："我从来没想到过要借这么多钱。"银行就说："不，我们一定要借给你1000亿，不要任何担保。"1000亿就这样借给了千昌夫。这还没完，第二家银行又来了："听说您要在夏威夷建酒店？你应该再建个高尔夫球场。"结果，千昌夫名下的贷款总额达到了5000亿日元。

进入1990年，这场人类经济史上最大的泡沫经济终于破灭，股价房价暴跌，大量账面资产化为乌有，企业大量倒闭，失业率屡创新高，财政恶化，日本经济陷入长达10多年的低迷状态。

西方谚语说："上帝欲使人灭亡，必先使其疯狂。"20世纪80年代后期，日本的股票市场和土地市场热得发狂。从1985年年底到1989年年底的4年里，日本股票总市值涨了3倍。土地价格也是接连翻番，到1990年，日本土地总市值是美国土地总市值的5倍，而美国国土面积是日本的25倍！两个市场不断上演着一夜暴富的神话，眼红的人们不断涌进市场，许多企业也无心做实业，纷纷干起了炒股和炒地的行当——全社会都为之疯狂。但泡沫，在1990年3月开始破灭。

灾难与幸福是如此靠近。正当人们还在陶醉之时，从1990年开始，股票价格和土地价格像自由落体一般往下落，许多人的财富转眼间就成了过眼云烟，上万家企业迅速关门倒闭。两个市场的暴跌带来数千亿美元的坏账，仅1995年1月至11月就有36家银行和非银行金融机构倒闭，当年爆发剧烈的挤兑风潮。

日本当年经济崩溃的原因并非允许日元升值，而是其长期严重压低日元汇率。其次，日本在推行强势日元的同时，实行过度宽松货币政策，这才酿成了金融领域的严重泡沫问题。

日本泡沫经济崩溃至今已经过去了整整20年。对发展中国家而言，这是一段不能忘记和忽视的历史事件。就当时的经济环境来看，虽然跟今天相比已经发生了很大的变化，但是，在形成泡沫的激励和社会对待泡沫经济的反应上看，却表现出惊人的相似性。就像当前楼价的一路高歌状况一样，这究竟是"非理性疯狂"的表现，还是泡沫经济的昙花一现，值得我们理性地分析。

PART 07
企业上市，奔向纳斯达克——
每天读点企业上市知识

拉开上市的大幕，了解上市的前期准备

企业上市，对公司来说是一件非常重要的事情，而且，企业上市对决策者与操作者的信念也是一种考验。因此，在正式上市之前，企业领导应谨慎考虑是否愿意与股东分享公司的制度、权利和资料文件。因为公司除了有权免费使用股东的资金作为公司运营需要外，还要对股东承担一定的义务，如向股东交代公司管理情况、资金运用情况、公司的发展策略、短期投资等。

在上市的准备工作中，一项重要的步骤就是审计。往往审计的结果对企业是否能够成功上市发行融资起到了至关重要的作用。

一般情况下，要求中国公司在中国境内按照中国的会计准则进行财务数据记账处理；而企业在境外上市，则需要审计公司在对中国公司的财务数据按照中国会计准则进行核准并按照国际会计准则（IFRS）或目的上市所在地证券交易所（证券委、金融管理局）允许的会计准则进行转换。当前中国的会计准则已经非常接近于国际会计准则，但其中仍存在差距。

因此，企业可以根据自身的特点选择适合自己的审计机构，而并非全球"四大"（即：普华永道、毕马威、安永、德勤）不可。可是，企业需要注意的是，有些发行商需要审计师事务所提供不低于融资额50%的保险，而一些审

计师事务所会要求客户支付该所所能承担的最大保险额以外的保险保费。

在全球资本市场范围内，几乎都需要准上市企业提供3年财务合并报表的审计报告以及上市前最近一个季度的财务审阅报告。例如：如企业准备在6月上市，则需要进行当年第一个季度的财务审阅；如企业在11月上市，则需要提供当年前三个季度的财务审阅。最终的具体情况则需要根据上市目的地核准机构的要求。

企业在审计的时候最好能够提供电子账套，也就是说企业最好是使用财务软件，以便节约审计时间。毕竟，手工账套审计起来工作量会非常大，这体现在审计时间长，审计队伍和企业配合审计人员庞大；这也间接提高了企业的审计费用。

审计报告完成的时间直接影响到招股说明书的完成时间、递交审批机构的时间以及发行商提早准备发行工作的时间。许多项目的延迟也是因为审计报告无法按时完成导致的，这将无形增加企业上市发行费用，企业应该密切注意，听从并配合审计师按计划完成工作。

董事会秘书作为企业高管，其定位具有角色的特殊性，用企业上市的先行官来形容董事会秘书一点也不过分。董事会秘书的职业操守包括专业素质直接影响着企业上市工作的成功与否。因为董事会秘书是企业融资、企业上市的主要策划人之一，也是具体的执行人。在选择中介机构、企业改制设立、申请及报批、发行上市等上市前的各环节中，始终起着关键作用。所以工作中，常

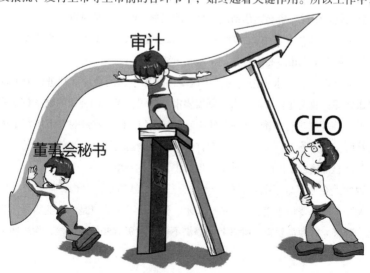

常把董事会秘书定义为企业上市的先行官。《公司法》第124条规定："上市公司设董事会秘书，负责公司股东大会和董事会会议的筹备、文件保管以及公司股东资料的管理，办理信息披露事务等事宜。"董事会秘书由董事长提名，经董事会聘任或解聘，董事会秘书应对董事会负责。

拟上市企业的董事会秘书在上市运作的整个过程中都应以上市公司董事会秘书的工作标准来要求自己，接受董事会秘书的专业培训，熟悉相关法规政策，厘清思路，找准方向，审时度势，为企业拟订上市规划并报企业决策层审议通过后操作实施，同时配合中介机构进场协同作战。

一切准备就绪，就需要企业进入紧锣密鼓的上市筹备阶段。上市企业一般分为以下三个阶段，即：上市筹备阶段、聘请中介机构、企业股份制改组阶段。

上市筹备阶段，由企业一把手挂帅，正式成立上市领导小组，全面负责上市工作，由拟选董事会秘书代理执行具体工作。

设立上市筹备组，主要成员单位有：办公室、财务部、法律部、生产部、市场销售部、科研开发部、后勤部等部门负责人及企业候选的董事会秘书等，各成员之间互相配合协同作战，其主要工作有：企业财务部配合会计师及评估师进行公司财务审计、资产评估及盈利预测编制工作；企业分管领导及董事会秘书负责协调企业与省、市各有关政府部门、行业主管部门、中国证监会派出机构以及各中介机构之间的关系，并把握整体工作进程；法律部与律师合作，处理上市有关法律事务，包括编写发起人协议、公司章程、承销协议、各种关联交易协议等；生产部、市场销售部、科研开发部负责投资项目的立项报批工作和提供项目可行性研究报告；董事会秘书完成各类董事会决议、申报主管机关批文、上市文件等，并负责对外媒体报道及投资者关系管理。

聘请中介机构。企业股份制改组及上市所涉及的主要中介机构有：会计师事务所、证券公司及保荐人、资产评估机构、土地评估机构、律师事务所等。这些机构主要由董事会秘书及企业高管负责沟通与协调。与中介机构签署合作协议后，企业便在中介机构指导下开始股份制改组及上市准备工作。

企业股份制改组阶段，其工作重心就是确定发行人主体资格及公司法理、规范运作。

做好企业上市前的准备工作，帮助企业更好地迎来上市的重大时机，这是企业踏上上市之旅的良好起点，也是企业更好发展的光明路标。

严格遵守上市程序是企业成功上市的基础

我们常常说，没有什么成功是随随便便就能实现的。对上市企业来说，企业上市也只是迈出了全新的一步，并不能代表所谓的成功。在做好上市的充分准备之后，我们也要按照一定的程序来实现上市的目的，取得实质性的突破。

1.股票发行不是简单的四个字，它往往需要企业符合一定的条件

（1）公司的生产经营符合国家产业政策。

（2）限发行一种普通股，以实现"同股同权"的原则。

（3）发行人近三年内无重大违法行为。

（4）发起人认购的股本数应占公司拟发行的股本总额的35%以上，且认购的部分不低于3000元。

（5）面向社会公众发行的股本数不得低于公司拟发行的股本总额的25%。

（6）公司职工认购的股本数不得超过向社会公众发行的股本总额的10%。

（7）需符合证券规定的其他条件。

2.根据《证券法》与《公司法》的有关规定，满足发行条件的企业上市的程序如下

（1）向证券监督管理机构提出股票上市申请。

股份有限公司申请股票上市，必须报经国务院证券监督管理机构核准。证券监督管理部门可以授权证券交易所根据法定条件和法定程序核准公司股票上市申请。股份有限公司提出公司股票上市交易申请时应当向国务院证券监督管理部门提交下列文件：

①上市报告书；

②申请上市的股东大会决定；

③公司章程；

④公司营业执照；

⑤经法定验证机构验证的公司最近三年的或公司成立以来的财务会计报告；

⑥法律意见书和证券公司的推荐书；

⑦最近一次的招股说明书。

（2）接受证券监督管理部门的核准。

对于股份有限公司报送的申请股票上市的材料，证券监督管理部门应当予以审查，符合条件的，对申请予以批准；不符合条件的，予以驳回；缺少所要求的文件的，可以限期要求补交；预期不补交的，驳回申请。

（3）向证券交易所上市委员会提出上市申请。

股票上市申请经过证券监督管理机构核准后，应当向证券交易所提交核准文件以及下列文件：

①上市报告书；

②申请上市的股东大会决定；

③公司章程；

④公司营业执照；

⑤经法定验证机构验证的公司最近三年的或公司成立以来的财务会计报告；

⑥法律意见书和证券公司的推荐书；

⑦最近一次的招股说明书；

⑧证券交易所要求的其他文件。

证券交易所应当自接到的该股票发行人提交的上述文件之日起六个月内安排该股票上市交易。《股票发行和交易管理暂行条例》还规定，被批准股票上市的企业在上市前应当与证券交易所签订上市契约，确定具体的上市日期并向证券交易所交纳有关费用。《证券法》对此未作规定。

3.证券交易所统一股票上市交易后的上市公告

我国《证券法》第47条规定："股票上市交易申请经证券交易所同意后，上市公司应当在上市交易的五日前公告经核准的股票上市的有关文件，并将该文件置备于指定场所供公众查阅。"

我国《证券法》第48条规定："上市公司除公告前条规定的上市申请文件外，还应当公告下列事项：（一）股票获准在证券交易所交易的日期；（二）持有公司股份最多的前十名股东的名单和持有数额；（三）董事、监事、经理及有关高级管理人员的姓名及持有本公司股票和债券的情况。"

此外，对于不同的版块来说，企业上市的条件也有所不同，下面来给大家简单地介绍一下。

第一，生产经营方面。中小板要求发行人生产经营符合国家产业政策；而创业板要求发行人应当主要经营一种业务，其生产经营活动符合国家产业政策及环境保护政策；对于像钢铁、水泥、平板玻璃、煤化工、多晶硅、风电设备（2.5兆瓦以上的除外）、电解铝、造船、大豆压榨等产能过剩行业和高能耗、高污染企业和资源型的"两高一资"企业被主板、中小板和创业板同时列为限制类企业。

证监会鼓励以下九个行业上创业板：新能源、新材料、信息、生物与新医药、节能环保、航空航天、海洋、先进制造、高技术服务。证监会要求保荐机构"审慎推荐"以下八个行业上创业板：（一）纺织、服装；（二）电力、煤气及水的生产供应等公用事业；（三）房地产开发与经营，土木工程建筑；（四）交通运输；（五）酒类、食品、饮料；（六）金融；（七）一般性服务业；（八）国家产业政策明确抑制的产能过剩和重复建设的行业。

第二，稳定性方面。中小板要求发行人最近三年内主营业务和董事、高级管理人员没有发生重大变化，实际控制人没有发生变更。同样地，创业板要求发行人最近两年内主营业务和董事、高级管理人员均没有发生重大变化，实际控制人没有发生变更。

第三，业绩方面。中小板要求最近三个会计年度净利润均为正数且累计超过人民币3000万元，净利润以扣除非经常性损益前后较低者为计算依据。在目前的实际操作中，一般要达到"报告期3年累计税后利润不低于一个亿，最近一年税后利润不低于5000万"的条件。创业板要求最近两年连续盈利，最近两年净利润累计不少于1000万元，且持续增长；或最近一年盈利，且净利润不少于500万元，最近一年营业收入不少于5000万元，最近两年营业收入增长率均不低于30%。净利润以扣除非经常性损益前后孰低者为计算依据。在目前的实际操作中，一般要满足"报告期三年税后利润增长率平均不低于30%，最近一年营业收入不低于1个亿，税后利润不低于3000万"这一条件。

第四，股本方面。中小板要求发行前股本总额不少于人民币3000万元。创业板要求发行后股本总额不少于3000万元。

第五，其他方面。中小板要求最近一期末无形资产（扣除土地使用权、水面养殖权和采矿权等后）占净资产的比例不高于20%；最近三个会计年度经营活动产生的现金流量净额累计超过人民币5000万元；或者最近三个会计年度营业收入累计超过人民币3亿元。创业板要求最近一期末净资产不少于2000万元。满足以上几个条件，完成以上几个程序，企业也就能够上市并进行交易了。在上市的过程中，如果上市公司丧失《公司法》规定的上市条件的，其股票依法暂停上市或终止上市。

上市公司有下列情形之一的，由证监会决定暂停其股票上市：

第一，公司股本总额、股份结构等发生变化，不再具备上市条件。

第二，公司不按规定公开其财务状况或者对财务会计报告做虚伪记载。

第三，公司有重大违法行为。

第四，公司最近三年连续亏损。

上市公司有前述的第二、三项情形之一，经查证属实且后果严重的；或有前述第一、四项的情形之一，在限期内未能消除，不再具备上市条件的，由证监会决定其股票上市。

量体裁衣，选择适合的融资方式

所谓融资方式，即企业融资的渠道。它可以分为债务性融资和权益性融资两类。前者包括银行贷款、发行债券和应付票据、应付账款等，后者主要指股票融资。债务性融资构成负债，企业要按期偿还约定的本息，债权人一般不参与企业的经营决策，对资金的运用也没有决策权。权益性融资构成企业的自有资金，投资者有权参与企业的经营决策，有权获得企业的红利，但无权撤退资金。

对于任何一个企业的发展，资金都起着至关重要的作用，它是企业经营活动正常运转的血液，也是进行收益分配的基础。而选择何种融资方式也是每个企业都会面临的问题。合理地选择融资方式，可以降低融资风险，减少资本成本。企业量体裁衣，选择适合自己的融资方式，才能做到既满足融资的需要，也能够不断积累，有利于企业的长远发展。

债务性融资我们在上一章做了一定的介绍，这一节我们主要来看一看权益性融资。权益性融资主要分为两种：普通股融资和优先股融资。

普通股是股份有限公司发行的不具特别权利的股份，是企业资本的最基本构成，它是股票的一种基本形式，在股票市场中，它的发行量最大，也最为重要。它代表满足所有债权偿付要求及优先股东的收益权与求偿权要求后对企业盈利和剩余财产的索取权。通常情况下，股份有限公司只发行普通股。

普通股的基本特点是其投资收益（股息和分红）不是在购买时约定，而是事后根据股票发行公司的经营业绩来确定。公司的经营业绩好，普通股的收益就高；反之，若经营业绩差，普通股的收益就低。

与其他筹资方式相比，普通股筹措资本具有如下优点：首先，发行普通股筹措资本具有永久性，无到期日，不需归还。这对保证公司对资本的最低需要、维持公司长期稳定发展极为有益。其次，发行普通股筹资没有固定的股利负担，股利的支付与否和支付多少，视公司有无盈利和经营需要而定，经营波动给公司带来的财务负担相对较小。由于普通股筹资没有固定的到期还本付息的压力，所以筹资风险较小。再次，发行普通股筹集的资本是公司最基本的资金来源，它反映了公司的实力，可作为其他方式筹资的基础，尤其可为债权人提供保障，增强公司的举债能力。最后，由于普通股的预期收益较高并可一定程度地抵消通货膨胀的影响（通常在通货膨胀期间，不动产升值时普通股也随之升值），因此普通股筹资容易吸收资金。

但是，从投资者的角度来说，由于普通股的资本成本较高，因此投资普通股相对来说风险也较高。而对于筹资公司来说，与债券利息不同，普通股股利从税后利润中支付，因而不具抵税作用。此外，普通股的发行费用一般也高于其他证券。

优先股是公司的另一种股份权益形式。所谓优先股，是指由股份有限公司发行的，在分配公司收益和剩余财产方面比普通股股票具有优先权的股票。优先股常被看成是一种混合证券，介于股票与债券之间的一种有价证券。持有这种股份的股东先于普通股股东享受分配，通常为固定股利。优先股收益不受公司经营业绩的影响。

发行优先股对于公司资本结构、股本结构的优化，提高公司的效益水平，增强公司财务弹性无疑具有十分重要的意义。利用优先股股票筹集的资本称为优先股股本。

优先股与普通股相比，在分配公司收益方面具有优先权，一般只有先按约定的股息率向优先股股东分派了股息，普通股股东才能进行分派红利。因此，优先股股东承担的风险较小，但收益稳定可靠。不过，由于股息率固定，即使公司的经营状况优良，优先股股东一般也不能分享公司利润增长的利益。如果公司破产清算，优先股对剩余财产有优先的请求权。优先股股东的优先权只能优先于普通股股东，但次于公司债券持有者。从控制权角度看，优先股股东一般没有表决权（除非涉及优先股股东的权益保障时），无权过问公司的经营管理。我国的有关法规规定：优先股股东无表决权，但公司连续三年不支付优先股股息，优先股股东就享有普通股股东的权利。所以发行优先股一般不会稀释公司普通股股东的控制权。除此之外，发行人为了吸引投资者或保护普通股东的权益，对优先股附加了很多定义，如可转换概念、优先概念、累计红利概念等。

公司发行优先股，在操作方面与发行普通股无较大差别，但由于公司与优先股股东的约定不同，从而有多种类型的优先股。按照不同的标准，先后分为累积优先股与非累积优先股；全部参与优先股、部分参与优先股和不参与优先股；可转换优先股与不可转换优先股、可赎回优先股与不可赎回优先股、有投票权优先股与无投票权优先股。

从普通股股东的立场来看，优先股是一种可以利用的财务杠杆，可视为一种永久性负债。公司有时也可以赎回发行在外的优先股，当然要付出一定的代价，如溢价赎回的贴水。从债权人的立场来看，优先股又是构成公司主权资本的一部分，可以用作偿债的铺垫。

综合来看，不论是债务性融资还是权益性融资，随着企业的成长发展，经营风险的逐渐减少，吸引越来越多的投资人，因此，可供选择的融资方式也会越来越丰富。

资金来源	企业发展阶段		
	种子阶段	创业阶段	成长阶段
内源融资	家族积蓄	追加投资	存留利润
债权投资	亲朋好友借贷、政府扶持	典当、租赁融资	商业担保、贸易占款、流动资金贷款
股权融资	合作方投资	私募融资	国际私募

如图所示，纵向来看，随着融资成本的增加，企业可选择的融资方式自上而下也有所不同；横向来看，随着企业成长风险的减小，企业可选择的融资方式也在不断升级，有所改善。

由于融资是双方风险和收益的分配，依次寻找投资人也就意味着是在找人分担风险，同时也是向其"销售"未来的收益。因此企业只要把握风险和收益这两个方面的问题，就能够准确地选择融资方式。

随着我国经济的发展，当企业发展稳定后，经营风险较之过往也已经大为降低，拥有不可限量的发展前景。因此，此时来自国内外的投资者会不请自来，使企业陷入"钱眼"的局面。此时，企业要保持清醒的头脑，量体裁衣，根据企业自身的特点来选择合适的融资方式，以免自己的创业成果遭人轻取。

融资成功，如何运作资本才是关键

对于企业发展来说，资本固然重要，它如同企业的血液，是企业生存的根源，但是融资不是目的，如果一个企业拥有大量的资金，却无法运作，也就如同一个植物人，它活着，但是不能有任何作为。通过融资，企业得到足够的资金，那么下一步关键就在于，企业应该懂得如何运作资本，真正地实现融资成功。

那到底什么是资本运作呢？资本运作又叫作资本经营，是指利用市场法则，通过资本本身的技巧性运作或资本的科学运动，实现价值增值、效益增长的一种经营方式。简而言之，就是利用资本市场，通过买卖企业和资产而赚钱的经营活动和以小变大、以无生有的诀窍和手段。发行股票、发行债券（包括可转换公司债券）、配股、增发新股、转让股权、派送红股、转增股本、股权回购（减少注册资本）、企业的合并、托管、收购、兼并、分立以及风险投资等，资产重组，对企业的资产进行剥离、置换、出售、转让或对企业进行合并、托管、收购、兼并、分立的行为，以实现资本结构或债务结构的改善，为实现资本运营的根本目标奠定基础。

2006年1月8日蒙牛宣布，与湖北最大的乳制品企业武汉友芝友保健乳品公司合资。在被称为"乳业市场整合年"的2006年首桩收购争夺战中，蒙牛夺得华中市场先机。

双方宣布，蒙牛和武汉友芝友保健乳品公司（下称"友芝友"）双方按52%对48%的比例共同投资人民币2.9亿元，合资成立蒙牛（武汉）友芝友乳业有限公司，其中蒙牛以现金出资，友芝友以土地、设备、人员作价。新公司成立后，友芝友公司将只作为股东身份存在，"友芝友"品牌纳入蒙牛旗下，由蒙牛负责统一管理和销售。

据原友芝友高层介绍，伊利是最早与友芝友接触的企业，双方谈判前后达一年半，但在战略方向、品牌等根本性问题上始终没有达成共识。

恰在这时，蒙牛现身。2005年10月30日，蒙牛派大将陈广军来到武汉（此人现为蒙牛友芝友合资公司总经理），试探性地接触了友芝友。11月1日，蒙牛董事长牛根生打电话给袁谦，这个电话让袁谦开始"认识这位中国乳业的传奇人物"。

受牛根生之邀，袁谦飞赴呼和浩特与牛根生密谈。他们"一见如故""长谈达10个小时"，袁谦自觉"深深地被牛根生的人格魅力所打动"，当即决定拿出自己的品牌与资金和蒙牛合作。牛根生劝他回去考虑，袁谦说："不用考虑了，我就和你合作。"

10个小时对18个月，在这个几近戏剧性的故事中，蒙牛拿下了友芝友。

友芝友乳业归属于芝友企业机构之下，芝友企业机构旗下公司众多，涉及机电、汽车、食品、生物科技等多个领域。虽然"友芝友"是湖北第一乳品品牌，但乳业并不是其主业，因此芝友企业机构董事长袁谦早有心将其拿出与人合作。

如何转移社会中的闲散资本，并给予集中利用？如何将集中起来的资本运行重组后再投放到国家或地方的建设项目中去，以达到援款资本的增值（就是产生利润）目的？这些问题都是对资本运作的肯定，正是在这个无限循环的过程中，才使得原始资本得以不断地增值、裂变，直到再生成巨大的资本（实现区域经济的跨越或发展）。

从资本的运动状态来分析，我们可以将其划分为存量资本经营和增量资本经营。存量资本经营指的是投入企业的资本形成资产后，以增值为目标而进行的企业的经济活动。资产经营是资本得以增值的必要环节。企业还通过对兼并、联合、股份制、租赁、破产等产权转让方式，促进资本存量的合理流动和优化配置。增量资本经营实质上是企业的投资行为。因此，增量资本经营是对企业的投资活动进行筹划和管理，包括投资方向的选择、投资结构的优化、筹资与投资决策、投资管理等。

德国的戴姆勒——奔驰公司和美国的克莱斯勒公司均为世界著名的汽车制造公司，戴姆勒——奔驰的拳头产品为优质高价的豪华车，主要市场在欧洲和北美；美国克莱斯勒公司的产品几乎全部集中于大众车，与戴姆勒——奔驰在产品和市场范围上正好互补，两家公司的合并是着眼于长远竞争优势的战略性合并。两家公司各自的规模以及在地理位置上分属欧洲大陆和美洲大陆，使合并的复杂程度和评估难度大大提高。

1998年5月7日，德国的戴姆勒——奔驰汽车公司购买美国第三大汽车公司克莱斯勒价值约为393亿美元的股票，收购这家公司，组成"戴姆勒——克莱斯勒"股份公司，奔驰和克莱斯勒将分别持有其中57%、43%的股份。

这一并购行为涉及的市场交易金额高达920亿美元。合并后的新公司成为拥有全球雇员42万，年销售额达1330亿美元的汽车帝国，占据世界汽车工业第三把交椅。

通过蒙牛公司和奔驰公司，我们脑中对资本运作有了一个相对简单的概念，现在我们来看一看进行合理的资本运作的意义所在。

其一，资本运作是整合资源的法宝。资本运作是整合资源的非常重要的渠道，就像联想收购IBM的PC业务，就是通过不断地收购来达到整合资源的目的，所以企业才能够在长时间里一直占据领先地位。

其二，资本运作是企业发展壮大的捷径。这一点是不言而喻的，企业希望能实现跨越式的发展，并购是一个捷径。

其三，资本运作也是企业快速实现自身价值的利器。在转型变革的现行社会，机会就在我们身边，每一个创业者都是怀着一定的理想来创立一个企业的，而资本运作就是这样一个实现自身价值的强大武器。

资本作为现代化大生产的一种要素，其重要性不言而喻，企业通过合理地进行资本运作则是企业实现低成本扩张、跨越式发展的关键之举。企业通过提高资源配置效率，实现经济增长方式的转变；通过提高经济发展速度，促进企业经营机制的转变；建立现代企业制度，实现真正的融资成功。但是我们也必须认识到，资本运作也是一把双刃剑，它做得好就可以让企业发展壮大，但如果做得不好，也将会前功尽弃，损失惨重。

PART 08
政府先生与市场先生巅峰对决——金融风险与监管知识

金融风险："玩钱者要承担的风险"

在1997年7月以来出现金融危机的国家中，泰国、马来西亚、印度尼西亚、菲律宾四个东南亚国家大体属于同一类型，韩国、日本、俄罗斯各属于一个类型，而1999年1月刚刚出现金融动荡的巴西又属于另一个类型。泰国等国的金融危机爆发带有突然性，不仅这些国家的政府没有准备，连国际货币基金组织等国际性金融机构事先也没有料到。

金融风险，是金融机构在经营过程中，由于决策失误、客观情况变化或其他原因使资金、财产、信誉有遭受损失的可能性。

一定量的金融资产在未来的时期内到底能产生多大的货币收入流量，还有相当的不确定性。这种预期收入遭受损失的可能性，就是通常所说的金融风险。一家金融机构发生的风险所带来的后果，往往超过对其自身的影响。金融机构在具体的金融交易活动中出现的风险，有可能对该金融机构的生存构成威胁；具体的一家金融机构因经营不善而出现危机，有可能对整个金融体系的稳健运行构成威胁；一旦发生系统风险，金融体系运转失灵，必然会导致全社会经济秩序的混乱，甚至引发严重的政治危机。

当人们用自己的货币以一定的价格购买金融资产时，人们之所以关心系统金融风险问题，原因就在于系统金融风险发展到一定程度就会转化为金融危机，金融危机如果引发社会政治危机，就不仅会对统治者的证券构成威胁，还会导致经济发展的停滞或严重倒退。

在现代市场经济中，金融领域是竞争最激烈风险程度也最高的领域，没有风险就没有金融活动。因此，想要避免金融风险是不可能的，对于决策当局来说，有决策参考意义的是关注系统金融风险或全局性金融风险。我们的报刊上常用的提法所谓"化解金融风险"实际上是一句糊涂语言，系统金融风险或全局性金融风险一直存在，个别金融风险或局部性金融风险每天都在出现，生生不息，如何化解得了？如果说"化解"，只应该是化解危机，但在危机尚未出现时，我们要做的工作也只能是降低系统或全局性金融风险。

金融学所涉及的无非是风险与回报这两大话题。哪两个问题呢？一个问题就是风险与回报之间的关系到底是怎么样的。第二个问题是如何在降低或者控制风险的同时，获得尽可能高的回报。

为什么风险与回报的问题这么重要呢？原因很简单，因为不愿意承担风险是绝大部分人的本性，可是我们又想得到尽可能高的回报。所以，在从事金融活动中，我们就要尽可能控制风险，采取办法降低风险。而要控制风险、降低风险，我们就必须了解风险是怎么回事，哪些因素可能导致风险？怎么衡量风险的大小？

在金融活动中，因为不重视风险而吃了大亏的例子很多。

1994年12月，美国加利福尼亚州奥兰治县政府宣布破产，成了美国历史上规模最大的政府破产案件。奥兰治县在洛杉矶附近，一直是一个比较富有的县，那它为什么会破产呢？因为它的财政局长在投资的时候，片面追求高回报，却不知道自己的风险有多大，也不知道自己的风险来自哪方面，当然，也就没有采取任何措施来控制风险。当美联储在1994年提高利率后，这个县亏损了大约17亿美元，也就只能破产了。

在奥兰治县政府破产这个案件中，还有更有意思的事情。在破产前的很多年中，这个县的投资回报都很不错，负责投资的财政局长也因此而连续7次当选财政局长，并多次被美国的一些刊物评为投资明星。

这个财政局长后来对6项重罪服罪，并被法院判刑3年半，外加社区服务1000个小时。因为没有发现他有什么贪污挪用公款等行为，县政府破产是因为他不重视风险、不懂控制风险导致的，所以，法院也没有让他去坐牢，而是让他在家里服刑。

从奥兰治县政府破产这个案件中，我们得到什么教训呢？就是要懂得风险与回报之间的关系，不能只强调回报，而不看风险。

那么，什么是风险呢？怎么衡量风险的大小呢？

在金融学中，风险是指我们投资实际获得的回报达不到我们的预期，也就是我们的投资可能遭受部分损失甚至是全部损失。

一般而言，投资者不会愿意承担较高风险，如果两项投资回报相当，但风险各异，投资者必定会选择低风险的一项。高风险必须有高的回报率，大家才有积极性参与，所以理论上，二者是成正比的。

那么，是什么因素导致了金融学或者说投资中的风险呢？原因有很多。有些因素是政府政策方面的，有些是公司所特有的，有些甚至是天灾因素。绝大部分人都不喜欢风险，但风险又无法避免，那么，我们怎么办呢？我们可以采取办法预防、控制风险对我们的影响，这就是风险管理。对于系统性风险，我们没有办法避免，但是我们可以想办法减少它们对我们的不利影响。对于非系统性风险，我们可以想办法避免，也应该想办法避免。

在金融学中，我们把风险分为两大类。一类叫系统性风险，这类风险的特点是，只要你从事金融活动，你就要承担这种风险，谁也躲避不了，这类风险包括政府宏观经济政策等因素。例如，中国人民银行提高利率的时候，所有的人都会受到影响。再如，出现通货膨胀的时候，谁都受到影响。有人说，那我到美国去投资，向美国的银行借款，中国人民银行提高利率以及中国国内的通货膨胀对我就没有影响了。其实你还是会受到影响，因为中国人民银行提高利率可能导致美国的美联储也跟着提高利率。所以，有些风险是谁也躲不开的。这就是系统性风险。

另一类风险叫作非系统性风险，就是每一个公司所独有的风险。比如，你购买了通用汽车公司的股票，通用汽车前不久宣布破产保护了，但别的很多公司并没有破产，而且在汽车行业内，很多公司也活得好好的。因此，破产就是通用汽车所独有的风险。再比如，你购买了伯纳德·麦道夫发行的股票，结果被他骗了，但并非所有的人都是大骗子。因此，欺骗是伯纳德·麦道夫所开的公司独有的风险。

理论上，除了我们前面讲到的套利活动外，所有其他的金融资产、所有其他的金融活动都是有风险的，因为谁也不能保证投资会只赚不赔。"股神"巴菲特在2008年也亏损了不少。虽然所有的金融活动都有风险，但是，风险还是有大小之分的。因此投资者在进行金融投资之前，对风险进行了解，针对自己的风险承受能力酌情考虑是非常重要的。

资本控制：一个有效的金融措施

20世纪末期，由于受东南亚经济危机的影响，很多国家不得不改变原有的经济政策。这一点，尤其表现在对短期资本流动和资本外流的控制以及稳定本国的金融市场上，而且这还引起了世界范围内关于资本管制的讨论。而马来西亚关于资本管制的策略值得很多国家借鉴和学习。

马来西亚是在20世纪60年代末期开始不断提高国内金融市场的开放程度的，经过长时间的改革后慢慢地发展成了一个外汇交易十分自由的国家。20世纪90年代初期，马来西亚国内的通货膨胀加剧，政府实施了提高利率的金融政策，马来西亚货币的升值预期便大大增加，大量的资金开始涌进马来西亚。而当马来西亚政府试图采取措施来改变这种状况时，国内的利率和外资还在不断地上升，政府的政策根本起不到什么作用。于是，1994年前后马来西亚政府便公布了一些临时性的措施来制止短期资本的不断流入。这样，流入马来西亚的短期资本有效地减少，资金流入的结构也得到了很大的改变。

马来西亚在危机的时刻对资本的严格控制，给马来西亚带来了很大的影响。它的措施不仅给马来西亚国内和国际的金融市场创造了有利的条件，同时还改善了资本在国内和国外的流动情况。

马来西亚对资本进行严格的管制后，使得国内的金融市场和国外的金融市场成功分离开来，国内的利率水平也完全不会受国外利率水平的制约。在资本控制的措施实施不久，马来西亚国内的利率大幅度下降，很快就恢复到了危机爆发前的水平，并且国外的资本又开始不断地流向了马来西亚。

对于资本的控制在很大程度上帮助马来西亚恢复国内的金融和经济，同时它的这种措施也给其他的国家提供了一个在金融危机中恢复经济和金融市场的经验。在华尔街金融风暴不断加深扩大时，资本控制的措施值得每一个深陷危机中的国家思考和借鉴。

在经济学上，资本管制是一种货币政策工具，是国家政府机关等权力机构用来掌控资本从国家资本账户等的流进和流出，以及定向投资金额从国家或货币中的进出。资本管制从克林顿政府祈求通过国际社会的努力创建世界贸易组织（WTO）起变得越来越突出，最初是因为全球化已经提升了区域强势货币的加快速度，换句话说，给一些货币超出其自然地理界限的效用。

资本控制是对一国居民持有与交易外币资产的法律限制。中国资本管制的概念的形成与中国整体经济改革的进展是密切联系在一起的。1993年12月29日，中国人民银行公布了《关于进一步改革外汇管理体制的公告》，从而把外汇体制改革放在了社会主义市场经济这块基石上，并提出了把实现经常账户下的可兑换作为突破性的第一步。从此，资本管制这一概念真正形成。资本管制对一国整体经济的发展具有重要意义。

其一，保持事实上的固定汇率制。如果没有资本管制，一国不可能同时实现货币政策独立性和汇率的稳定性，这就是所谓的"不可能三角"。对于任何一个国家来讲，独立的货币政策是一国获得非通货膨胀经济增长的前提条件，任何一个国家都不可能放弃独立的货币政策；另一方面，当一个国家经济缺乏弹性，为了减少本国货币汇率的波动，政府必须求助于资本管制。

其二，提高资源配置效率。除了为了实现独立的货币政策和汇率稳定性之外，实行资本管制的另外一个重要原因是提高资源的配置效率。金融市场是不完善的，主要表现是：市场的不发达，市场分割，利率控制和缺乏有效的激励机制。

其三，阻止过度借贷。企业、地方政府和外国投资者在过度借贷的过程中会相互勾结起来欺骗中央政府。在中央银行对国有商业银行的隐性担保下，银行系统会滋生道德风险问题。由于资本市场的不发达，具有高不良贷款特征的银行体系比较脆弱，使得金融体系没有足够的弹性应对由于高度流动的国际资本，尤其是短期投机资本带来的冲击。

资本管制的另一个目的是减少过度借贷，防止由于公司治理结构的缺陷导致的外部冲击。中国的金融和非金融机构在借款上几乎是不谨慎的。任何情况下，只要可能，他们能借多少就会借多少，从来不考虑偿还问题。资本管制首先可以阻止国际投机资本的流入，在国内金融市场和国际投机资本之间树立了一道屏蔽。

其四，防止非法资产转移。资本管制的另一项重要任务是防止非法资产从国内转移或以其他形式的资本外逃。以中国为例，由于中国转轨经济的特点，产权界定不清和"国有资产转手"的行为比较普遍，把这些资产转移到国外的动机是很强的。政策套利和利用法律的漏洞追求利润也是资本外逃的重要原因。资本外逃不仅会减少一国福利，而且也会导致一个民族的道德沦丧。

资本流动受国家施加的资本管制的影响。各国政府对进入该国的资本流量往往具有控制权。例如，一个国家的政府能够对本国投资者在国外资本所得课以特别税，这种税收迫使本国投资者不再向国外市场输出资金，因而增加了本国的资本账户余额。然而，其他受此税收影响的国家会对其本国投资者课以类似的税收加以报复，结果各国投资者在外国的投资均减少。

金融统计：为宏观经济"把脉"

像平常人一样，一个经济体也总有"生病"的时候——有时过热亢奋，有时过冷萧条，治病的关键是辨证施治、对症下药。医治"经济病"也如此，关键要及时发现问题，找准"病根"，及时采取针对性措施，金融统计在这时就派上了用场。

当经济出现明显波动时，人们在日常生活中很容易感觉出来。比如遇到通货膨胀，什么东西都变贵了，钞票不值钱了；当有通货紧缩时，什么生意都不好做了，工作不好找了。但当经济异常只是刚露出苗头时，人们的感觉就不那么灵敏了，昨天的菜价跌了，今天东边的楼盘又涨了，你怎么判断这就是通货膨胀或是通货紧缩？这时金融统计的作用就显现出来，它把成千上万个微观主体的经济活动分门别类地加以整理、记录、统计和汇总：这个月全国增加了多少存款，发放了多少贷款，货币供应量有多少……人们通过这些数据的变化，以及它们之间的关联性的分析，就能够判断当前的经济运行状况，能对未来较短时期内的经济走势有一个相对明确的预期。

据巴西发展、工业和外贸部的最新统计数字，由于受到金融危机的影响，巴西向中国的进口额累计为28亿美元，比去年同期下降了16.6%。另据巴西经济类报纸《价值报》报道，巴西工业生产萎缩是导致巴西从中国进口下降的主要原因。中国企业家理事会秘书长认为："工业领域向来是中国产品的主要进口方，今年前两个月出现的这种下跌，对巴西来说并不是一个好的迹象。"

金融统计是适应国家经济管理和金融事业发展的需要而建立和发展起来的。金融统计是国家统计体系的重要组成部分，集金融信息、金融分析与政策咨询于一体，以货币信贷及金融运行的各种数量关系为研究对象，以金融与经济统计数据为依托，运用定性与定量分析相结合的方法，分析、判断、预测国民经济运行及金融的发展情况，是中央银行货币政策决策的支持系统和国家进行宏观调控的重要工具。

一年到头，全国各地不知有多少人去银行开户、存款、贷款，不知有多少企业在与银行发生着资金往来。但用不了几天，全国存款规模、贷款规模、货币供应量等指标的年度数据就摆在决策者的案头。别小看这些小小的数字，它凝聚了成千上万名统计人员的心血。

　　张三上个月在甲银行存了75000元，李四昨天向乙银行贷款50万元买房，像这样一例一例具体的经济活动构成金融统计数据的初始来源。中国人民银行要得出最后数字，首先需依靠各类金融机构为它报送以各种实际业务为基础的数据。数据只有标准一致才方便汇集加总，中国人民银行为此专门建立了通行的统计制度，统一科目，统一数据指标，规范数据源，制定编码规则。在计算机的帮助下，各类数据被分门别类、井井有条地加工处理，最后的统计结果很快就能显示出来。

　　由于经济周期的存在，一个经济体在发展中也会有冷热起伏，有时过热亢奋，有时过冷萧条，但如何了解经济运行冷热情况呢？政府就需要根据金融数字统计这个温度计来制定相应的经济政策。

　　金融数字统计对居民生活的影响重大，当经济出现明显波动时，政府需要加强对金融数字统计的分析，防止社会经济动荡的产生。

　　金融数字统计是宏观经济形势下，国家发展的必然选择。随着中国市场经济的发展和金融全球化的深入，国内金融体系也在不断地发展、完善。金融创新和新型金融机构大量涌现，需要金融机构大力推进金融统计的法制化和标准化。当前形势下，以金融统计法规为保障，尽快建立"全面、统一、协调、敏锐"的金融统计体系，是更好地服务于宏观调控和系统性金融风险防范的必然选择。

　　正所谓"以管窥豹"，只要看几个简单的金融统计数字，您就能清楚地了

你的经济状况不太乐观，可能会恶化成金融风暴，得进行适当的宏观调控

解全国金融体系的总体运行情况。

五类金融统计数据能帮助您大致认识全国的金融形势。一是货币供应量。中国人民银行定期公布各层次货币供应量的余额及增减情况，将货币供应量增长与经济增长及物价上涨三类指标相联系，您就能大致判断货币供应是否满足实际需要；二是金融机构存款与贷款的余额及变化情况；三是各种利率的水平及变化情况，还有汇率；四是国家的储备，如外汇储备、黄金储备，通过这类数据，您能直观感受一国政府掌握的财富；五是企业商品价格指数。中国人民银行选取了上千种在国内生产并销售的物质商品，按照一定分类，采用一定方法计算出价格指数，用以反映批发物价总体水平的变动情况。

将同一种数据不同时间段的数值加以比较分析，或者是将不同类型的数据结合起来观察，您就能深刻了解金融运行的总体态势，发现其中的一些特征。如果您还有更多的兴趣，不妨再探究一下统计数据变化背后的原因，思考相关问题的解决办法。

金融监管：金融创新需有度

日前CCTV-2今日观察栏目中两个评论员异口同声对美国新出台的金融监管法大加赞赏，说这是史上最严厉的金融监管。真的吗？

金融改革法案的主要内容：

第一，成立金融稳定监管委员会，负责监测和处理威胁国家金融稳定的系统性风险。该委员会共有10名成员，由财政部长牵头。委员会有权认定哪些金融机构可能对市场产生系统性冲击，从而在资本金和流动性方面对这些机构提出更加严格的监管要求。

第二，在美国联邦储备委员会下设立新的消费者金融保护局，对提供信用卡、抵押贷款和其他贷款等消费者金融产品及服务的金融机构实施监管。

第三，将之前缺乏监管的场外衍生品市场纳入监管视野。大部分衍生品须在交易所内通过第三方清算进行交易。

第四，限制银行自营交易及高风险的衍生品交易。在自营交易方面，允许银行投资对冲基金和私募股权，但资金规模不得高于自身一级资本的3%。

在衍生品交易方面，要求金融机构将农产品掉期、能源掉期、多数金属掉期等风险最大的衍生品交易业务拆分到附属公司，但自身可保留利率掉期、外汇掉期以及金银掉期等业务。

第五，设立新的破产清算机制，由联邦储蓄保险公司负责，责令大型金融机构提前做出自己的风险拨备，以防止金融机构倒闭再度拖累纳税人救助。

第六，美联储被赋予更大的监管职责，但其自身也将受到更严格的监督。美国国会下属政府问责局将对美联储向银行发放的紧急贷款、低息贷款以及为执行利率政策进行的公开市场交易等行为进行审计和监督。

第七，美联储将对企业高管薪酬进行监督，确保高管薪酬制度不会导致对风险的过度追求。美联储将提供纲领性指导而非制定具体规则，一旦发现薪酬制度导致企业过度追求高风险业务，美联储有权加以干预和阻止。

这就是美国出台的所谓历史上最严厉的金融监管吗？

如果贪婪是人类与生俱来的本性，那么这一点在华尔街高管的身上显露无遗。金融机构对高管的激励措施往往与短期证券交易受益挂钩，在高薪驱动下，华尔街的精英为了追求巨额短期回报，纷纷试水"有毒证券"，从而从事金融冒险。那些衣着光鲜的金融高管每天只消打几通电话或者在电脑键盘上敲击几下，就可以获得非洲、亚洲一个农民一年的收入。即使在金融危机爆发后，这些金融高管还要求发高额奖金。

华尔街过度创新的金融工具，缺少监管、过度杠杆化的金融风险，以及过高的金融高管的薪资压垮了华尔街。可以预见，如果失去了对华尔街的金融监管，世界将会变得多么危险。

金融监管是金融监督和金融管理的总称。纵观世界各国，凡是实行市场经济体制的国家，无不客观地存在着政府对金融体系的管制。从词义上讲，金融监管是指金融主管当局对金融机构实施的全面性、经常性的检查和督促，并以此促进金融机构依法稳健地经营和发展；金融管理是指金融主管当局依法对金融机构及其经营活动实施的领导、组织、协调和控制等一系列的活动。

金融监管有狭义和广义之分。狭义的金融监管是指中央银行或其他金融监管当局依据国家法律规定对整个金融业（包括金融机构和金融业务）实施的监督管理；广义的金融监管在上述含义之外，还包括了金融机构的内部控制和稽核、同业自律性组织的监管、社会中介组织的监管等内容。

实施监管的目的主要体现在以下几个方面：

一是维持金融业健康运行的秩序，最大限度地减少银行业的风险，保障存款人和投资者的利益，促进银行业和经济的健康发展。二是确保公平而有效地发放贷款的需要，由此避免资金的乱拨乱划，制止欺诈活动或者不恰当的风险转嫁。三是金融监管还可以在一定程度上避免贷款发放过度集中于某一行业。四是银行倒闭不仅需要付出巨大代价，而且会波及国民经济的其他领域。金融监管可以确保金融服务达到一定水平从而提高社会福利。五是中央银行通过货币储备和资产分配来向国民经济的其他领域传递货币政策。金融监管可以保证实现银行在执行货币政策时的传导机制。六是金融监管可以提供交易账户，向金融市场传递违约风险信息。

资本是逐利的，对于资本市场的企业家、金融家来说，他们最大的目的就是追逐资本利益最大化，因为资本本身的特性，就决定了它与社会、与政府博弈的本能。因此，要建立一个真正安全、高效、透明的中国华尔街，市场监管就显得尤为重要。从金融发展200年的历史来看，如何控制这个风险，如何监管这个市场，大体上需要从以下四个方面入手：

其一，要有完善 的法制体系。在资本市场领域，法制体系的健全，除了我们讲的社会整个法律体系的完善，还必须有公司法、证券法以及其他与公司相配套的金融法律，比如信托法、基金法规等。此外，这个法制还必须是可诉的，投资人可以用来维权。既然可诉，必然就要有相应完善的司法体系，所以这是第一个必不可少的制度。

其二，整个企业的治理必须是

过度创新
金融产品

可控而有效的。华尔街这一轮危机调控的失败，问题主要还是公司治理的失控。因为职业经理人为了追求个人利益最大化，有时候立场和股东是不一致的，所以公司的治理必须是有效的，大股东要发挥作用，监督机制要发挥作用，企业的内控制度要非常有效。像雷曼倒闭，就是因为内控彻底失效，风险机制彻底失效。

其三，政府的监管要做到可控有效。危机时期政府监管体系失控至少证明发达市场的监管体系存在严重漏洞，不能有效地检测风险，防范风险，发现风险以后也不能及时地化解和防范，致使最后风险积累到一起爆发。所以风险的防范体系很重要。

其四，整个社会形成真正的金融、资本市场文化。一定要有一个良好的投资文化，这个文化就是社会的诚信基础。良好的社会投资文化，不是一个追求短期利益、暴利的、激进的投机文化，而是一个拥有良好心态、长效的投资文化。

两三百年前的亚当·斯密曾经说过，即使健全的财政，健全的贸易，健全的货币政策也不会让它在一段时期长期繁荣，一段时期集中爆发。美国从20世纪80年代到2000年是长期繁荣，风险没有能够释放，所有人都在赚钱，所以2000年有个泡沫，格林斯潘通过撒钱把它解决了，但这只是从放贷上把钱撒到了房地产上，最后形成了房地产危机。

在资本市场中，人们总是期望能够维持10年牛市，20年牛市，但这是不可能的，即使维持20年牛市，也许它会集中在某一天爆发出来，让人们一时无法承受。因此，法制建设、公司治理、市场监管、社会诚信文化、健全的宏观政策等，这些都需要全面发展和完善，在资本市场不断创新的基础上，做好市场监管，维持市场更好地运营。

综合世界各国金融领域广泛存在的金融监管，我们认为，金融监管具有以下深层次的原因和意义：金融市场失灵和缺陷。金融市场失灵主要是指金融市场对资源配置的无效率。主要针对金融市场配置资源所导致的垄断或者寡头垄断及外部性等问题。金融监管试图以一种有效方式来纠正金融市场失灵，但实际上关于金融监管的讨论，更多地集中在监管的效果而不是必要性方面。

金融"三乱"：金融界中的"毒瘤"

1993～1994年，金华市区的王云香以高利为诱饵进行非法集资，涉及400多人，金额高达985万元，损失650万元，造成许多受骗群众血本无归。

金华市婺江寄售铺业主李亦东，为了谋取高额利差，1995年下半年到1999年5月以寄售铺做生意需周转资金为名，非法吸收公众存款444万元，发放贷款500万元，案发后法院对李亦东判处有期徒刑6年零6个月，吸收的存款只清退了10万元。

永康市唐先镇村民施金龙等4人，从1993年开始以月息15%～20%高利向当地村民非法吸收存款597万元，发放贷款759万元，涉及当地周边五六个乡镇、50多个行政村，参加存款人数达1000多人，案发后只清退50万元。

从1998年年底开始，一些地方出现了较为严重的金融风险恶化事件。许多非法民间基金会、投资公司因经营不善导致挤兑，进而造成了部分地区出现了严重的金融恐慌，在这种形势之下政府果断并且迅速地采取相应措施进行清理，由"金融三乱"导致的混乱状态如果得不到合理整治危害将进一步扩大。

上述案例中所涉及的就是金融"三乱"的问题。所谓金融"三乱"，指地方、部门、企事业单位和个人乱集资、乱批设金融机构和乱办金融业务，简称金融"三乱"。金融"三乱"是由于我国在20世纪80年代初期开始的金融体制改革过程中出现了金融政策的偏差造成的一种特殊金融异化现象。

自1998年7月以来，国务院开始部署大规模整顿和查处金融"三乱"，然而，由于国有金融体制和工具创新的不足，国有金融体系中缺乏提供为高风险融资进行风险分摊的机制，并且不能向广大城镇居民投资者的巨大储蓄存量提供有效和较高收益的理财投资工具和途径。在许多发达国家，有专为私营中小企业提供金融服务和融资渠道的私营金融机构，如美国的风险投资公司或风险投资基金，如日本的乡村银行体系。另一方面，金融与市场经济既相互推动又不可分割，当金融与经济发展不相适应，就会出现相互脱节的金融混乱现象使社会经济的震荡摇摆和畸形发展。

正是由于"三乱"活动的形成以及其本身的复杂性，使得查处金融"三乱"存在法律界限不明晰的问题，即承担法律责任的主体是批准部门、主管单位或组建单位还是个人以及承担的是刑事责任、行政责任还是民事责任。

因而，政府在整顿和查处过程中必须坚持三个基本　　　　　　　原则：

第一，依法整顿和查处。《中国人民银行法》《商业银行法》《证券法》《企业债券管理条例》《非法金融机构和非法金融业务活动取缔办法》《整顿乱集资乱批设金融机构和乱办金融业务实施方案》《金融违法行为处罚办法》，党中央、国务院《关于深入金融改革、整治金融秩序、防范金融风险的通知》以及国务院有关清理整顿农村合作基金会、保险中介市场等的有关方案，《行政处罚法》《民法通则》《国家公务员暂行条例》《刑法》以及有关刑事法律的司法解释等，都可以作为"三乱"问题的整顿和查处时的法律依据。

第二，谁主管，谁整顿；谁批准，谁负责；谁用钱，谁还债；谁担保，谁负相应责任。《取缔办法》中针对中国人民银行宣布取缔的非法金融机构，提出了"谁批准、谁主管、谁组建，谁负责债权债务"的清理清退。没有批准部门、主管单位或组建单位的，由所在地的地方人民政府负责组织清理债权债务。对中国人民银行宣布取缔的非法金融业务，提出了"谁从事，谁负责清理清退债权债务"原则。《实施方案》将这一原则进一步具体化，明确提出对各级地方政府以及国务院直属部门所批准或主管的各类涉足金融业务的非金融机构进行整顿。"谁主管，谁整顿"，主管单位应根据有关法律、法规、规章进行清理整顿；"谁批准，谁负责"，主要是由批准单位负责债权债务的清理清退；"谁用钱，谁还债""谁担保，谁负相应责任"主要指借款人、担保人应承担偿还债务义务。对于未经任何单位、部门批准而擅自设立非法金融机构和从事非法金融业务的行为主体应坚决追究其法律责任。因而清理整顿的过程同时也是查处违法犯罪的过程。

第三，既要彻底解决问题，又要确保社会稳定。"三乱"活动涉及资金数额巨大，范围广，影响群众多。因而国务院统一部署整顿查处方案，要求中国人民银行要加强对整顿"三乱"工作的领导、组织和协调；地方政府要高度重视，积极配合，分步实施，审慎处理，既要彻底解决"三乱"问题，尤其是各地方政府、部门、企事业单位、个人不得再从事"三乱"活动，同时又要确保社会稳定，特别是妥善解决群众个人到期债务的清偿问题，避免引起大的动荡。对清理整顿中发现和暴露的违纪、违法、犯罪行为，要彻底清查，从严惩处。

非法金融业务活动本身是违法行为，参与者的利益不受法律保护。因此，对待这些金融的"毒瘤"，不仅需要政府的监管，也需要广大市民的支持。

首先，广大市民应当加强金融法律常识的学习，加强法制意识，增强识别能力。

其次，广大市民要有风险意识，决策前首先要判断其合法性、合规性，不要盲目从众，学会自我保护，不要被高利息、高回报所引诱，要懂得高利的背后往往是高风险。

最后，市民发现金融"三乱"行为，应当及时向当地人民政府、人民银行、公安机关等相关部门举报，在政府领导下，由人民银行、公安机关等部门相互配合，及时查处。

金融诈骗：欺骗银行的罪犯

1996年6月，海南A公司要求B商业银行以"以存放贷"的方式提供港币3000万给公司使用，B商业银行除在存款银行获得正常利息外，还可由贷款企业付给高息。

A公司法定代表人严某、总经理包某多方联系未果。时任海口市侨光物业发展总公司总经理的范起明得知此事后，找到严、包二人称：如能把款存入范指定的银行，范就可将款贷出，但贷款后需两家平分使用。

此后，范多次找时任C银行分理处主任的陈子勉商量"以存放贷"之事。同年7月，陈子勉在明知分理处无权放贷的情况下，仍按范的要求对B商业银行和A公司的负责人谎称可以"以存放贷"，由用款单位支付高利差。B商业银行因此打消顾虑决定以此方法给公司融资。同年7月8日，A公司与侨光公司签订协议，约定A公司负责联系存款3000万港币存入C银行分理处定期一年，侨光公司负责办理贷款手续，贷出的资金由A公司使用人民币1500万，到期后还本付息，其余款项由侨光公司使用并负责还本付息。同日，B商业银行在C银行分理处开设了港币活期存款账户，并预留了印鉴。

自从钱被发明之后，骗子们就开始挖空心思从别人手中骗钱。金融诈骗即为当事人以非法占有为目的，利用非法集资、引资融资、骗贷、伪钞伪币、信用证、大额存单、信用卡、国债券等金融信用凭证和金融信用工具来实施诈骗。

近年来，金融诈骗犯罪的发案率逐年增加，犯罪手法不断翻新，诈骗金额也越来越大，已成为危及国家金融安全和社会稳定的重要因素。通过对众多案件的分析，可以看出现代金融诈骗犯罪具有以下几个特点：

其一，涉案数额越来越大。从1985年至1992年，我国金融诈骗犯罪曾经出现过两个高峰期。第一个高峰是在1984年期间，当时全国性大规模的重复建设、盲目投资，造成信贷规模失控，犯罪分子乘机进行贷款欺诈，出现第一个高发期。经过3年"严打"，金融诈骗犯罪的发案率有所下降。1988年国家紧缩银根，资金供求矛盾再度紧张，金融诈骗出现第二个高发期。近年来，随着金融体制改革的深入，新旧金融体制之间出现漏洞，加上新的信用工具的不断出现，金融诈骗犯罪又进入一个特殊的高发期。1995年以来，公安部承办了百余起金融领域的犯罪案件，每项案件涉及金额少则上百万元，甚至高达几百亿元。这些案件案值之巨、涉及面之广、受害者之众、社会影响之大无不令人震惊。就上海地区的分析显示：金融诈骗犯罪已经占到整个经济犯罪案件的三分之一，而涉案总金额已经超过三分之一将近三分之二。

其二，犯罪手段日趋智能化。随着国内银行业金融电子化、信息化建设的推进，传统金融业务的处理手段和程序已相继退出，取而代之的是电子化的资金转账系统、数据清算系统、自动柜员系统及银行数据交换中心和数据备份中心等现代化的调拨、转账、清算、支付手段，这就为金融诈骗留下了较大的空间。这些使得金融诈骗成为一种智能化犯罪，犯罪分子不仅智商高而且精通有关的金融业务和法律知识。

其三，犯罪分子往往内外勾结。近年来，金融诈骗犯罪已从原来的单个作案发展到内外勾结的团伙作案，金融机构内部人员参与金融诈骗的犯罪也有所增加，一些重大、特大金融诈骗案件大多与金融机构内部工作人员有关。犯罪分子利用金钱贿赂、女色引诱等手段拉拢、腐蚀金融系统内部职工或领导。加上金融机构内部人员素质不高，利欲熏心，不惜以身试法，与社会上一些不法分子相互勾结进行诈骗活动。

其四，金融诈骗呈现国际化趋势。随着经济全球化的发展，国际经济交往的增多，金融业务的国际化进程加速，国际经贸的频繁合作也为国际金融诈骗团伙提供了更多的可乘之机。国际交通、通信的便捷，国际的交往频繁，人员往来的方便，给犯罪分子实施金融诈骗提供了方便的条件。同时全球金融市场的不断扩张及国际经济贸易合作的不断加深，为国际金融诈骗团伙提供了更多的作案机会。

在经济体制转轨的过程中，金融领域内的犯罪活动急剧增加，并不断出现一些新的犯罪行为，诈骗犯罪尤其突出。由于对此新型犯罪的控制与防范机制尚未健全，导致一些犯罪分子乘机作案，金融诈骗犯罪案件明显增多，诈骗数额越来越大、涉案面越来越广、社会影响越来越恶劣。金融诈骗不仅侵害国家和人民群众的财产权益，而且扰乱了市场经济秩序，直接威胁到国家金融安全。

因此，对于金融诈骗犯罪的防范和控制不能采取单一的措施，应该综合性、多元化地应对复杂多变的金融诈骗新形势。一方面从法律层面上加强控制机制建设和防范措施；另一方面也要加强社会群众防范意识和法制修养，这样才能更加有效地抵御金融诈骗带来的危害。

1979年，在我国刑法中就有对诈骗犯罪的处罚，但是因为当时的立法条件和经济发展水平等因素的制约，没有明确提出对金融诈骗犯罪行为的处罚。实践证明，仅凭一个笼统的、泛泛的"诈骗罪"，已很难有效制裁金融诈骗犯罪活动。1995年6月30日，第八届全国人大通过了《关于惩治破坏金融秩序犯罪的决定》，规定了金融诈骗犯罪问题，明确列举出六种金融诈骗犯罪形式，即集资诈骗、贷款诈骗、票据诈骗、信用证诈骗、信用卡诈骗和保险诈骗，并且将集资诈骗、票据诈骗、信用证诈骗罪的法定最高刑规定为死刑。在1997年新刑法分则第三章第五节专门规定了金融诈骗罪，其中增加了金融凭证诈骗罪、有价证券诈骗罪两种新类型的诈骗犯罪。

但是，仅仅依靠刑罚来控制与防范金融诈骗显然是幼稚而不切实际的，尽管法律对这类犯罪行为严惩不贷，但是金融诈骗犯罪不仅没有丝毫减少，相反，在逃避刑罚制裁的进程中不断摸索、前进，并不断通过更为隐蔽的手法继续犯罪。因此，在日常生活中，我们需要提高警惕，加强对金融诈骗的防范意识。

PART 09
是"馅饼"还是"陷阱"——
每天读点金融陷阱知识

金融全球化带来更大的挑战

经济全球化的过程早已开始，尤其是20世纪80年代以后，特别是进入90年代，世界经济全球化的进程大大加快了。经济全球化，有利于资源和生产要素在全球的合理配置，有利于资本和产品经济全球化。

全球性流动，有利于科技在全球性的扩张，有利于促进不发达地区经济的发展，是人类发展进步的表现，是世界经济发展的必然结果。但它对每个国家来说，都是一柄双刃剑，既是机遇，也是挑战。特别是对经济实力薄弱和科学技术比较落后的发展中国家，面对全球性的激烈竞争，所遇到的风险、挑战将更加严峻。目前经济全球化中急需解决的问题是建立公平合理的新的经济秩序，以保证竞争的公平性和有效性。

世界各国、各地区经济，包括生产、流通和消费等领域相互联系、相互依赖、相互渗透，以前那些由于民族、国家、地域等因素所造成的阻碍日益减少，世界经济越来越成为一个不可分割的有机整体。

举例而言，美国波音公司生产的波音客机，所需的450万个零部件，来自6个国家的1500家大企业和1.5万家中小企业。波音公司所完成的不过是科技的设计、关键零部件的生产和产品的最终组装而已。据统计，目前全世界有40%的产品是由跨国公司生产的。

　　世界市场的形成使各国市场逐渐融为一体，并极大地促进了全球贸易的发展。国际贸易的范围不断扩展，世界市场容量越来越大，各国对世界市场的依赖程度也日益增大。

　　经济全球化是指世界经济活动超越国界，通过对外贸易、资本流动、技术转移、提供服务、相互依存、相互联系而形成的全球范围的有机经济整体。经济全球化是当代世界经济的重要特征之一，也是世界经济发展的重要趋势。

　　各国金融命脉更加紧密地与国际市场联系在一起。迅速扩展的跨国银行，遍布全球的电脑网络，使全世界巨额资本和庞大的金融衍生品在全球范围内流动。

　　国际投资中资本流动规模持续扩大。1995年发达国家对外投资总额达到了2.66万亿美元，是1945年的130多倍。资本流向从单向发展为双向，过去只有发达国家输出资本，现在发展中国家也对外输出资本，包括向发达国家输出。

　　区域性经济合作日益加强。区域经济组织遍及全世界，如欧洲联盟、北美自由贸易区等。许多区域集团内部都实现了商品、资本、人员和劳务的自由流通，使得区域内能够合理配置资源，优化资源组合，实现规模经济，提高经济效益。

　　一方面全球化为发展中国家提供了难得的发展机遇，有利于吸引外资，弥补国内建设资金的不足；有利于引进先进技术和设备，实现技术发展的跨越；有利于学习先进管理经验，培养高素质的管理人才；有利于发挥比较优势，开拓国际市场。另一方面，它也不可避免地会给发展中国家带来不利因素和风险。发展中国家的经济和科技水平相对落后，不仅面临着发达国家经济和技术优势的巨大压力，而且国家经济主权和经济安全也受到严重挑战。正因为如此，世界银行首席经济学家斯蒂格利茨把全球化具有的两重性比喻为"一柄双刃剑"。

1.在全球化过程中，发展中国家处于不利地位

　　几百年资本主义、殖民主义统治的结果，世界经济发展的严峻现实是，南北之间即南半球广大发展中国家（约占世界人口的四分之三）与北半球发达国家（约占世界人口的四分之一）之间，也就是穷国和富国之间，在经济发展和人民生活水平上的差距很大。这是世界范围的一种不公平现象。资本主义殖民主义体系崩溃之后，南北差距并未缩小，其原因是西方发达国家依靠国际经

济旧秩序，垄断世界商品市场和金融市场，通过压低发展中国家初级产品的进口价格，抬高发达国家制成品和高精尖产品的出口价格，进行不等价交换，同时并进一步加强了资本输出，从而使南北之间的差距越来越大，由原来的几倍扩大到十几倍、几十倍，甚至上百倍。经济全球化趋势仍然是在国际经济旧秩序没有根本改变的情况下形成和发展的。西方发达国家在资金、技术、人才、管理以及贸易、投资、金融等各个方面都占有优势。目前国际经济的"游戏规则"，虽然其中有符合社会化大生产的一面，但总体上是在西方发达国家主导下制定的，国际经济和金融组织也都控制在美国等西方发达国家手中。他们利用这些优势，成为经济全球化的最大受益者。经济全球化由发达国家首先推动并在其中一直起着主导作用，而发展中国家虽然是政治上独立的主权国家，但在国际经济关系中处于受支配的地位，不可避免地带来发展中国家与西方发达国家贫富差距的进一步扩大。

2.在全球化过程中，发展中国家主要产业乃至整个经济命脉有可能被跨国公司与国际经济组织所控制

经济全球化的主要推动力是跨国公司。根据联合国《1997年投资报告》的统计，目前全世界已有44000个跨国公司母公司和28万个在国外的子公司和附属企业，形成了庞大的全球生产和销售体系。这些跨国公司控制了全世界

1/3的生产，掌握了全世界70%的对外直接投资、2/3的世界贸易与70%以上的专利和其他技术转让。我国部分国内市场已经被跨国公司控制，轻工行业如洗涤用品、饮料等，外商投资企业在产量、销量上占了35%～50%；移动通信设备仅美国摩托罗拉天津独资企业一家已占国内市场的90%，国内企业彻底退出竞争，外商一统天下；德国西门子在华39个合资企业中规模最大的北京国际交换系统有限公司的产品今年在中国市场的份额达到23%，全国程控交换机外商占70%的市场。

有的研究者指出，在全球化背景下爆发的亚洲金融危机，给一些发展中国家造成巨大的损失。有的评论认为，从外部因素来说，西方国际垄断资本先是使短期资金大量涌入亚洲国家，使之看作是难得的融资而纷纷引进；而当这些国家将资金造成大量不良资产时，西方金融投机家就利用短期资金进行套利，并把资金撤走；到了发生金融危机的国家需要国际援助时，他们又通过自己操纵的国际金融、经济组织提出种种损害受援国的条件，进一步控制这些国家的金融机构和经济命脉。随着经济全球化的发展，当今世界各种全球性和区域性国际组织日趋增多，比如世界银行、国际货币基金组织、关贸总协定和世界贸易组织。他们对国家经济主权的渗透性越来越大，已成为对发展中国家进行强有力经济干预的机构。为了获得更大的国家利益，发展中国家不得不让渡一部分国家经济主权。

3.在全球化过程中，发展中国家生态环境和可持续发展的矛盾会日益尖锐

经济全球化已经和正在导致一种崭新的全球分工格局的出现：发达国家主要发展知识密集型的高新技术产业和服务业，而把劳动和资源密集型的产业向发展中国家转移。广大发展中国家除了继续作为原材料、初级产品的供应者外，还成为越来越多的工业制成品的生产基地。发展中国家的经济发展和高新技术相对落后，不得不以消耗稀缺自然资源和污染环境为代价，参与国际竞争，争取"后发效应"。在全球化背景下，日趋激烈的综合国力竞争，主要体现在资源的争夺上，这实际上是一场没有硝烟的战争。这场战争的结果，将会进一步强化西方发达国家在高新科技领域的垄断地位，进一步加剧发展中国家的环境污染和生态环境的破坏，影响发展中国家的可持续发展。

进入21世纪以来，经济全球化与跨国公司的深入发展，既给世界贸易带

来了重大的推动力，同时也给各国经贸带来了诸多不确定因素，使其出现许多新的特点和新的矛盾。为此，研究和了解这一问题有着一定的现实意义。

漏洞百出的金融现状

如今的金融界危机四伏，各国领导者们需要采取一系列行之有效的措施，来缓和当下日益加剧的全球经济失衡。他们应该深入探究初露端倪的权益噩梦，制定一项全球战略来应对全球危机。领导者们必须改革如今漏洞百出的金融体系，包括信用评级和配置体系。

2007年，随着次级抵押贷款还款拖延问题的加剧，金融体系架构使一个本来并不严重的问题演变成了数十年来空前严峻的金融危机。

金融危机以来，世界经济陷入大萧条时代以来最惨重的衰退，国际贸易也遭受重创。世界银行在其2008年《世界经济展望报告》中悲观地预测到，2009年世界经济增长率为0.9%，全球贸易量将减少2%。然而现在看来，这样的预测依然是过于乐观。人们并没有意识到情况会比想象更糟。全球贸易正经历第二次世界大战以来持续时间最长、幅度最大的一次下滑。

国际货币基金组织于2010年1月26日发布《世界经济展望》，2009年世界经济增长率为–0.8%，其中先进经济体为–3.2%，新兴和发展经济体为2.1%。这也意味着2009年将这样被铭记在历史中——"二战"以后人们经历了首次全球经济的负增长。关于世界经济与世界贸易的关系，经济学家们总结出一条规律：若世界经济增长，贸易会增长得更快；若世界经济增长下降，贸易则会以更猛的势头下降。这条规律再一次得到了验证，2009年世界贸易量（包括货物和服务）相比2008年下降12.2%，其中先进经济体进口下降12.2%，出口下降12.1%；新兴和发展经济体进口下降13.5%，出口下降11.7%。这与金融危机肆虐全球之前国际贸易的空前繁荣形成鲜明对比，以2000年到2007年为例，这期间世界贸易年均增长幅度约6%，而同期的世界生产增长率约为2%。

从世界贸易组织2009年11月发布的《世界贸易年度报告》中，我们可以了解到现状是多么的不容乐观。全球贸易总量（2008年10月到2009年10月）与上年同一时期相比下降10%，这意味着，国际贸易规模一下退回到2005年的水平。考虑到金融危机后，各主要币种纷纷贬值，这个10%的比率恐怕算是保守的。

报告称，截至2009年第二季度，制造业产品贸易量比上年同期平均下降29.9%，其中能源和矿物产品贸易量的减少最为明显，降幅达55.5%，汽车产品下降45.8%，办公用品和电信设备下降22.0%，化工品下降24.6%，服装与纺织品下降19.8%。全球服务贸易的数据有限，发达经济体获得的服务贸易数据显示，在金融危机爆发初期，服务受到的消极影响远小于制造业产品，但是年中，这种好景也无法维系，服务贸易开始收缩。美国服务贸易出口比2008年同期下降13%，进口下降16%。另一个重要的发达经济体欧盟面临的服务贸易形势更严峻，其服务贸易进出口比起上年同期分别下降22%、20%。

次贷危机正在从金融领域打开一个劫掠财富甚至摧毁一国经济的巨大缺口。从1994年12月爆发的墨西哥危机，到1997年爆发的东南亚金融危机，到1998年的俄罗斯金融危机，到1999年的巴西经济危机，到2002年的阿根廷金融危机，再到2007年爆发的越南金融危机，危机一直在频繁发生，这到底是为什么？

有一点是可以确定的，许多国家都在灾难临头时，求救于美国主导的国际货币基金组织（IMF）等机构，屈辱地接受不平等的条款。当危机过去，这

金融海啸

些国家也难以恢复往日的风采。

这次的次贷危机，让冰岛不幸成为一个面临政府信用破产、国家经济濒临破产边缘的国家。在最暗淡的时候，冰岛克朗兑欧元在短短的一周时间里就贬值了约80％！惨烈之至。但冰岛仅仅是一个开始——不仅仅指这场次贷危机。

次贷危机犹如海啸，最脆弱的部分必然首先被摧毁。冰岛的困局告诉我们，现在，战争的主角、摧毁一国经济主权的工具，已经变成金融而非笨拙的枪炮。同时，摧毁一国经济主权的主角，已经变成尖端的金融人才而非勇猛的大兵。

冰岛虽然是次贷危机中第一个面临国家经济破产风险的国家，但它也仅仅是众多多米诺骨牌中的一块，我们不能确切地知道最后一个会是谁。欧盟正是次贷危机制造者瞄准的目标之一。欧元是当今唯一能够挑战美元的货币。

在全球化的今天，货币已经代替枪炮成为战争的主角，其造成的后果与真正的战争一样血腥和残忍，只是许多人被洗劫后还浑然不觉而已。我们需要认真思索，以透彻地了解和掌握这个时代的黑暗与危机，让更多的人从麻木不仁和被欺骗的状态下觉醒。

次贷危机之下，通货膨胀如噩梦般挥之不去。自2007年下半年开始，国际油价连破70、80、90、100、110、120、130、140美元关口；黄金价格涨势空前，一举突破1000美元/盎司关口；铁矿石价格又暴涨了近一倍……

次贷危机将对未来的世界经济格局产生深远影响，最起码，美国凭借货币霸权"空手套白狼"的游戏已经很难持续，危机将促使美国人的财富观念、消费观念发生颠覆性变化，过度的信贷消费已经走到尽头。美国自己需要转型，而美国的转型意味着世界经济的引擎发生变化。次贷危机中，无数财物被掠夺，这些财富的数额令人瞠目结舌。

次贷危机可以说是一个巨大的陷阱，那么，拯救次贷危机的过程中，同样布满重重陷阱。而且，拯救次贷危机可能制造出一个更为可怕的陷阱。美国一边小心翼翼地呵护其实体经济，一边呼吁其他国家拿出真金白银拯救其已经是无底洞的虚拟经济。也许，不久之后人们才会发现，拯救者才是真正要被拯救的，而现在的被拯救者将来会突然站立起来，成为巨人。

通过对次贷危机之后的世界经济形势的上述分析，我们不难得出以下几个结论：

首先，世界上多数国家都面临经济衰退，比起新兴经济体和发展中国家的增长率下降，发达国家境况更为严峻，出现了负增长。

其次，当涉及对外贸易时，无论是发达经济体还是新兴发展经济体，国际贸易规模都遭遇了不同程度的下滑，而且在出口领域，新兴和发展经济体面临的下降幅度稍大。原因在于，这些新兴和发展经济体正是通过国际贸易参与国际分工，融入世界经济体系，实现经济蓬勃发展，几乎每个国家都有较高的外贸依存度。但是，无论是危机前还是危机后，新兴和发展经济体对于世界经济的贡献都与日俱增，危机后更是在全球经济恢复这场战斗中扮演着举足轻重的角色。比如中国，2010年的中国经济被称为"世界经济中流砥柱"。

最后，我们还可以看到，就国际贸易结构而言，制造业产品首当其冲受到金融危机的冲击，贸易量急剧缩减，而服务贸易则有一个缓冲过程。虽然危机对服务贸易的消极影响在年中也渐渐呈现，但是比起制造业产品，下降幅度小很多。

危机极大地动摇了全球化的政治基础，使全球数百万计的中低收入家庭面临严重的生存困难。的确，金融市场最终恢复稳定了，然而根本问题却仍潜藏在表象之下，随时可能再次爆发。我们也必须采取一些方法，使人们更好地理解全球变暖与维持全球贸易体系之间所固有的冲突和紧张局势，并创造一种能够妥善应对主权财富基金投资风险和机遇的可靠方法。除此之外，我们还要保护国际金融的流动性，同轻率的贸易保护主义斗争。

金融机构拿着我们的钱去赚钱

2008年3月，摩根大通以每股10美元的价格正式完成了对贝尔斯登的收购。而在2007年1月，贝尔斯登的股价曾高达每股170美元。贝尔斯登在全球的员工约有14000多名，公司历来鼓励员工持有自己公司的股票，员工持股量达到总股本的1/3。股价大跌使贝尔斯登的员工遭遇了巨大的损失，当然，受损的还有广大的投资者。

而雷曼兄弟则因过度投资于担保债务凭证，紧跟贝尔斯登也倒下了。雷曼兄弟是以自己购买的住宅和商业房产抵押贷款支持证券作为后盾（它大胆假设房地产市场的价格是永远不会下跌的），因此大量投资于担保债务凭证市场。由于雷曼兄弟完全依赖短期贷款做生意，因此它要获取高额利润并及时地连本带息归还贷款，就只有铤而走险了。它以1∶35的杠杆率进行投资。也就是说，雷曼兄弟拿自己拥有的1美元，以及从别处借入的35美元进行投资。按这样的比率，只要其资产负债表中的投资总价值下降3%（雷曼兄弟的实际亏损幅度远远大于3%），股东的权益便完全丧失。于是，当房地产市场无情地崩溃后，雷曼兄弟因无力偿还所欠贷款而"寿终正寝"。与贝尔斯登的情况相似，雷曼兄弟持股的员工也遭受重创。

华尔街金融体系是掠夺财富的武器，对冲基金经理、外汇交易员、经纪人和进行投机的炒家是当今的冒险家，大型投资银行是武装起来的船队，经济是他们的海洋，上市公司是为他们掠夺财富服务的船只，而国家则变成了他们的奴仆和监护人。

每到年末，华尔街投资银行便开始清算"战利品"——其发放的红包多少是最能吸引眼球的财经新闻。年景好的时候，各大投资银行报出的红包数额一家比一家高，民众也还能够接受："美林45万美元的平均奖金""雷曼兄弟平均50万美元""摩根士丹利平均55万美元""高盛平均60万美元"！当前，金融危机远未结束，高盛则在2010年率先高调报出其31000名员工的人均入账有望达到70万美元的消息，这一收入水平创高盛136年历史上的最高纪录！这使大量失业或失去家园的美国民众怒火中烧。

金融危机证明，危险的根源就是资产证券化。然而华尔街投资银行最赚钱的业务，恰恰就是资产证券化和衍生化业务。在这个证券化的过程中，华尔街2%的人把垃圾包装成黄金（譬如将次贷证券化）。他们赚得越多，广大投资者的亏损就越大。社会大众的财富就这样神不知鬼不觉地通过移钱大法，被装进自称是"为上帝工作的人"的口袋中。

如果没有金融海啸，那么华尔街发明的金融衍生产品可以说举世无双，美国金融体系的实力不知道要羡煞多少国家，从而促进某些国家极力效仿。而大多数国家都要依靠生产来积累国家财富，这一过程缓慢而且回报率低。如果有人能够不通过生产，而是以接近零的储蓄转到用中国储蓄额的50%或者德国储蓄额20%所获得的回报，那他还需要生产和储蓄吗？

华尔街的投资银行就是这样无与伦比的金融巫师，它们可以化腐朽为神奇，将国家微不足道的储蓄额用漂亮的包装投放到金融市场上。比如"有毒"的次级债务就吸引了中国及其他各国争相购买，他国的财富就像移钱大法一样，神不知鬼不觉地被挪到了华尔街机构的腰包里。

以高盛为例，高盛在危机最严重的时刻获得数百亿的救助资金，并再一次利用20～30倍的高杠杆借到相当于2万亿美元的资金，一跃成为当时最有钱的银行，而后又利用这些钱在股票市场崩溃和各类资产处于最低价的时期大量购进资产。随后，美联储和美国财政部以"营救金融体系和国民经济"的名义投入了23.7万亿美元的资金，使那些资产重新膨胀。高盛完全是用纳税人的钱以最低价购入资产，从而得以创下盈利纪录。而纳税人却没有得到任何的利益。这就是所谓的"上帝的活儿"。高盛的金融大鳄们脸不变色心不跳地将所赚利润的一半——210多亿美元装进自己的口袋。

为了平息大众愤怒的情绪，高盛最近表示，公司30位级别最高的管理者将不接受2009年的现金奖励，而是以股票代替现金。这种换汤不换药的"典范"之举，依然难以平息民愤。殊不知，美国上班族的人均年收入不过是5万美元，而单单是华尔街人士平均获得的红包，就接近普通上班族人均年收入的15倍；华尔街不仅闯下大祸令全球经济进入衰退，使大量无辜的民众丢掉饭碗，而且在分发"战利品"时丝毫不手软，这种情形能不令人愤怒吗？当金融海啸爆发了，政府为挽救这些金融机构，救助资金总共达到近640亿美元。如果没有这640亿美元的救助资金，高盛就将像其他很多银行那样，绝对活不到今天。

当衍生产品扩大的利润被处于财富金字塔顶端的人掠夺之后，遗留下来的巨大的窟窿将由谁去填补？毫无疑问，当然是纳税人了。他们是处于金字塔最底端的人。据估算，当金融海啸爆发，政府为拯救"两房"的资金至少达到1万亿美元，平均而言，每一个纳税人必须拿出6000美元来为此买单。纳税人中最倒霉的是中产阶层，他们既没有像富豪那样逃税漏税的资本（这需要大量专业人士为之服务），又不甘于像穷人（其基本上不用纳税）那样依赖政府。除去富人和穷人，每一个中产阶层人士可能为拯救"两房"分摊高达上万美元。

欺骗的根源在于信息不对称

2009年6月，有位股民把中国一位著名的股评家告上法庭，索赔13万元，理由是因为听信了股评家收费博客中对股市走向的预言，他在短短一个月内赔了十多万元。

世界顶级炒股大师巴菲特说过：要预测股市走向，跟预测一只鸟从一棵树上起飞后要落到哪棵树的哪根枝条一样困难。另一位投资大师索罗斯也说：上帝也无法预测股市。股市有亿万个操作思路，任何个人都难测到全体的操作

动向将导致的市场异动。个人相对于全体，在信息的掌握上构成了不对称。

信息不对称指交易中的各人拥有的资料不同。在社会政治、经济等活动中，一些成员拥有其他成员无法拥有的信息，由此造成信息的不对称。能产生交易关系和契约安排的不公平或者市场效率降低问题。一般而言，卖家比买家拥有更多关于交易物品的信息，但相反的情况也可能存在。前者例子可见于二手车的买卖，卖主对该卖出的车辆比买方了解。后者例子比如医疗保险，买方通常拥有更多信息。

信息不对称会带来很多失误和损失，但对于部分消息灵通的先知先觉者，也会变不利为有利。

1865年，美国南北战争接近尾声。由于战事频繁，美国的猪肉价格非常昂贵。当时有位名叫亚默尔的商人，他从事的正是猪肉供应。亚默尔非常关注战事的发展，他十分注重收集各方面的信息。亚默尔相信自己一旦抓住别人没有发现的商机，一定能够猛赚一笔。

这一天，报纸上的一则新闻吸引住了亚默尔。这则新闻里提到一个神父在南军的营区里遇到几个小孩，小孩们拿了很多的钱问神父怎样可以买到面包和其他吃的东西。这些孩子的父亲是南军的高级军官，军官们给孩子带回来的马肉非常难吃，孩子们已经好几天没有吃面包了，所以才会到处买面包。

这是一篇很普通的报道，但在亚默尔看来，这里面透露出一个重要的信息。南军的高级军官已经开始宰杀马匹，足以说明这场战争马上就要结束。而战争一旦结束，整个美国的经济市场也将恢复正常，那么猪肉的价格必然会出现大幅度的回落。对于亚默尔来说，战争的结束就意味着他发财的机会来临。

亚默尔马上与美国东部的猪肉销售商们签订了一个大胆的销售合同，将自己的猪肉以较低的价格卖给对方，并约定迟几天交货。在当时的市场情况下，亚默尔的这批猪肉价格相当便宜。于是，各地的销售商们纷纷与亚默尔签订合同，亚默尔储备的猪肉很快销售一空。

就在亚默尔的猪肉销售出去后，没过多久，南北战争正式宣告结束。受到战事的影响，各地的猪肉价格一下子暴跌。销售商们不得不低价处理手中积压的猪肉，价格要远低于收购亚默尔的猪肉价钱。亚默尔在这次的行动中，一共赚取了100多万美元的利润，一举奠定了坚实的商业基础。

报纸上一条并不引人注目的小新闻，亚默尔却能从中发现商机，及时捕捉到信息，并及时利用，从而使自己在这场商战中大获全胜。

这是一个成功的利用信息不对称抢得商业先机的例子。但在前面说到的股市，先知先觉者只有靠自己的知识、经验和预测能力一时取胜。如果通过不正当手段窥视到上市公司股票的秘密，抢先一步操作，则发生竞争违规，属于被证监会等执法部门处罚的行为。

金融市场中的信息不对称意味着投资者可能面临着逆向选择和道德风险等问题，从而阻碍了金融市场的高效运行。风险企业和骗子最急于向失于防范的投资者推销证券，由此导致的逆向选择问题可能导致投资者不愿涉足金融市场。进一步讲，一旦投资者已经购买了某种证券，即已经将贷款投放给某企业，借款人就可能有动机从事风险活动或进行欺诈。这种道德风险问题也可能使得投资者远离金融市场。政府对金融市场的监管可以帮助投资者获取更多的信息，从而减少逆向选择和道德风险等问题，促进金融市场的健康运行。

1929年股票市场的大崩溃以及随后暴露的大量欺诈行径，向政界提出了加强金融市场监管的要求，这也最终导致了1933年《证券法》的通过和证券交易委员会（SEC）的建立。证券交易委员会要求企业在发行证券时，必须向公众公布有关它们销售、资产和收益的状况，并对企业大股东（即内部人）的交易做出了限制。通过对信息披露的规定和对可能操控证券价格的内部人交易的限制，证券交易委员会希望投资者能够享有更充分的知情权，避免1933年之前金融市场的某些弊端。事实上，证券交易委员会近年来一直特别致力于内部人交易的查处。

随着经济全球化的来临，面对世界性的竞争与挑战，无论是个人还是商业组织，都应重视对外界信息的收集和利用。能够通过正当途径收集到有用的社会信息，再凭借出色的领悟和判断能力，就能及时预测到新的社会需求，便能在市场竞争中"领先一步"，击败对手。

利率：使用资本的应付代价

金融中介：供求之间的桥梁